U0516581

周祖謨文集 第五卷

爾雅校箋

周祖謨 校箋

中華書局

圖書在版編目(CIP)數據

爾雅校箋/周祖謨校箋. —北京:中華書局,2022. 12
(周祖謨文集)
ISBN 978-7-101-15168-8

Ⅰ. 爾… Ⅱ. 周… Ⅲ.《爾雅》-研究 Ⅳ. H131. 2

中國版本圖書館 CIP 數據核字(2021)第 072168 號

責任編輯：劉歲晗
責任印製：陳麗娜

周祖謨文集
爾雅校箋
周祖謨 校箋

*

中 華 書 局 出 版 發 行
(北京市豐臺區太平橋西里 38 號 100073)
http://www. zhbc. com. cn
E-mail:zhbc@ zhbc. ccm. cn
三河市宏達印刷有限公司印刷

*

710×1000 毫米 1/16 · 23 印張 · 4 插頁 · 290 千字
2022 年 12 月第 1 版 2022 年 12 月第 1 次印刷
印數:1-1500 册 定價:118. 00 元

ISBN 978-7-101-15168-8

周燕孫（祖謨）先生

第一批全国重点文物保护单位
时代 西汉
国务院总编号 第166号
古墓葬分类号 第5号
陕西省人民委员会

與饒宗頤先生

《汉语大词典》编辑委员会第二次会议

一九八〇年十一月　杭州　　杭州照相馆摄

《周祖謨文集》出版説明

周祖謨（一九一四—一九九五），字燕孫，北京人，我國傑出的語言學家，卓越的文獻學家、教育家。原北京大學中文系教授，歷任普通話審音委員會委員、中國語言學會常務理事、中國音韻學研究會名譽會長、北京市語言學會副會長等職。

周祖謨先生一生致力於漢語史與古文獻研究，出版學術著作十餘種，發表論文二百餘篇，涉及音韻、文字、訓詁、詞彙、方言、語法、詞典編纂、版本、目録、校勘、敦煌學、文學、史學等多個領域，而尤孜孜於傳統語言文字學典籍的校勘。作爲二十世紀人文領域的一位大家，周祖謨先生根植傳統、精耕細作，對中國語言學的發展與進步産生了深遠的影響。

《周祖謨文集》共分九卷，涵蓋周祖謨先生論文結集、古籍整理成果及學術專著等。所收文集、專著保持周祖謨先生生前編訂成書的原貌，其他散篇論文新編爲《問學集續編》。收録論著均參考不同時期的版本細心校訂，核查引文，古籍整理成果後附索引，以便讀者使用。

《周祖謨文集》的出版工作得到了周祖謨先生家屬及社會各界人士的幫助和支持，在此謹致以誠摯的謝意。

中華書局編輯部

二〇二〇年十二月

本卷出版説明

本卷收録周祖謨先生古籍整理作品《爾雅校箋》。

《爾雅校箋》是周先生繼《廣韻校本》《方言校箋》《唐五代韻書集存》後出版問世的又一古籍整理經典之作。以在宋監本《爾雅》郭注底本上直接加點句讀，並作批注的方式校訂《爾雅》，是「迄今爲止最好的一部《爾雅》校本，是研究《爾雅》和利用《爾雅》研究古代訓詁和詞彙必不可少的一部參考書」（朱祖延《爾雅詁林敍録》）。本書一九八四年由江蘇教育出版社出版，校勘語部分爲手抄影印；二〇〇四年雲南人民出版社再版，校勘語部分爲電腦排印。

本次我們以雲南人民出版社本爲底本，同時參考了江蘇教育出版社本，訂正了原書由於録排造成的訛誤，補充完善了全書標點。將周先生校勘記逐條編號，每篇獨立排序，在影印本對應出校之字的右上方及該欄版心上方施加同樣的編號，便於對照翻檢。覆核了全書引文，個別引文或係節引，或在用字上與今通行本有些許出入，凡不影響理解之處，一依原書，不做改正。編製了針對《爾雅》被注字的音序及筆畫索引。

本次我們還將周先生五篇雅學論文納入《附録》，分别爲：《〈爾雅〉之作者及其成書之年代》《〈爾雅〉郭璞注古本跋》《郭璞〈爾雅注〉與〈爾雅音義〉》《書鄭樵〈爾雅注〉後》《重印〈雅學考〉跋》。

中華書局編輯部

二〇二一年五月

目録

爾雅校箋

附　録

爾雅校箋序

《爾雅》是中國最早的一部訓釋詞語的書。作者爲誰，已不可考。漢代傳説是周公所作。魏張揖《進廣雅表》又説：「今俗所傳三篇，或言仲尼所增，或言子夏所益，或言叔孫通所補，或言沛郡梁文所考。」那都是不足信的。

從這部書的内容看，有解釋經傳文字的，也有解釋先秦子書的，其中還有戰國秦漢之間的地理名稱。這樣看來，《爾雅》這部書大約是戰國至西漢之間的學者累積編寫而成的。

《漢書·藝文志》著録《爾雅》二十篇，今存十九篇，分爲上中下三卷。上卷爲《釋詁》《釋言》《釋訓》《釋親》，中卷爲《釋宫》《釋器》《釋樂》《釋天》《釋地》《釋丘》《釋山》《釋水》，下卷爲《釋草》《釋木》《釋蟲》《釋魚》《釋鳥》《釋獸》《釋畜》。古代書籍由簡策發展爲卷軸，篇卷的分合一般没有甚麽意義，只求卷軸大小粗細相稱，以便插架尋檢而已。《爾雅》上中下三卷篇目的分配也同樣是没有甚麽意義的。不過方以類聚，物以羣分，事類名目相近的不能不比次在一起。

語言的詞彙包括的方面很廣。《爾雅》的前三篇，即《釋詁》《釋言》《釋訓》是講解語詞的。《釋親》以下都是解釋事物名稱的。先由人事和人所做的宫室、器物列起，然後敘列天地自然的名稱和植物、動物的名稱，加以解釋。這代表古人對於事物名稱的一種粗疏的分類法。事物的名稱每有古今方俗之異。《爾雅》中或以今語釋古語，或以通語釋方言，對於我們了解古代的事物和古人對各種事物的稱謂以及古今詞義的發展都極爲有用。

據古代書籍所載，《爾雅》從東漢時期已開始流行起來，漢魏之間爲《爾雅》作注的就有許多家，文字也互有異同。據陸德明《經典釋文》敘録中所記就有犍爲舍人、李巡、樊光、孫炎諸家，可是從唐代以後這些書都逐漸亡佚。流傳較廣而且一直傳流到現在的是晉代的郭璞注本。郭璞研究《爾雅》十八年，用力很深。他參考樊光、孙炎所注，多所發明，並且又作《爾雅音義》和《爾雅圖》以補前人所不備。可惜音和圖，宋以後亡佚不存，而他的注釋則歷代傳習不廢。後世注解《爾雅》的人也都以郭注爲底本。

郭璞注本《爾雅》有唐代開成石經本，只有原文，無注文；有原文和注文的有宋刻監本，有宋刻十行本，還有元刻本、明刻本。但書經傳寫刻板，總不免有譌誤。清人從事刊正文字譌誤的，以儀徵阮元的《爾雅注疏校勘記》最爲人所稱道。阮書刻於《十三經注疏》中《爾雅注疏》之後，以明吴元恭仿宋刻本爲底本，參證《經典釋文》、唐石經和宋刻邢昺疏讎校異同，比證極細，所記多出臧庸（在東）之手。後來歸安嚴元照又有《爾雅匡名》一書，大體以《爾雅》與《説文解字》相校，主旨在於刊正文字，講明字有假借，與一般校讎不同。以上兩家所見古本秘籍不多，如原本《玉篇》、慧琳《一切經音義》之類的古書，當時還没有由日本傳至中國。到光緒年間，新城王樹枏作《爾雅郭注佚存補訂》一書，所見書籍已多，頗有發明。不過，原書中有些譌誤還没有改正，並且把前代書中所引郭璞的《爾雅音義》誤與《爾雅注》混爲一談。所引各書也多未記明卷數，缺誤尚多。爲了便於研討，有必要重加校勘。現在據一九三一年故宫博物院所印《天禄琳琅叢書》宋刻本《爾雅》郭注加點句讀，取其字大醒目。别取敦煌所出《爾雅》白文殘卷和《爾雅》郭注本殘卷以及前代字書、韻書、音義書、類書等所引《爾雅》文字與之對校，並擇取清代學者的成説，寫成《校箋》三卷，附於原書之後，以備應用《爾雅》研究古代訓詁和詞彙者參考。

一九八三年三月記於北京大學緑蔭清韻書屋

凡例

一、《爾雅》郭注傳本不一。唐開成石經本有正文，無注文。有正文和注文的，有《天禄琳琅叢書》所收宋監本，《古逸叢書》影刻宋覆蜀大字本，《四部叢刊》影印鐵琴銅劍樓舊藏宋刻十行本，又有明吴元恭據元雪窗書院仿宋刻本等。宋刻本「朗、敬、殷、匡、恒、徵、桓、慎」等字都缺末筆，當爲南宋時所刻。宋刻十行本三卷，每卷末附有《爾雅音釋》，一字一音，不知是否爲後蜀毋昭裔所作。現在以《天禄琳琅叢書》本爲底本，根據十行本和其他資料進行校勘。

二、《爾雅》除宋代刻本以外，敦煌石室所出古籍中有唐寫本《爾雅》兩種。一種是伯希和編號三七一九，自《釋詁》「也遘逢遇也」起至《釋訓》「委委佗佗美也」止，共八十行，無注文，字畫拙劣，譌誤、脱漏、衍文也多。另一種有郭注，存卷中《釋天》「四時」下「秋爲收成」起，至《釋水》末止。原件分裂爲三段，伯希和編爲二六六一、三七三五和五五二二叁號。卷末有「天寶八載八月廿九日寫」一行，有草書「張真乾元二年十月十四日略尋，乃知時所重，亦不妄也」一行，又有「大曆九年二月廿七日書主尹朝宗書記」一行。這一種殘卷與宋刻本不同處甚多，而且正文字旁有朱筆疏記的反切讀音，不知取自何書。這是今日所見《爾雅》最早的唐代寫本了。可惜所存不多。根據這一種殘卷可以改正今本很多譌誤。

三、清代學者有關《爾雅》的著述很多，在校勘版本文字方面以阮元《爾雅注疏校勘記》和王樹枏《爾雅郭注佚存補訂》比較詳備。現在參取兩家書，别采其他古代字書、韻書、音義書等校正異同。六朝與隋唐間所傳的《爾雅》，文字也並不一致。如顧野王原本《玉篇》所引《爾雅》與陸德明《經典釋文》多相合；而《經典釋文》所出的正文與今本就不盡相同，而注文中所舉的别本則與今本相同者多。又如李善《文選注》與司馬貞《史記索隱》所引《爾雅》的文字也往往不一致。足見在没有刻本書以前，師承傳授各異，所以文字不同。今日所見宋刻本都是南宋孝宗時刻本，「慎」字缺筆，「惇」字不缺筆，文字差異不多。郭注中「也」字大都被刊落，跟唐寫本不同。「也」在句末多爲判斷之詞，有些「也」字是不宜省略的。爲了推尋舊本面貌，遇到這種情形，《校箋》中也一併注出，不以詞費爲嫌。

四、《爾雅》所收古代詞語既多，而郭注又極繁富，讀起來很不容易。今取原書加點句讀，以便研討。凡所加符號，力求符合文意。凡郭注引書稱「某書曰」的，如果是原句，「曰」字下點冒號；如果只表示某書稱説如此，而不是原句，「曰」字下則不加冒號，以示區别。

五、《爾雅》書中古字和不常用的字極多，閲讀時，讀音是一個煩難的問題。宋刻十行本則於每卷後分别附載《音釋》。《音釋》擇字注音，以采用直音方式爲主，其中用反切注音的不多，所以極便領會。現在就取《音釋》按照宋刻十行本的方法附於各卷之末，不另加注音。

六、《校箋》所參考的書籍有三十餘種。其中所引用的《齊民要術》《太平御覽》和邢昺《爾雅》疏都是《四部叢刊》本，《經典釋文》是《通志堂經解》本，玄應《一切經音義》和慧苑《華嚴經音義》是同治間曹籀刻本，慧琳《一切經音義》是影印日本獅谷白蓮社本，唐慎微《經史證類大觀本草》是一九〇四年柯逢時刻本。北齊《修文殿御覽》見《鳴沙石室佚書》，《香要抄》《令抄》見日本所印《羣書類從》，《玉燭寶典》見《古逸叢書》。日本空海所撰《篆隸萬象名義》、源順所撰《倭名類聚抄》和釋昌住所撰《字鏡》同爲日本印本。《三教指歸注》是原李木齋所藏舊抄本，《輔行記》是一八八二年張心泰輯刻本。

天祿琳琅叢書之一

宋監本爾雅郭注

章炳麟題

爾雅序

夫爾雅者所以通詁訓之指歸敘詩人之興詠摠絕代之離詞辯同實而殊号者也誠九流之津涉六藝之鈐鍵學覽者之潭奧摛翰者之華苑也若乃可以博物不惑多識於鳥獸草木之名者莫近於爾雅爾雅者蓋興於中古隆於漢氏豹鼠既辯其業亦顯英儒贍聞之士洪筆麗藻之客靡

不欽玩耽味，爲之義訓。璞不揆檮昧，少而習焉。沈研鑽極，二九載矣。雖註者十餘，然猶未詳備，竝多紛謬，有所漏略。是以復綴集異聞，會稡舊説，考方國之語，采謠俗之志，錯綜樊孫，博關羣言，剟其瑕礫，搴其蕭稂。事有隱滯，援據徵之。其所易了，闕而不論。别爲音圖，用祛未寤。輒復擁篲清道，企望塵躅者，以將來君子爲亦有涉乎此也。

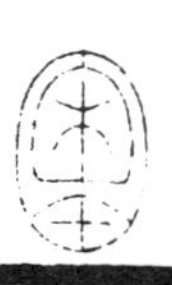

爾雅卷上　郭璞注

釋詁第一　釋言第二

釋訓第三　釋親第四

釋詁第一

初、哉、首、基、肇、祖、元、胎、俶、落、權輿，始也。尚書曰：三月哉生魄。詩曰：令終有俶。又曰：俶載南畝。又曰：訪予落止。又曰：胡不承權輿。肧胎未成，亦物之始也。其餘皆義之常行者耳。此所以釋古今之異言，通方俗之殊語。〔一〕

林、烝、天、帝、皇、王、后、辟、公、侯，君也。〔二〕詩曰：有王有林。又曰：文王烝哉。其餘義皆通見詩、書。

弘、廓、宏、溥、

介、純、夏、幠[二]、厖、墳、嘏、丕、弈、洪、誕、戎、駿、假、京、碩、濯、訏、宇、穹、壬、路、淫、甫、景、廢、壯、冢、簡[三]、劉、眅、晊、將、業[四]、蒿、大也。詩曰：我受命溥將。又曰：亂如此幠。爲下國駿厖。湯孫奏假。王公伊濯。訏謨定命。有壬有林。厥聲載路。既有淫威。廢爲殘賊。爾土宇眅章。緇衣之蓆兮。廓落宇宙，穹隆至極，亦爲大也。劉義未聞。尸子曰：此皆大有十餘名，而同一實。

幠、厖，有也。[五]二者又爲有也。詩曰：遂幠大東。

迄、臻、極、到、赴、來、弔、艐、格、戾、懷、摧、詹，至也。齊楚之會郊曰懷，宋曰屆。詩曰：先祖於摧。又曰：六日不詹。詹、摧皆楚語。方言云。

如、適、之、嫁、徂、逝，往也。方言云：自家而出謂之嫁，猶女出爲嫁。

賚、貢、錫、畀、予、貺、賜、

也。[六]皆賜與也。儀、若、祥、淑、鮮、省、臧、嘉、令、類、綝、彀、攻、穀、介、徽，善也。詩曰：儀刑文王。左傳曰：禁禦不若。詩曰：永錫爾類。我車既攻。介人維藩。大[七]姒嗣徽音。省、綝、彀未詳其義。餘皆常語。舒、業、順，敘也。皆謂次敘。[八]舒、業、順、敘，緒也。四者又[九]爲端緒。怡、懌、悅、欣、衎、喜、愉、豫、愷、康、妉、般，樂也。皆見詩。悅、懌、愉、釋、賓、協，服也。皆謂喜而服從。遹、遵、率、循、由、從，自也。自猶從也。遹、遵、率，循也。三者[一〇]又爲循行。靖、惟、漠、圖、詢、度、咨、諏、究、如、慮、謨、猷、肇[一一]、基、訪，謀也。國語曰：詢于八虞，[一二]咨于二虢，度于閎夭，謀于南宮，諏于蔡原，訪于辛尹。通謂謀議耳。如、肇、

〔一三〕〔一四〕　〔一五〕　〔一六〕〔一七〕〔一八〕

所未詳。餘皆見詩。

典、彝、法、則、刑、範、矩、庸、恒、律、戛、職、秩，常也。庸、戛、職、秩，義見詩、書。餘皆謂常法耳。

柯、憲、刑、範、辟、律、矩、則，法也。詩曰：伐柯伐柯，其則不遠。論語曰：不踰矩。

辜、辟、戾，辠也。〔一三〕皆刑罪。

黄髮、齯〔一四〕齒、鮐背、耇、老，壽也。黄髮，髮落更生黄者。齯齒，齒墮更生細者。鮐背，背皮如鮐〔一五〕魚。耇，猶耆也。皆壽考之通稱。

允、孚、亶、展、諶、誠、亮、詢，信也。方言曰：荆吴淮汭之間曰展，燕岱東齊曰諶，宋衞曰詢。亦皆見詩。

展、諶、允、慎、亶，誠也。〔一六〕轉相訓也。詩曰：慎爾優遊。

謔浪、笑敖，戲謔也。〔一七〕謂調戲也。見詩。〔一八〕

粵、于、爰，曰也。書曰：土爰稼穡。詩曰：對越在天。王于出征。

爰、粵，于也。轉相訓。

爰

〔一九〕〔二〇〕粵、于、那、都、繇,於也。左傳曰弃甲則那。〔一九〕那猶今人云都那也。書曰皋陶曰都,〔二〇〕繇

辭於乎,皆語之韻絶。敆、郃、盍、翕、仇、偶、妃、匹、會,合也。皆謂對合

也。仇、讎、敵、妃、知、儀,匹也。詩云:君子好仇。樂子之無知。實維我儀。國語亦

〔二一〕〔二二〕云:丹朱馮身儀之。〔二一〕讎讎猶儔也。廣雅云:讎,輩也。妃、合、會,對也。〔二二〕皆相當對。妃、媲

〔二三〕也。相偶〔二三〕媲也。紹、胤、嗣、續、纂、緌、績、武、係,繼也。詩曰:下武

〔二四〕維周。緌見釋水。餘皆常語。忥、謚、溢、〔二四〕蟄、慎、貉、謐、顗、頠、密、寧、靜

也。忥、顗、頠未聞其義。餘皆見詩傳。隕、磒、湮、下降、墜、摽、蘦,落也。

〔二五〕〔二六〕〔二七〕〔二五〕磒猶隕也。方俗語有輕重耳。〔二六〕湮,沈落也。摽、蘦見詩。命、令、禧、畛、祈、請、謁、訊〔二七〕

誥、告也。禧未聞。禮記曰：畛於鬼神。永、悠、迥、違、遐、逷、闊、遠也。書曰：逷矣西土之人。永、悠、迥、遠，遐也。遐亦遠也，轉相訓。虧、壞、圮、垝，毀也。書曰：方命圮族。詩曰：乘彼垝垣。虧通語耳。矢、雉、引、延、順、薦、劉、繹、尸、旅，陳也。禮記曰：尸，陳也。雉、順、劉皆未詳。尸、職，主也。左傳曰：殺老牛莫之敢尸。詩曰：誰其尸之。又曰：職爲亂階。尸，寀也。謂寀地。寀、寮，官也。官地爲寀，同官爲寮。績、緒、采、業、服、宜、貫、公，事也。論語曰：仍舊貫。餘皆見詩書。永、羕、引、延、融、駿，長也。宋、衛、荆、吳之間曰融。羕所未詳。喬、嵩、崇，高也。皆高大貌。左傳曰：師叔，楚之崇也。崇，充也。亦爲充盛。犯、奢、〔二八〕果、毅、

〔二八〕

〔二九〕〔三〇〕剋捷功肩堪〔二九〕勝也。〔三〇〕陵犯誇奢果毅皆得勝也。左傳曰：殺敵爲果。肩即剋耳。書曰：西伯堪黎。

勝肩戡劉殺克也。轉相訓耳。公羊傳曰：克之者何？殺之也。

〔三一〕劉獮斬剌〔三一〕殺也。書曰：咸劉厥敵。秋獮爲獮，應殺氣也。公羊傳曰：剌之者何？殺之也。

〔三二〕亹亹蠠沒孟敦〔三二〕勗釗茂劭勔勉也。詩曰：亹亹文王。蠠沒猶僶勉。書曰：茂哉茂哉。方言云：周鄭之間相勸勉爲勔釗。孟未聞。

鶩務昏暋強也。馳鶩事務皆自勉強。書曰：不昏作勞。暋不畏死。

卬吾台予朕身甫余言我也。卬猶姎也，語之轉耳。書曰：非台小子。古者貴賤皆自稱朕。禮記云：授政任功曰予一人。畛於鬼神，曰有某甫。言見詩。

朕余躬身也。今人亦自呼爲身。

台朕賚畀卜

〔三三〕〔三四〕陽、予也。〔三三〕賚、卜、畀皆賜與也。與猶予也。因通其名耳。魯詩云：陽如之何。〔三四〕今巴濮之人自呼阿陽。肅、

延、誘、薦、餤、晉、寅、藎，進也。禮記曰：主人肅客。詩曰：亂是用餤。王之藎

〔三五〕臣。易曰：晉，進也。寅未詳。羞、餞、迪、烝，進也。皆見詩禮。〔三五〕詔、亮、左、右、

〔三六〕相、導也。皆謂教導之。詔、相、導、左、右、助，勴也。〔三六〕勴謂贊勉。亮、

介、尚，右也。紹介、勸尚皆相佑助。左、右，亮也。反覆相訓以盡其義。緝熙、

〔三七〕烈、顯、昭、晧、〔三七〕熲，光也。詩曰：學有緝熙于光明。又曰：休有烈光。劼、鞏、堅、

篤、掔、虔、膠，固也。劼、虔皆見詩書。易曰：鞏用黃牛之革。固志也。掔然亦牢固之意。疇、

孰，誰也。易曰：疇離祉。暀暀、皇皇、藐藐、穆穆、休、嘉、

珍[三八]禕懿鑠美也。自穆穆已上皆美盛之皃，其餘常語。諧輯協和也。書曰：八音克諧。[三九]左[四〇]傳曰：百姓輯睦。關關噰噰音聲和也。皆鳥鳴相和。勰燮和也。書曰：燮友柔克。從申神加弼崇重也。隨從弼輔增崇皆所以爲重疊，神所未詳。㱾悉卒泯忽滅罄空畢罊[四一]殲拔殄盡也。㱾，今直語耳。忽然，盡皃。今江東呼厭極爲罊。罊餘皆見詩。苞蕪茂豐也。苞叢繁蕪皆豐盛。揫斂屈收戢蒐裒鳩樓[四二]聚也。禮記曰：秋之言揫，揫斂也。春獵爲蒐，蒐者以其聚人衆也。詩曰：屈此羣醜。原隰裒矣。左傳曰：以[四三]鳩其民。樓猶今言拘樓聚也。肅齊遄速亟屢數迅疾也。詩曰

〔四四〕　〔四五〕　〔四六〕

仲山甫徂齊。寋駿肅亟遄速也。詩曰不寋故也。駿猶迅速亦疾也。壑〔四四〕阬阬滕徵隍漮虛也。壑谿壑也阬阬謂阬塹也隍城池無水者方言云漮之言空也皆謂丘墟耳滕徵未詳。黎庶烝多醜師旅衆也。皆見詩。洋觀裒衆那多也。詩曰薄言觀者又曰受福不那洋溢亦多貌。流差柬擇也。皆選擇見詩。戰慄震驚戁竦恐慴懼也。詩曰不戁不竦〔四五〕慴即懾也。痡瘏虺頹玄黃劬勞咎顇瘽瘉鰥戮癙癵痒疷疵閔逐疚痗瘥痱瘽瘵瘼癠病也。虺頹玄黃皆人病之通名而說者〔四六〕便爲之馬病失其義也詩曰生我劬勞書曰智藏

〔四七〕〔四八〕〔四九〕〔五〇〕

瘵在相戮辱，亦可恥病也。今江東呼病曰瘵，東齊曰瘼。禮記曰：親癠色容不盛。〔四七〕戮遂未詳，餘皆見詩。

恙、寫、悝、盱、繇、慘、恤、罹，憂也。今人云無恙，謂無憂也。寫有憂者思散寫也。詩曰：悠悠我悝。〔四八〕云何盱矣。繇役亦爲憂愁。

倫、勩、邛、敕、勤、愉、庸、癉，勞也。〔四九〕詩曰：莫知我勩。維王之邛。〔五〇〕哀我癉人。國語曰：無功庸者。倫理事務以相約敕，亦爲勞。勞苦者多惰愉，今字或作窳，同。

勞、來、強、事、謂、翦、篲，勤也。詩曰：職勞不來。自勉強者，亦勤力者。由事事故爲勤也。詩曰：迨其謂之。翦篲未詳。

悠、傷、憂，思也。皆感思也。

懷、惟、慮、願、念、惄，思也。詩曰：惄如調飢。

祿、祉、履、戩、祓、禧、褫、祜，福也。詩曰：福履綏之。俾爾戩穀。祓祿康矣。禧褫書傳不見，其義未詳。

禋、祀、祠、蒸、

嘗禴祭也。書曰：禋于六宗。餘者皆以爲四時祭名也。儼恪祗翼諲

恭欽寅熯敬也。儼然敬貌。書曰：夙夜惟寅。詩曰：我孔熯矣。諲未詳。朝旦

〔五一〕夙晨晙早也。晙亦明也。顉竢〔五一〕替戾底止徯待也。書曰：徯我后。今河北人語亦然。替、戾、底者，皆止也。止亦相待。噊幾烖殆危也。幾猶殆也。噊、烖未詳。饑汔也。〔五二〕謂相摩近。治肆古故也。治未詳。古見詩書。肆

〔五二〕故今也。肆既爲故，又爲今。今亦爲故，故亦爲今。此義相反而兼通者，事例在下，而皆見詩。惇

亶祜篤掔仍肶埤竺腹厚也。頻仍、埤益、肶輔，皆重厚。掔然厚貌。餘皆見詩書。載謨食詐僞也。載者，言而不信。謨者，謀而不忠。書曰：朕不食言。話

〔五三〕〔五四〕〔五五〕〔五六〕〔五七〕〔五八〕〔五九〕

猷、載、行、訛〔五三〕，言也。詩曰：愼爾出話。猷者道，道亦言也。周禮曰：作盟詛之載。今江東通謂語爲行〔五四〕，世以妖言爲訛。

遘、逢、遇，遻也。〔五五〕謂相遭遇。

遘、逢、遇、遻，見也。轉復爲相觸遻。〔五六〕行而相值即是見。

顯、昭、覲、釗、覿，見也。顯、昭，明見也。逸書曰：釗我周王。

監、瞻、臨、涖〔五七〕、頫、相，視也。皆謂察視也。

鞠、訩、溢，盈也。詩曰：降此鞠訩。

孔、魄、哉、延、虛、無、之、言，間也。孔穴、延、魄、虛、無，皆有間隙。餘未詳。

瘞、幽、隱、匿、蔽、竄，微也。微謂逃藏也。左傳曰：其徒微之。是也。

訖、徽、妥、懷、安、按〔五八〕、替、戾、底、厎、尼、定、曷、遏，止也。妥者，坐也。懷者，至也。〔五九〕按，抑按也。替，廢。皆止住也。戾、底義見詩傳。國語曰：戾久將厎〔六〇〕孟子曰行或尼之。今以逆相止爲遏，徼未詳。豫射猒也。詩曰服之無斁。豫未詳。烈績業也。謂功業也。績勳功也。謂功勞也。功績質登平明考就成也。〔六一〕功績皆有成。詩曰質爾民人。禮記曰年穀不登。穀梁傳曰平者成也。事有分明，亦成濟也。梏梗較頲庭道直也。梏梗較頲皆正直也。詩曰既庭且碩。〔六二〕頲道無所屈。密康靜也。〔六三〕皆安靜也。豫寧綏康柔安也。皆見詩書。平均夷弟易也。皆謂易直。矢弛也。弛放。弛易也。相延易。希寡鮮罕也。罕亦希也。鮮寡也。謂少。酬酢侑報也。此通謂相報荅，不主于飲酒。毗劉暴樂也。〔六四〕謂樹木葉缺落，蔭疏。暴樂見詩。覭髳

〔六五〕〔六六〕〔六七〕〔六八〕〔六九〕〔七〇〕〔七一〕〔七二〕

茀離也。謂草木之叢茸翳薈也。茀離即彌離、彌離猶蒙龍耳。孫叔然字別爲義、失矣。

蠱、諂、貳，疑也。蠱惑有貳心者，皆疑也。〔六五〕左傳曰：天命不謟。謟音縚。

楨、翰、儀〔六六〕，幹也。詩曰：維周之翰。儀表亦體幹。

弼、棐、輔、比，俌也。〔六七〕書曰：天威棐忱。易曰：比，輔也。俌猶輔也。

疆、界、邊、衛、圉，垂也。疆埸、竟界、邊旁、營衛、守圉，皆在外垂也。左傳曰：聊以固吾圉也。

昌、敵、彊、應、丁，當也。書曰：禹拜昌言。〔六八〕彊〔六九〕者好與物相當值。

浡、肩、搖、動、蠢、迪、俶、厲，作也。浡然興作貌〔七〇〕。蠢，動作。公羊傳曰：俶，甚也。穀梁傳曰：始厲樂矣。肩見書。迪未詳。

茲、斯、咨、呰、已，此也。呰已皆方俗異語。

嗟、咨，𧦝也。今河北人云𧦝歎。音兔罝。

閑、狎、串〔七一〕、貫，習也。串，厭串。貫〔七二〕，貫忕也。今俗語皆然。[七三]曩塵佇淹留久也。塵垢佇企淹滯皆稽久。逮及暨與[七四]也。公羊傳曰會及暨皆與也。逮亦及也。隮假格陟躋登陞也。方言曰魯衛之間曰隮，梁益曰格。禮記曰天王登遐。公羊傳曰躋者何陞也。揮[七五]盝歇涸竭也。月令曰無漉陂池。國語曰水涸而成梁。揮振去水亦爲竭。歇通語。揤拭刷清也。振訊抆拭埽刷皆[七六]所以爲絜清。鴻昏於顯間代也。鴻鴈知運代，昏主代明，明亦代昏。顯即明也。間錯亦相代。於義未詳。饁[七七]饟饋也。國語曰其妻饁之。遷運徙也。今江東通言遷徙。秉拱執也。兩手持爲拱。廞熙興也。書曰庶績咸熙。廞見周官。衛蹶假嘉也。詩序曰假樂嘉[七八]成王也。餘未詳。廢稅赦舍

〔七九〕〔八〇〕　〔八一〕　〔八二〕〔八三〕

也。詩曰召伯所稅。〔七九〕舍，放置。〔八〇〕棲遲、憩、休、苦、㰻、齂、呬，息也。棲，遲，遊息也。苦，勞者宜止息。憩，見詩。㰻齂呬，皆氣息貌。今東齊呼息爲呬也。供、峙、共，具也。皆謂備具。憮、憐、惠，愛也。憮，韓鄭語。今江東通呼爲憐。娠、蠢、震、戁、妯、騷、感、訛、蹶，動也。娠猶震也。詩曰憂心且妯。無感我帨兮。或寢或訛。蠢戁騷蹶皆搖動貌。覆、察、副，審也。〔八一〕覆校察視，副長，皆所爲審諦。契、滅、殄，絕也。今江東呼刻〔八二〕斷物爲契斷。郡、臻、仍、迺、侯，乃也。迺即乃。〔八三〕餘未詳。迪、繇、訓，道也。義皆見詩書。僉、咸、胥，皆也。東齊曰胥，見方言。育、孟、耆、艾、正、伯，長也。育養亦爲長。正伯皆官長。艾，歷也。長者多更歷。歷秭算數也。歷歷數也。今以十億爲秭。論語云：何足算也。歷傅也。傅近。艾歷覛〔八四〕胥相也。覛謂相視也。公羊傳曰：胥盟者何？相盟也。艾歷未詳。乂亂靖神弗淈治也。論語曰：予有亂臣十人。淈，書序作汩，音同耳。神未詳。餘並見詩、書。頤艾育養也。汝潁梁宋之間〔八五〕曰艾。方言云。汱渾隕墜也。汱渾皆水落貌。際接翜捷也。捷謂相〔八六〕接續也。毖神溢愼也。神未詳。餘見詩、書。鬱陶繇喜也。孟子曰：鬱陶思君。禮記曰：人喜則斯陶，陶斯詠，詠斯猶。猶即繇也，古今字耳。馘穧獲也。今以獲賊耳爲馘，獲禾爲穧，並見詩。阻艱難也。〔八七〕皆險難。剡絜利也。詩曰：以我剡耜。允任壬佞也。書曰：而難

〔八八〕任人〔八八〕允信者，佞人似信。壬猶任也。俾、拼、抨、使也。皆謂使令，見詩。俾、拼、抨、
〔八九〕〔九〇〕使、從也。四者又爲隨從。儴、仍、因也。〔八九〕皆謂因緣。〔九〇〕董、督、正也。
〔九一〕〔九一〕皆謂御正。享、孝也。享祀孝道。珍、享、獻也。珍物宜獻。穀梁傳曰：諸侯不享
覲。縱、縮、亂也。縱放掔縮皆亂法也。探、篡、俘、取也。書曰：俘厥寶玉。
篡者，奪取也。探者，摸取也。徂、在、存也。以徂爲存，猶以亂爲治，以〔九二〕曩爲曏，以故爲今，此皆詁
〔九二〕訓義有反覆旁通，美惡不嫌同名。在、存、省、士、察也。書曰：在璿璣玉衡。士理官。
〔九三〕〔九四〕亦主聽察。存即在。烈、枿、餘也。〔九三〕晉衛之間曰蘖，〔九四〕陳鄭之間曰烈。迓、迎也。公羊
傳曰：跛者迓跛者。元、良、首也。左傳曰：狄人歸先軫之元。良未聞。薦、摯、臻、

〔九五〕〔九六〕〔九七〕〔九八〕〔九九〕〔一〇〇〕〔一〇一〕〔一〇二〕

也。薦，進也。摯，至也。故皆爲臻。臻，至也。賡揚續也。書曰：乃賡載歌。揚未詳。祔祪祖也。祔，付也。付新死於祖廟。祪，毀廟主。即尼也。即，猶今也。尼者，近也。尸子曰：悅尼而來遠。尼定也。尼者，止也。止亦定。邇幾暱〔九五〕近也。暱，親近也。妥〔九六〕安坐也。〔九七〕禮記曰：妥〔九八〕而后傳命。貉縮綸也。綸者，繩也。謂牽縛縮〔九九〕貉之。今俗語亦然。貉嘆安定也。皆靜定，見詩。伊維也。〔一〇〇〕發語辭。伊維侯也。詩曰：侯誰在矣。互相訓。時寔是也。公羊傳曰：寔來者何？是來也。卒猷假輟已也。猷、假〔一〇一〕未詳。求酋在卒就終也。詩曰：嗣先公爾酋矣。成就亦終也。其餘未詳。崩薨無祿卒〔一〇二〕徂落殪死也。古者死亡，尊卑同稱耳。故尚書堯曰殂落，舜曰陟方乃死。

釋言第二

殷、齊，中也。書曰以殷仲春。釋地曰岠齊州以南。斯、誃，離也。齊陳曰斯。誃見詩。謖〔二〕、興，起也。禮記曰尸謖。〔三〕還、復，返也。宣、徇，徧也。皆周徧也。馹、遽，傳也。皆轉車驛馬之名。蒙、荒，奄也。奄奄覆也，皆見詩。告、謁，請也。皆求請也。肅、雝，聲也。詩曰肅雝和鳴。格、懷，來也。書曰格爾衆庶，懷見詩。昣、厎，致也。皆見詩傳。恀、怙，恃也。今江東呼母爲恀，音是。律、遹，述也。皆敘述也，方俗語耳。俞、畣，然也。禮記曰男唯女俞。畣者，應也，亦爲然。豫、臚、敘也。皆陳敘也。庶幾、尚也。詩曰不尚息焉。觀、指、示也。國語曰且觀之兵。若、惠、順也。詩曰惠然肯來。

敖、憮、傲也。禮記曰無憮無傲，傲慢也。幼、鞠、稚也。書曰不念鞠子哀。逸、〔三〕諐、過也。書曰汝則有逸罰。疑、休、戾也。戾，止也，疑者亦止。疾、齊、壯也。壯，壯事，謂速也。齊亦疾。悈、褊、急也。皆急〔四〕狹。貿、賈、市也。詩曰抱布貿絲。

厞、陋、隱也。禮記曰厞用席。書曰揚側陋。遏、遾、逮也。東齊曰遏，北燕曰〔五〕遾，皆相及逮。征、邁、行也。詩曰王于出征。邁亦行。圮、敗、覆也。謂毀覆。荐、原、再也。易曰水荐至。今呼重蠶爲原蠶。憮、敉、撫也。憮愛

〔六〕
〔七〕
〔八〕
〔九〕〔一〇〕
〔一一〕〔一二〕
〔一三〕〔一四〕

撫也。敉〔六〕義見書。臞、脙，瘠也。齊人謂瘠瘦為脙。桄、頻，充也。皆充盛也。〔七〕屢、暱，亟也。親暱者亦數。亟亦數也。靡、罔，無也。爽，差也。爽，忒也。皆謂用心差錯不專一。〔八〕佴，貳也。佴次為副貳。劑、翦，齊也。〔九〕南方人呼翦刀為劑刀。饙、餾，稔也。今呼𩞄飯為饙，〔一〇〕饙熟為餾。媵、將，送也。左傳曰：以媵秦穆姬。詩曰：遠于將之。作、造，為也。餱，食也。方言云：陳楚之間相呼食為餥。〔一一〕鞫、究，窮也。皆窮盡也。〔一二〕見詩。鹵、矜、鹹，苦也。鹵，苦地也。可矜憐者亦辛苦。苦即大鹹。干、流，求也。詩曰：左右流之。流、覃，延也。覃，延也。〔一三〕皆謂蔓延相被及。佻，偷也。謂苟〔一四〕且。潛，深也。潛、深，測也。

也。測亦水深之別名。觳、鞠、生也。詩曰：觳則異室。[一五]啜、茹也。啜者拾食。茹、虞、度也。皆測度也。詩曰：不可以茹。[一六]試、式、用也。見詩書。[一七]誥、誓、謹、

也。皆所以約勤謹戒衆。競、逐、[一八]彊也。[一九]皆自勉強。禦、圉、禁也。禁制。室、䕻、塞也。謂塞孔穴。黼、黻、彰也。黼文如斧，黻文如兩巳相背。[二〇]膺、身、

親也。謂躬親。愷、悌、發也。發，發行也。詩曰：齊子愷悌。髦士、官也。取俊士令居官。畯、農夫也。今之嗇夫是也。蓋、割、裂也。蓋未詳。邕、

支、載也。皆方俗語，亦未詳。諈、諉、累也。[二一]以事相屬累爲諈諉。漠、察、清、也。皆清明。庇、庥、廕也。今俗語呼樹蔭爲庥。觳、履、禄也。書曰：既富

〔二二〕〔二三〕〔二四〕

方穀。詩曰：福履將之。履，禮也。禮可以履行，見易。〔二二〕隱，占也。隱度。逆，迎也。憯，曾也。發語辭，見詩。增，益也。今江東通言增。〔二三〕窶，貧也。謂貧陋。薆，隱也。謂隱蔽。僾，唈也。嗚唈短氣，皆見詩。基，經也。基業所以自經營。基，設也。亦爲造設。祺，祥也。謂徵祥。祺，吉也。祥吉之先見。兆，域也。謂界。肇，敏也。書曰：肇牽車牛。挾，藏也。今江東通言挾。浹，徹也。謂霑徹。〔二四〕替，廢也。替，滅也。亦爲滅絕。速，徵也。徵，召也。易曰：不速之客。琛，寶也。詩曰：來獻其琛。探，試也。刺探嘗試。髦，選也。俊士之選。髦，俊也。士中之俊，如毛中之髦。俾，職也。使供職。紕，飾也。

〔二五〕〔二六〕〔二七〕〔二八〕〔二九〕〔三〇〕〔三一〕〔三二〕〔三三〕〔三四〕〔三五〕

謂緣飾〔二五〕見詩。淩慄也淩懅戰慄。慄慼也戰慄者憂慼。蠲明也蠲清明貌。茅明也左傳曰前茅慮無。明朗也猷圖也〔二六〕周官曰以猷鬼神祇謂圖畫。猷若也詩曰寔命不猷。〔二七〕偁舉也書曰偁爾戈。稱好也物稱〔二八〕人意亦爲好。坎律銓也〔二九〕易坎卦主法法律皆所以銓量輕重。矢誓也相約誓言。〔三〇〕舫舟也竝兩船。泳游也潛行游水底。迨及也東齊曰迨。冥幼也幼稚者冥眛。降下也〔三一〕傭均也齊等。強暴也強梁〔三二〕淩暴。宨肆也輕宨者好放肆。肆力也肆極〔三三〕力。俅戴也詩曰戴弁俅俅。瘞幽也幽亦薶也。〔三四〕氂罽也毛氂所以爲罽。烘燎也謂燒燎。煁烓也〔三五〕今之三隅

〔三六〕〔三七〕 〔三八〕 〔三九〕 〔四〇〕 〔四一〕〔四二〕

寵見詩。〔三六〕陪，朝也。陪位爲朝。康，苛也。謂苛刻。〔三七〕樊，藩也。謂藩籬。賦，量也。〔三八〕賦稅所以評量。粻，糧也。今江東通言粻。庶，侈也。庶者衆多爲奢侈。庶，幸也。〔三九〕庶幾僥倖。筑，拾也。謂拾掇。奘，駔也。今江東呼大爲駔，駔猶麤也。集，會也。舫，泭也。〔四〇〕水中簰筏。洵，均也。謂調均。洵，龕也。未詳。逮，遝也。今荆楚人皆云遝，音沓。是，則也。是事可法則。畫，形也。〔四一〕畫者爲形象。賑，富也。謂隱賑富有。〔四二〕局，分也。謂分部。懠，怒也。詩曰：天之方懠。音薺。僁，聲也。謂聲音。葵，揆也。詩曰：天子葵之。揆，度也。商度。逮，及也。惄，飢也。惄然，飢意。眕，重也。謂厚重。見左傳。獵，虐也。

〔四三〕〔四四〕淩獵暴虐。土田也。別二名。戎遏也。戎守所以止寇賊。師人也。謂人

〔四五〕〔四六〕衆。硈鞏也。硈然堅固。弃忘也。顯閑也。顯然閑暇貌。謀心

也。謀慮以心。獻聖也。謚法曰聰明睿智曰獻。里邑也。謂邑居。襄

〔四七〕除也。詩曰不可襄。振古也。詩曰振古如茲，猶云久若此。懟怨也。纏

〔四八〕〔四九〕介也。纏者繫介猶閡。號謼也。今江東皆言謼。凶咎也。苞稹也。

〔五〇〕今人呼物叢緻者爲稹。逜寤也。相干寤。顔題也。題額也。詩曰麟之定。猷、肯、

〔五一〕可也。詩曰猷來無弃。肯今通言。務侮也。詩曰外禦其侮。貽遺也。相歸遺。

〔五二〕〔五三〕貿買也。廣二名。賄財也。甲狎也。謂習狎。菼騅也。菼、

〔五四〕〔五五〕〔五六〕〔五七〕〔五八〕〔五九〕〔六〇〕

薍也。詩曰：毳衣如菼。菼，草色如騅，在青白之間。〔五四〕粲、餐也。今河北人呼食爲餐。渝、

變也。謂變易。宜、肴也。詩曰：與子宜之。夷、悅也。詩曰：我心則夷。顛、

頂也。頭上。耋、老也。八十爲耋。輶、輕也。詩曰：德輶如毛。俴、淺也。

詩曰：小戎俴收。綯、絞也。〔五五〕糾絞繩索。訛、化也。詩曰：四國是訛。跋、躐也。詩曰：

狼跋其胡。疐、跲也。詩曰：載疐其尾。烝、塵也。人衆所以生塵埃。戎、相也。

相佐助。飫、私也。〔五六〕宴飲之私。孺、屬也。謂親屬。〔五七〕幕、暮也。幕然暮夜。

〔五八〕煽、熾也。熾、盛也。互相訓。煽義見詩。柢、本也。謂根本。〔五九〕窕、閒也。

窈窕閒隙。淪、率也。相率使。罹、毒也。憂思慘毒。檢、同也。〔六〇〕模範同等。郵、

過也。〔六一〕道路所經過。遜、遯也。謂逃去。〔六二〕斃、踣也。前覆。僨、僵

也。却偃。畛、殄也。謂殄絶。〔六三〕曷、盍也。盍何不。〔六四〕虹、潰也。謂潰敗。〔六五〕隮、

闇也。隮然冥貌。翏、膠也。〔六六〕膠黏翏。孔、甚也。厥、其也。戛、

禮也。謂常禮。闍、臺也。城門臺。囚、拘也。謂拘執。攸、所

也。展、適也。〔六七〕得自申展皆適意。鬱、氣也。鬱然氣出。宅、居也

休、慶也。〔六八〕祈、叫也。祈祭者叫呼而請事。〔六九〕濬、幽、深也。濬亦深也。哲、

智也。弄、玩也。尹、正也。謂官正也。皇、匡、正也。詩曰：四國

是皇。服、整也。服御之令齊整。聘、問也。見穀梁傳。〔七〇〕愧、慙也。殛、誅

也。書曰：鯀則殛死。克、能也。翌、明也。書曰：翌日乃瘳。〔七一〕訩、訟也。言訩讓。
〔七二〕晦、冥也。奔、走也。〔七三〕逡、退也。外傳曰：已復於士而逡。疐、仆也。
頻蹟、倒仆。亞、次也。諗、念也。相思念。屆、極也。有所〔七四〕限極。弇、同
也。詩曰：奄有龜蒙。弇、蓋也。謂覆蓋。恫、痛也。〔七五〕謂曰：神罔時恫。握、具
也。謂備具。振、訊也。振者〔七六〕奮迅。鬩、恨也。相怨恨。越、揚也。
謂發揚。對、遂也。詩曰：對揚王休。燬、火也。詩曰：王室如燬。燬、齊人語。懈、怠
也。宣、緩也。謂寬緩。〔七七〕遇、偶也。偶爾相值遇。曩、曏也。〔七八〕國語曰：曩
而言戲也。偟、暇也。詩曰：不遑啓處。宵、夜也。懊、忨也。謂愛忨。〔七九〕愒、貪

也。謂貪羨。〔八〇〕檟、柱也。相檟柱。裁、節也。並、併也。詩曰：並坐鼓瑟。
卒、既也。既已。慒、慮也。謂謀慮也。將、資也。謂資裝。〔八一〕黹、紩
也。今人呼縫紩衣爲黹。〔八二〕遞、迭也。更迭。矧、況也。〔八三〕譬況。〔八四〕廩、廯也。或說
云即倉廩。所未詳。〔八五〕逭、逃也。亦見禮記。〔八六〕訊、言也。相問訊。間、俔也。左傳謂之
諜。今之細作也。沄、沆也。〔八七〕水流漭沆。〔八八〕干、扞也。相扞衛。〔八九〕趾、足也。足腳。
跳、刖也。斷足。襄、駕也。書曰：懷山襄陵。忝、辱也。燠、煖也。今江
東通言燠。〔九〇〕將、齊也。謂分齊也。詩曰：或肆或將。〔九一〕餬、饘也。糜也。啓、跪也。
小跽。矈、密也。謂緻密。開、闢也。書曰：闢四門。袍、襺也。左傳曰：重襺衣

〔九二〕〔九三〕〔九四〕〔九五〕〔九六〕〔九七〕〔九八〕〔九九〕〔一〇〇〕〔一〇一〕〔一〇二〕〔一〇三〕

裘。〔九二〕障、畛也。謂壅〔九三〕障。靦、姡也。面姡然。鬻、糜也。淖糜。〔九四〕舒、緩也。謂遲緩。〔九五〕翢、纛也。今之羽葆幢。〔九六〕纛、翳也。舞者所以自蔽翳。〔九七〕隍、壑也。城池空者爲壑。芼、搴也。謂拔取菜。典、經也。威、則也。威儀可法則。苛、妎也。煩苛者多嫉妎。芾、小也。芾者小貌。迷、惑也。狃、復也。狃忕〔九八〕復爲。逼、迫也。〔九九〕般、還也。左傳曰：般馬之聲。〔一〇〇〕班、賦也。謂布與。濟、渡也。濟、成也。濟、益也。所以廣異訓，各隨事爲義。〔一〇一〕緍、綸也。詩曰：維絲伊緍。緍，繩也。江東謂之綸。辟、歷也。未詳。漦、盝也。漉漉出涎沫。寬、綽也。謂寬裕也。〔一〇二〕衮、黻也。衮衣有黻文。華、皇也。釋草曰：葟、華、榮。〔一〇三〕昆、後也。

謂先後方俗語。[一〇四]彌終也。終竟也。

釋訓第三

[一]明明斤斤察也。皆聰明鑒察。條條秩秩智也。皆智思深長。穆穆肅肅敬也。皆容儀謹敬。諸諸便便辯也。皆言辭辯給。肅肅翼翼恭也。皆恭敬。[二]廱廱優優和也。皆和樂。[三]兢兢憴憴戒也。皆戒慎。戰戰蹌蹌動也。皆恐動趨步。晏晏溫溫柔也。皆和柔。業業翹翹危也。皆懸危。惴惴憢憢懼也。皆危懼。番番矯矯勇也。皆壯

勇之貌。桓桓、烈烈、威也。皆嚴猛之貌。洸洸、赳赳、武也。皆果毅之貌。藹藹、濟濟、止也。皆賢士盛多之容止。悠悠、洋洋、思也。皆憂思。蹶蹶、踖踖、敏也。皆便速敏捷。薨薨、增增、衆也。皆衆夥之貌。烝烝、遂遂、作也。皆物盛興作之貌。委委、佗佗、美也。皆佳麗美豔之貌。忯忯、惕惕、愛也。詩云：心焉惕惕。韓詩以爲悅人，故言愛也。忯忯未詳。偁偁、格格、舉也。皆舉持物。蓁蓁、孼孼、戴也。皆頭戴物。懕懕、媞媞、安也。皆好人安詳之容。祁祁、遲遲、徐也。皆安徐。丕丕、簡簡、大也。皆多大。存存、

〔四〕〔五〕〔六〕〔七〕

萌萌，在也。萌萌未見所出。懋懋、慔慔，勉也。皆自勉強。庸庸、慅慅，勞也。皆劬勞也。赫赫、躍躍，迅也。皆盛疾之貌。綽綽、爰爰，緩也。皆寬緩也。悠悠、偁偁、丕丕、簡簡、〔四〕存存、懋懋、庸庸、綽綽，盡重語。坎坎、壿壿，喜也。皆鼓舞懽喜。瞿瞿、休休，儉也。皆良士節儉。旭旭、蹻蹻，憍也。皆小人得志憍蹇之貌。夢夢、訰訰，亂也。皆闇亂。爆爆、邈邈，悶也。皆煩〔五〕悶。儚儚、洄洄，惽也。皆迷惽。版版、盪盪，僻也。皆邪〔六〕僻。爞爞、炎炎，薰也。皆旱熱薰炙人。居居、究究，惡也。皆相憎惡。仇仇、敖敖，傲也。〔七〕皆傲慢賢者。

佌佌、瑣瑣，小也。[八]皆才器細陋。悄悄、慘慘，慍也。皆賢人愁恨。痯痯、瘐瘐，病也。皆賢人失志，[九]懷憂病也。殷殷、惸惸、忉忉、慱慱、欽欽、京京、忡忡、惙惙、怲怲、弈弈，憂也。此皆作者歌事以詠心憂。畇畇，田也。言墾辟也。畟畟，耜也。言嚴利。郝郝，耕也。言土解。繹繹，生也。言種調。穟穟，苗也。言茂好也。緜緜，穮也。[一〇]言芸精。挃挃，穫也。刈禾聲。栗栗，衆也。積聚緻。溞溞，淅也。洮米聲。烰烰，烝也。氣出盛。俅俅，服也。謂戴弁服。峨峨，祭也。謂執圭璋助祭。鍠鍠，樂也。[一一]鍾鼓音。穰穰、

〔一二〕 〔一三〕

福也。言饒多。子子孫孫引無極也。世世昌盛長無窮。顒顒卬卬君之德也。道君人者之德望。丁丁嚶嚶相切直也。丁丁，斫木聲；嚶嚶，兩鳥鳴。以喻朋友切磋相正。藹藹萋萋臣盡力也。梧桐茂，賢士衆，地極化，臣竭忠。噰噰喈喈民協服也。鳳皇應德鳴相和，百〔一二〕姓懷附興頌歌。佻佻契契愈遐急也。賦役不均，小國困竭，賢人憂歎，〔一三〕遠益急切。宴宴粲粲尼居息也。盛飾宴安，近處優閑。哀哀悽悽懷報德也。悲苦征役，思所生也。儵儵嘒嘒罹禍毒也。悼王道穢塞，羨蔑蟬鳴自得，傷已失所遭讒賊。晏晏旦旦悔爽忒也。傷見

絕弃恨〔一四〕士失也臯臯琄琄刺素食也譏無功德〔一五〕尸寵祿也懽懽

愮愮憂無告也賢者憂懼無所訴也憲憲洩洩〔一六〕制法則

也佐興虐政設教令也謔謔〔一七〕謞謞崇讒慝也樂禍助虐增譖惡也翕

翕訿訿莫供職也賢者陵替姦黨熾背公恤私曠職事速速蹙蹙

惟逑鞫也陋人專祿國侵削賢士永哀念窮迫抑抑密也威儀審諦秩秩

清也德音〔一八〕清泠甹夆掣曳也謂牽拖朔北方也謂幽朔

不俟不來也不可待是不復來不遹不蹟也言不循軌跡也

不徹不道也徹亦道也勿念勿忘也勿念念也萲諼

忘也[一九]義見伯兮考槃詩每有雖也詩曰每有良朋辭之雖也[二〇]饎酒食也猶今云饎饌皆一語而兼通舞號雩也雩之祭舞者[二一]吁嗟而請雨暨不及也公羊傳曰及我欲之暨不得已暨不得已是不得及蠢不遜也蠢動爲惡不謙遜也如切如磋道學也骨象須切磋而爲器人須學問以成德如琢如磨自脩也[二二]玉石之被彫磨猶人自脩飾瑟兮僩兮恂慄也恒戰悚赫兮烜兮威儀也貌光宣有斐君子終不可[二三]諼兮斐文貌道盛德至善民之不能忘也常思詠既微且尰骭瘍爲微尰足爲

尰。（骭，脚脛；瘍，創。）〔二四〕是刈是穫，鑊，煮之也。（煑葛為絺綌。）履帝武敏，武，迹也；敏，拇也。（拇迹大指處。）張仲孝友，（周宣王時賢臣。）善父母為孝，善兄弟為友。有客宿宿，言再宿也；有客信信，言四宿也。（再宿為信，重言之，故知四宿。）〔二五〕美女為媛，（所以結〔二六〕好媛。）美士為彥，（人所彥詠。）其虛其徐，威儀容止也。（雍容都雅之貌。）猗嗟名兮，目上為名。（眉眼之閒。）式微式微者，微乎微者也。（言至微。）之子者，是子也。（斥所詠。）徒御不驚，輦者也。（步挽輦車。）禮裼，肉袒也。脱衣而見體。暴虎，徒搏也。空手執也。馮河，徒涉也。無舟楫。籧篨，口柔也。籧篨之疾不能俯，口柔之人視人顏色常亦不伏，因以名云。戚施，面柔也。戚施之疾不能仰，面柔之人常俯似之，亦以名云。夸毗，體柔也。屈己卑身以柔順人也。婆娑，舞也。舞者之容。[二七]辟，擗心也。謂椎胷也。矜憐，撫掩之也。撫掩猶撫拍，謂慰恤也。[二八]緎，羔裘之縫也。縫飾羔皮之名。殿屎，呻也。呻吟之聲。幬謂之帳。今江東亦謂帳爲幬。[二九]侜張，誑也。書曰：無或侜張爲幻。幻，惑欺誑人者。誰昔，昔也。誰，發語辭。不辰，不時也。辰亦時也。凡曲者爲罶。毛詩傳曰：罶，曲梁也。凡以薄爲魚笱者名爲罶。鬼之爲言歸也。尸子曰：古者謂死人爲歸人。

釋親第四

父爲考，母爲妣。禮記曰：生曰父、母、妻，死曰考、妣、嬪。今世學者從之。案：尚書曰：大傷厥考心。事厥考厥長。聰聽祖考之彝訓。如喪考妣。公羊傳曰：惠公者何？隱之考也。仲子者何？桓之母也。〔二〕蒼頡篇曰：考妣延年。書曰：嬪于虞。詩曰：聿嬪于京。周禮有九嬪之官。明此非死生之異稱矣。其義猶今謂兄爲晜，妹爲媦，即是此例也。

父之考爲王父，父之妣爲王母。〔三〕加王者，尊之。

王父之考爲曾祖王父，王父之妣爲曾祖王母。曾猶重也。

曾祖王父之考爲高祖王父，

〔三〕

曾祖王父之妣爲高祖王母。〔三〕高者言最在上。父之世父叔父爲從祖祖父，父之世母叔母爲從祖祖母。從祖而別世統異故。父之晜弟先生爲世父，後生爲叔父。世有爲嫡者嗣世統故也。男子先生爲兄，後生爲弟。男子謂女子先生爲姊，後生爲妹。父之姊妹爲姑。父之從父晜弟爲從祖父，父之從祖晜弟爲族父，族父之子相謂爲族晜弟，族晜弟之子相謂爲親同姓。同姓之親無服屬。

兄之子、弟之子相謂爲從父晜弟。從父而別。

子之子爲孫，孫猶後也。孫之子爲曾孫，曾猶重也。曾孫之子爲玄孫，玄者言親屬微昧也。玄孫之子爲來孫，[四]言有往來之親。[五]來孫之子爲晜孫，晜，後也。汲冢竹書曰不窋之晜孫。晜孫之子爲仍孫，仍亦重也。[六]仍孫之子爲雲孫。言輕遠如浮雲。

王父之姊妹爲王姑，曾祖王父之姊妹爲曾祖王姑，高祖王父之姊妹爲高祖王姑。父之從父姊妹爲從祖姑，父之從祖姊妹爲族祖姑。父之從父晜弟之母爲從祖王母，父之從祖晜弟之母爲族祖王母。父之兄妻爲世母，父之弟妻爲叔母。父之從父晜弟之妻爲從祖母，父之從祖晜弟之妻爲族祖母。父之從祖祖父爲族曾王父，父之從祖祖母爲族曾王母。父之妾爲庶母。祖，王父也。晜，兄也。今江東人通言晜。

宗族

母之考爲外王父，母之妣爲外王母。王考爲外曾王父，母之王妣爲外曾王母。異姓故言外。母之昆弟爲舅，母之從父昆弟爲從舅。母之姊妹爲從母。從母之男子爲從母昆弟，其女子子爲從母姊妹。

母黨

妻之父爲外舅，妻之母爲外姑。謂我舅者吾謂之甥，然則亦宜呼壻爲甥。孟子曰帝館甥于二室，是。姑之子爲甥，舅之子爲甥，

〔七〕

妻之晜弟爲甥，姊妹之夫爲甥。四人體敵，故更相爲甥。甥猶生也，今人相呼蓋依此。妻之姊妹同出爲姨。〔七〕同出謂俱已嫁。詩曰：邢侯之姨。女子謂姊妹之夫爲私。詩曰：譚公維私。男子謂姊妹之子爲出。公羊傳曰：蓋舅出。女子謂晜弟之子爲姪。左傳曰：姪其從姑。謂出之子爲離孫，謂姪之子爲歸孫。女子子之子爲外孫。女子同出謂先生爲姒，後生爲娣。同出謂俱嫁事一夫。公羊傳曰：諸侯娶一國，二國往媵之以姪娣從。娣者何？弟也。此即其義也。女子謂兄之妻爲嫂，弟之妻爲婦。猶今言新婦是也。長婦謂稚婦爲娣婦，娣婦謂長婦爲姒婦。今相呼先後，或云妯娌。

妻黨

婦稱夫之父曰舅，稱夫之母曰姑。姑舅在，則曰君舅、君姑；沒，則曰先舅、先姑。國語曰：吾聞之先姑。謂夫之庶母爲少姑。〔八〕夫之兄爲兄公，今俗呼兄鐘，語之轉耳。夫之弟爲叔，夫之姊爲女公，〔九〕夫之女弟爲女妹。今謂之女妹是也。子之妻爲婦。長婦爲嫡婦，衆婦爲庶婦。女子子之夫爲壻，壻之父爲姻，婦之父爲婚。父之黨爲宗族，母與妻之黨爲兄弟。婦之父母、壻之父母相謂爲婚姻。兩壻相謂爲亞。詩曰：「瑣瑣姻亞。」今江東人呼同門爲僚壻。婦之黨爲婚兄弟，壻之黨爲姻兄弟。古者皆謂婚姻爲兄弟。嬪，婦也。書曰：「嬪于虞。」謂我舅者，吾謂之甥也。

婚姻

爾雅卷上

爾雅音釋卷上

夫扶興許膺鍵件摛癡贍時豔璞朴檮桃少詩照鑽子管會古外稡子外劉掇

礫歷搴愆稂郎易以豉了遼雋似銑企丘豉躅逐

釋詁第一

肇兆俶昌叔辟井亦憮呼厖亡江誕但訏吁劉眅普板眰之日極紀力弔的

艐宗摧昨雷畀必寐予羊汝鮮息淺省先郢令力政綝勑金彀古豆媅丁含般盤樂洛

遹聿度鐸諏子須彝夷辟婢亦辜孤辠罪覛倪鮐台耇狗亶丁但諶市林

敖五報粵曰繇由於烏敆閤郃合盍胡臘妃配媲普計纂子管忥戲謚侍

貉陌謐密顗擬頠魚毀隕于閔磒于敏摽婢眇蘦零令力政畛積告谷迥戶頂

逷惕壞怪圮房美垝鬼寀七代羛檥毅義戡堪獮尠刺次亹尾蠠蜜

釗招劭邵勔泯騖務暋閔強其丈卬五剛台怡同畀必二陽賜予與餤談

藎燼相息亮勴慮熲古迥劼苦黠掔牽疇直留眭旺藐邈褘衣輯集噰於恭

勰協重直龍觳學罄苦計殲尖揫子由蒐搜遄船亟欺冀數朔亟居力寁昝

阬坑漮康差义柬簡慄栗戁女板恐丘勇慴之涉痡普胡瘏徒虺灰頹悴

瘽勤瘉俞癙鼠癵力專瘇里痒羊疧祁痗妹瘥徂何痱肥癉亶瘵債

癠徂細悝里盱吁繇遥勩與世癉丁賀勞力報來賚強其丈思司嗣惄溺祓廢

褫斯褕樂恪墟各諲因熯而善晙俊𩑒須竢士厎止徯胡禮噊聿烖哉

譏祈汔蓋朏毗埤脾竺篤遘搆遻悟監鑒涖利頫眺瘞於計匿女力

妥他寡遏烏曷射亦梏谷較角頲他頂易以豉矢弛並音户紙鮮息淺酢昨暴剝

樂洛覭陌髳蒙謟叨棐匪比毗志俌甫圉語呰紫髊嗟串五患貫慣

隲質假遐涸鶴拒振刷所劣於烏閒澗饁叶饟餉餉櫃歆許金蹶居衛

假暇舍捨㪉苦怪肆詞誡呬許四峙直紀共恭[忄某]某娠振妯抽契苦結繇由

僉七廉長丁丈秭姊算筭傅附覛脉淈骨汱古犬渾胡本毖秘翜所甲繇由

馘古獲穧才細難乃旦剡羊冉䂮略任壬拼北萌抨烹儴攘探貪篡初患俘孚

㭘五割薦曹練賡古孟祔附祪鬼尼女乙幾機暱女乙妥他回貉陌嘆莫寔石

卒子卹輟丁劣酋在由薨呼弘殪於計

釋言第二

諺彥謖所六還旋徇辭峻馹日傳張戀告谷恀是畣荅詈懲悈紀力褊必淺

賁古屝符沸遾誓圮皮美荐賤憮武敉亡婢臞衢脙求亟棘記差初佴而志

劑即隨饙紛餾力又媵以證餥非佻挑茹如庶度鐸彊巨丈窒豬乙貍埋[豸甫]甫

黻弗畯俊諈竹睡諉女睡累劣僞憯慘寠求矩燮僾並音愛唈烏合挾叶浹接

琛勑金紕備淩凌傭勑容甕雝罽計燎料煁市針烓頃苛何筑竹奘徂朗

駔粗泭孚還旋畫畫賑之忍分符問懠才細僁屑度徒各昣之忍硞苦角嚻五刀

懟隊縭離號毫謼火故遌悟顁丁佞遺唯季燄他敢薍五患餐孫耋迭輶酋

俴踐綯陶躐獵疐致跲其業柢帝閒閑斃弊踣蒲北僨奮僵姜潰會

隌唵冥莫定䵒女乙闇都殛紀力冥云定仆赴諗審弇掩閴呼歷燬毀偟皇

懊烏報忨五館愒苦蓋榰枝柱注慒因黹致恥紩秩廯息淺逭換閒諫俔胡典

沄云沆胡黨⿰𧾷非扶味燠於六堛孚逼齌才細饘之然矏武延襧吉典靦他典姡滑鬻之六

翢徒刀纛徒到妎胡計芾貝狃女九復扶又般班還旋緍民辟婢亦㹈仕其華胡瓜

釋訓第三

斤居覲倐由便婢緜廱於容惴之瑞僥許堯番波矯居兆藹烏害濟子禮思賜踖夕佗陀忯徒啓懕於占媞題懋茂慔暮慅騷赫釋壿七旬瞿居具蹻巨虐憍嬌夭夢亡工訰之閏懪雹儚亡崩爞同敖五高傲五耗佌此痯管瘐羊主惸瓊慱團怲柄畇巡畟楚力郝釋穟遂穮方遙桎丁秩穫戶郭溞蘇刀淅錫鐄横丁爭盡咨忍喈皆佻勑料契苦結尼女乙儵徒的嘒呼惠琄胡犬刺七賜懽貫愮遙謞虛各訿子尒甹普經夆芳逢掣充世遹述萲袁諼喧號毫雩于暨忌僩限烜喧尰時勇骭莧瘍羊拇畝媛于眷猗於宜襢但裼息馮平籧渠篨除夸誇擗婢亦拊撫緎域縫逢殿丁練屎希呻申幬紬侜張留罶力九

釋親第四

妣比從父從祖從母從並才用切晜昆姪徒結姒似娣第公鍾嫡的

嬪 頻

[一]

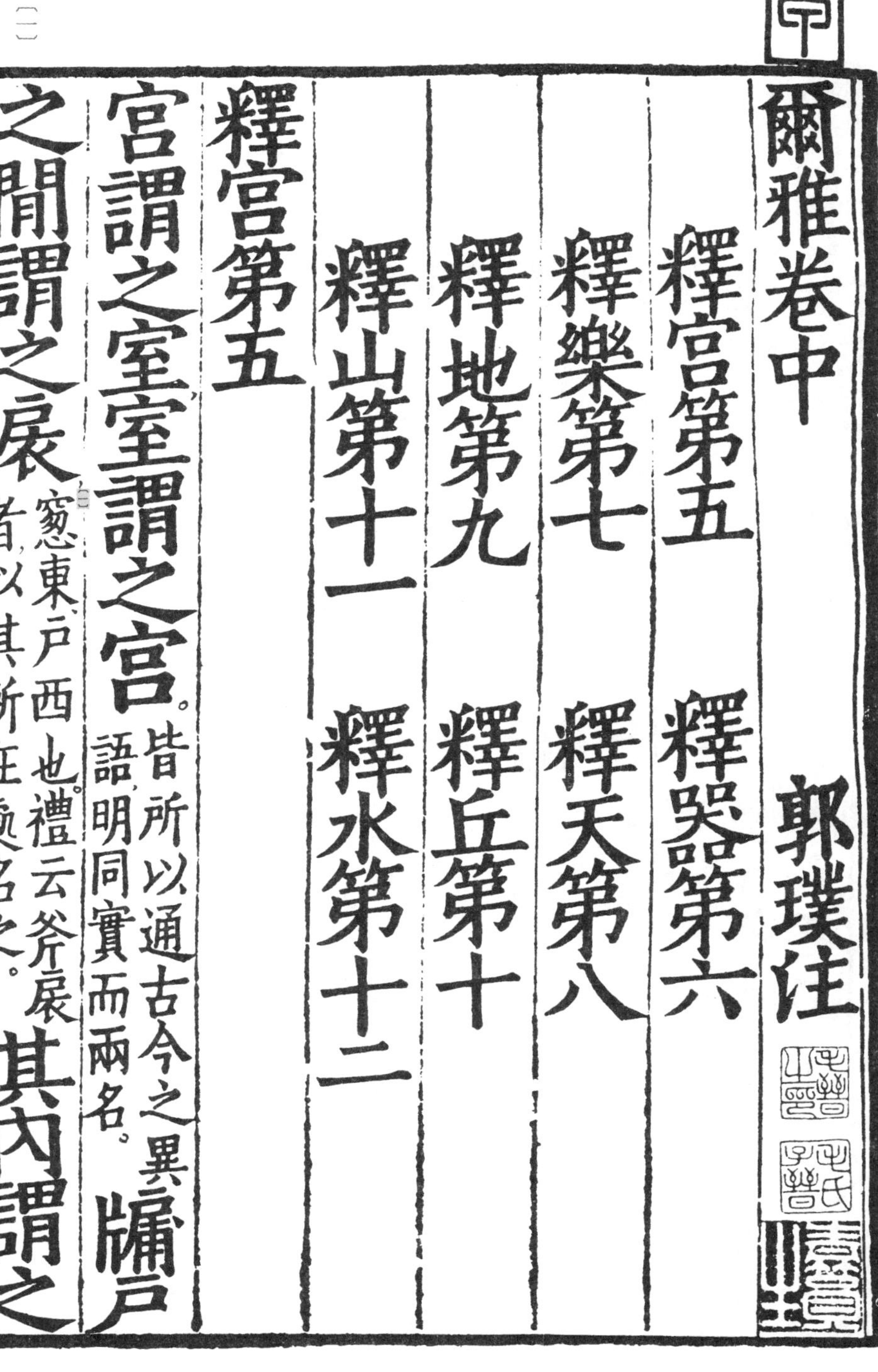

爾雅卷中

郭璞注

釋宮第五

宮謂之室，室謂之宮。皆所以通古今之異語，明同實而兩名。牖戶之間謂之扆，[二]窻東戶西也。禮云斧扆者，以其所在處名之。其內謂之

〔二〕〔三〕〔四〕〔五〕〔六〕〔七〕〔八〕〔九〕〔一〇〕〔一一〕

家。今人稱家，義出於此。東西牆謂之序。〔二〕所以序別內外。〔四〕西南隅謂之奧。〔三〕室中隱奧之處。西北隅謂之屋漏，詩曰尚不媿於屋漏，其義未詳。東北隅謂之宧，宧見禮，〔五〕亦未詳。東南隅謂之窔。禮曰埽室聚窔。窔亦隱闇。柣謂之閾，〔六〕閾，門限。棖謂之楔，門兩旁木。楣謂之梁。〔七〕門戶上橫梁。樞謂之椳，〔八〕門戶扉樞。樞達北方謂之落時，門持樞者，或達北檼以爲固也。落時謂之戺，道二名也。垝謂之坫，〔九〕在堂隅。坫端也。牆謂之墉，書曰既勤垣墉。鏝謂之杇，〔一〇〕泥鏝。椹謂之榩，斫木櫍也。地謂之黝，黑飾地也。〔一一〕牆謂之堊。白飾牆也。〔一二〕樴謂之杙，橜也。在牆者謂之楎，禮記曰：不敢縣於夫之楎箷。在地者謂之臬，即門橜也。大者謂之栱，長者謂之閣。別杙所在長短之名。闍謂之臺，積土四方。有木者謂之榭。〔一三〕臺上起屋。雞棲於弋爲榤，鑿垣而棲爲塒。今寒鄉穿牆棲雞。皆見詩。植謂之傳，傳謂之突。戶持鐶植也，見埤蒼。杗廇謂之梁，屋大梁也。〔一四〕其上楹謂之梲，侏儒柱也。閞謂之〔一五〕槉，柱上欂也，亦名枅，又曰楷。栭謂之楶，即櫨也。棟謂之桴，屋檼。〔一六〕桷謂之榱，屋椽。桷直而遂謂之閱，謂五架屋際椽正相當。

直不受檐謂之交，謂五架屋際椽不直上檐，交於櫋上。檐謂之樀。〔一七〕屋梠。容謂之防。〔一八〕形如今牀頭小曲屏風，唱射者所以自防隱。見周禮。連謂之簃。堂樓閣邊小屋，今呼之簃廚、連觀也。屋上薄謂之筄。屋笮。兩階閒謂之鄉，人君南鄉當階閒。中庭之左右謂之位，羣臣之列位也。門屏之閒謂之宁，人君視朝所宁立處。屏謂之樹，小牆當門中。〔一九〕閍謂之門。詩曰：祝祭於祊。正門謂之應門。朝門。觀謂之闕。〔二〇〕宮門雙闕。宮中之門謂之闈，謂相通小門也。其小者謂之閨，小閨謂之閤。大小異名。衖門謂之閎左傳曰盟諸僖閎、閎衖頭門。門側之堂謂之塾。夾門堂也。橛謂之闑、〔二一〕門閫。闔謂之扉、〔二二〕公羊傳曰齒著于門闔。〔二三〕所以止扉謂之閎。門辟旁長橛也、左傳曰高其閈閎、〔二四〕閎長杙、即門橜也。瓴甋謂之甓。甗甎也、〔二五〕今江東呼瓴甓。宮中衖謂之壼、巷閤間道。〔二六〕廟中路謂之唐、詩曰中唐有甓。〔二七〕堂途謂之陳。堂下至門徑也。路旅途也。途即道也。路場猷行道也。博說道之異名。一達謂之道路。長道。〔二八〕二達謂之岐旁、〔二九〕岐道旁出也。三達謂之劇旁、今南陽冠軍樂鄉數道交錯、俗呼之五劇鄉。四達謂之衢、〔三〇〕交道四出。五達謂

〔三一〕　〔三二〕〔三三〕　〔三四〕〔三五〕

之康，〔三一〕史記所謂康莊之衢。六達謂之莊，左傳曰：得慶氏之木百車於莊。七達謂之劇驂，三道交復有一岐出者，今北海劇縣有此道。八達謂之崇期，〔三二〕四道交出。九達謂之逵。〔三三〕四道交出，復有旁通。室中謂之時，堂上謂之行，堂下謂之步，門外謂之趨，中庭謂之走，大路謂之奔。此皆人行步趨走之處，因以名云。隄謂之梁，即橋也。或曰石絕水者爲梁，見詩傳。石杠謂之徛。聚石水中以爲步渡彴也。〔三四〕孟子曰：歲十月徒杠成。或曰今之石橋。室有東西廂曰廟，〔三五〕夾室前堂。無東西廂有室曰寢，但有大室。無室曰榭。榭即今堂埤。四方而高曰臺，陝而脩曲曰樓。脩，長也。

釋器第六

木豆謂之豆，豆，禮器也。竹豆謂之籩，籩，亦禮器。瓦豆謂之登。即膏登也。盎謂之缶，盆也。[一]甌瓿謂之瓵，瓿甊，小甖，長沙謂之瓵。康瓠謂之甈。瓠，壺也。賈誼曰[二]：寶康瓠是也。斪斸謂之定，鋤屬。[三]斫謂之鐯，钁也。[四]斛謂之疀。皆古鍬鍤字。緵罟謂之九罭。[五]九罭，魚罔也。今之百囊罟是。亦謂之䍡，今江東呼爲緵。嫠婦之笱謂之罶。毛詩傳曰：罶，曲梁也。[六]謂以薄爲魚笱。罺謂之汕，今之撩罟。[七] 篧謂之罩，捕魚籠也。 槮謂之涔。[八] 今之作槮者，聚積柴木於水中，魚得寒入其裏藏隱，因以簿圍捕取之。 鳥罟謂之羅，[九] 謂羅絡之。 兔罟謂之罝，[一〇] 罝猶遮也，見詩。 麋罟謂之罞，冒其頭也。 彘罟謂之羉，羉，幕也。 魚罟謂之罛，最大罟也，今江東云。 繴謂之罿，罿，罬也。罬謂之罦。罦，覆車也。[一一] 今之翻車也。有兩轅，中施罥以捕鳥。展轉相解，廣異語。 約謂之救。[一二] 救絲以爲約。或曰亦罥名。 律謂之分，律管可以分氣。 大版謂之業，築牆版也。[一三] 繩之謂之縮之。[一四] 縮者，約束之。詩曰：縮版以載。 彝、卣、罍，器也。皆盛酒尊。彝其揔名。 小罍

〔一五〕〔一六〕〔一七〕〔一八〕〔一九〕〔二〇〕〔二一〕〔二二〕

謂之坎。罍形似壺，大者受一斛。衣裗謂之視，[一五]衣縷也。齊人謂之攣，或曰袿衣之飾。黼領謂之襮，[一六]繡刺黼文以褗領。緣謂之純，衣緣飾也。䘧謂之褮。衣開孔也。[一七]衣眥謂之襟，交領。衱謂之裾，衣後裾也。衿謂之袸，衣小帶。[一八]佩衿謂之褑，佩玉之帶上屬。執衽謂之袺，持衣上衽。扱衽謂之襭。扱衣上衽於帶。衣蔽前謂之襜，[一九]今蔽膝也。[二〇]婦人之褘謂之縭。縭，緌也。[二一]即今之香纓也。褘邪交落帶繫於體，因名爲褘。緌，繫也。裳削幅謂之纀。[二二]削殺其幅，深衣之裳。輿革前謂之鞎，以韋靶車軾。後謂之笰，以韋靶後戶。竹前謂之禦，以簟衣軾。後謂之蔽。以簟衣後戶。環謂之捎，著車衆環。鑣謂之钀，[二三]馬勒旁鐵。載轡謂之轙，車軛上環，轡所貫也。轡首謂之革。[二四]轡靶勒。見詩。餀謂之餯，[二五]說物臭也。食饐謂之餲，[二六]飯饐臭。見論語。摶者謂之糷，飯相著。米者謂之糪，飯中有腥。肉謂之敗，臭壞。[二七]魚謂之餒。[二八]肉爛。肉曰脫之，剝其皮也。今江東呼麋鹿之屬通爲肉。魚曰斮之，[二九]謂削鱗也。[三〇]冰脂也。莊子云：肌膚若冰雪。冰雪，脂膏也。肉謂之羹，肉臛也。廣雅曰涫。見左傳。魚謂之鮨，鮨，鮓屬也。見公食大夫禮。肉謂之醢，[三一]肉醬。有骨者謂之臡。雜骨醬，見周禮。〔三二〕康謂之蠱，米皮。〔三三〕澱謂之垽。滓澱也。今江東呼垽。

鼎絕大謂之鼐，最大者。圜弇上謂之鼒，鼎斂上而小口。附耳外謂之釴，鼎耳在表。款足者謂之鬲。鼎曲脚也。

䰝謂之鬵〔三四〕，詩曰：既之釜鬵。鬵，鉹也。涼州呼鉹。璲，瑞也。〔三五〕詩曰：鞙鞙佩璲。璲者，玉瑞。

玉十謂之區。雙玉曰瑴，五瑴爲區。羽本謂之翮。鳥羽根也。一羽謂之箴，十羽謂之縳，百羽謂之緷。〔三六〕別羽數多少之名。

木謂之虡，〔三七〕縣鐘磬之木，植者名虡。旄謂之藣，旄牛尾也。菜謂之蔌，蔌者，菜茹之〔三八〕揔名。見詩。白蓋謂之苫。白茅苫也

〔三九〕〔四〇〕〔四一〕〔四二〕〔四三〕〔四四〕〔四五〕〔四六〕〔四七〕

也，今江東呼爲蓋。黄金謂之璗，其美者謂之鏐。白金謂之銀，〔三九〕其美者謂之鐐。此皆道金銀之別名及精者。鏐即紫磨金。鉼金謂之鈑。周禮曰：祭五帝〔四〇〕即供金鈑，是也。錫謂之鈏。白鑞。象謂之鵠，〔四一〕角謂之觷，〔四二〕犀謂之剒，〔四三〕木謂之剫，玉謂之雕，〔四四〕左傳曰：山有木，工則剫之。〔四五〕五者皆治樸之名。金謂之鏤，木謂之刻，骨謂之切，象謂之磋，玉謂之琢，石謂之磨。〔四六〕六者皆治器之名。璆琳，玉也。璆琳美玉名。簡謂之畢。〔四七〕今簡札也。不律謂之筆。蜀人呼筆爲不律也。語之變轉。滅謂之點。以筆滅字

〔四八〕〔四九〕〔五〇〕

爲點。絕澤謂之銑。銑即美金，言最有光澤也。國語曰：玦之以金銑者，謂此也。〔四八〕金鏃翦羽謂之鍭，今之鉀〔四九〕箭是也。骨鏃不翦羽謂之志。今之骨骲是也。弓有緣者謂之弓，緣者，繳纏之，即今宛轉也。無緣者謂之弭。今之角弓也。左傳曰：左執鞭弭。以金者謂之銑，以蜃者謂之珧，以玉者謂之珪。用金蚌玉飾弓兩頭，因取其類以爲名。珧，小蚌。珪大尺二寸謂之玠，詩曰：錫爾玠珪。璋大八寸謂之琡，璋，半珪也。璧大六寸謂之宣。漢書所云瑄玉是也。肉倍好謂之璧，〔五〇〕肉，邊；好，孔。好倍肉謂之瑗。孔大而邊小。肉好若一謂之環。〔五一〕邊孔適等。縿緵也。即佩玉之組，所以連繫瑞玉者，〔五二〕因通謂之縿。一染謂之縓，今之紅也。再染謂之赬，淺赤。三染謂之纁。纁絳也。青謂之蔥，淺青。黑謂之黝。〔五三〕黝，黑貌。周禮曰：陰祀用黝牲。斧謂之黼。〔五四〕黼文畫斧形，因名云。邸謂之柢。根柢皆物之邸，邸〔五五〕即底，通語也。雕謂之琢。治玉名也。蓐謂之茲。公羊傳曰屬負茲。茲者，〔五六〕蓐席也。竿謂之箷。衣架。簀謂之笫。牀版。革中絕謂之辨，中斷皮也。革中辨謂之韏。復分半也。〔五七〕鏤鋑也。刻鏤物爲鋑。卣中尊也。不大不小者。

釋樂第七

宮謂之重，商謂之敏，角謂之經，徵謂之迭，羽謂之柳。皆五音之別名，其義未詳。大瑟謂之灑，長八尺一寸，廣一尺八寸，二十七絃。〔一〕大琴謂之離。或曰琴大者二十七絃，未詳長短。廣雅曰琴長三尺六寸六分，五絃。大鼓謂之鼖，鼖長八尺。小者謂之應。〔二〕詩曰應朄縣鼓。在大鼓側。〔三〕大磬謂之毊。毊形似犁錧，以玉石爲之。大笙謂之巢，〔四〕列管瓠中，施簧管端。大者十九簧。小者謂之和。十三簧者。鄉射記曰三笙一和而成聲。〔五〕大篪謂之沂。〔六〕篪以竹爲之，長尺四寸，圍三寸，一孔上出，寸三分，名翹。橫吹之。小者尺二寸，廣雅云八孔。大塤謂之嘂。塤燒土爲之，〔七〕大如鵝子，銳上平底，形如稱錘，六孔。小者如雞子。大鍾謂之鏞，〔八〕書曰笙鏞以間。亦名鑮，音博。其中謂之剽，小者謂之棧。大簫謂之言，編二十三管，長尺四寸。小者謂之筊。十六管，長尺二〔九〕寸。簫一名籟。大管謂之簥，管長尺，圍寸，併漆之，有底。賈氏以爲如篪，六孔。其中謂之篞，小者謂之篎。〔一〇〕大籥謂之產，籥如笛，三孔而短〔一一〕小。廣雅云七孔。其中謂之仲，小者謂之箹。徒鼓瑟謂之步，獨作之。徒吹謂之和，徒歌謂之謠，〔一二〕詩云：我歌且謠。徒擊鼓謂之咢，詩曰：或歌或咢。徒鼓鐘謂之修，[一三]徒鼓磬謂之寋。未見義所出。

所以鼓柷謂之止，柷如漆桶，方二尺四寸，深一尺八寸，中有椎，柄連底挏之，令左右擊。[一四]止者其椎名。所以鼓敔謂之籈。敔如伏虎，背上有二十七鉏鋙，[一五]刻以木，長尺，櫟之，籈者其名。大鼗謂之麻，小者謂之料。麻者，音槩而長也；料者，聲清而不亂。和樂謂之節。

釋天第八

穹蒼，蒼天也。天形穹隆，其色蒼蒼，[一]因名云。春爲蒼天，[二]萬物蒼蒼然生。夏爲昊天，[三]言氣皓旰。秋爲旻天，旻猶愍也，[四]愍萬物彫落。冬爲上天。言時無事，在上臨下而已。

四時

春爲青陽，氣青而温陽。夏爲朱明，氣赤而光明。秋爲白藏，氣白而收藏。冬爲玄英。氣黑而清英。四氣和謂之玉燭。〔五〕道光照。春爲發生，夏爲長嬴，秋爲收成，冬爲安寧。〔六〕此亦四時之別號，尸子皆以爲太平祥風。四時和爲通正，道平暢也。謂之景風。〔七〕所以致景風。甘雨時降，萬物以嘉，莫不善之。謂之醴泉。所以出醴泉。

祥

穀不熟爲饑，[八]五穀不成。蔬不熟爲饉，凡草菜可食者通名爲蔬。

果不熟爲荒，[九]果木子。仍饑爲荐。連歲不熟。左傳曰：今又荐饑。

災

太歲在甲曰閼逢，在乙曰旃蒙，在丙曰柔兆，在丁曰強圉，在戊曰著雍，在己曰屠維，在庚曰上章，在辛曰重光，在壬曰玄黓，在癸曰昭陽。

歲陽

太歲在寅曰攝提格，在卯曰單閼，在辰曰執徐，在巳曰大荒落，在午曰敦牂，在未曰協洽，在申曰涒灘，在酉曰作噩，在戌曰閹茂，在亥曰大淵獻。在子曰困敦，在丑曰赤奮若。載，歲也。夏曰歲，〔一〇〕取歲星行一次。商曰祀，〔一一〕取四時一終。周曰年，〔一二〕取禾一熟。唐虞曰載，〔一三〕取物終更始。

歲名

月在甲曰畢，在乙曰橘，在丙曰修，在丁曰圉，在戊曰厲，在己曰則，在庚曰窒，在辛曰塞，在壬曰終，在癸曰極。

月陽

正月爲陬，［一四］離騷云：攝提貞於孟陬。二月爲如，三月爲寎，四月爲余，五月爲皐，六月爲且，七月爲相，八月爲壯，九月爲玄，國語云：至於玄月，是也。十月爲陽，［一五］純陰用事，嫌於無陽，故以名云。十一月爲辜，十二月爲涂。皆月

［一四］

［一五］

〔一六〕〔一七〕〔一八〕〔一九〕〔二〇〕〔二一〕〔二二〕〔二三〕〔二四〕

之別名。自歲陽至此，其事義〔一六〕皆所未詳通者，故闕而不論。

月名

〔一七〕南風謂之凱風，詩曰：凱風自南。東風謂之谷風，〔一八〕詩云：習習谷風。〔一九〕北風謂之涼風，詩云：北風其涼。西風謂之泰風，詩曰：泰風有隧。〔二〇〕焚輪謂之穨，〔二一〕暴風從上下。扶搖謂之猋，〔二二〕暴風從下上。〔二三〕風與火爲庉，庉庉，熾盛之貌。〔二四〕迴風爲飄。旋風也。日出而風爲暴，詩曰：終風且暴。風而雨土爲霾，詩曰：終風且霾。陰而風爲曀。詩曰：終風且曀。天氣下，地不應曰雺；

〔二五〕〔二六〕 〔二五〕言蒙昧。地氣發，天不應，曰霧。〔二六〕霧謂之晦。言晦冥。

〔二七〕 螮蝀謂之雩。螮蝀，虹也。俗名爲美人虹。〔二七〕江東呼雩，音芋。蜺爲

〔二八〕〔二九〕 挈貳。蜺，雌虹也，見離騷。挈〔二八〕貳，其別名，見尸子。〔二九〕弇日爲蔽雲。即暈氣五彩覆

〔三〇〕〔三一〕〔三二〕〔三三〕 日也。〔三〇〕疾雷爲霆霓。〔三一〕雷之急激者，謂霹靂。〔三二〕雨霓爲霄雪。〔三三〕詩曰：

〔三四〕〔三五〕 如彼雨雪，先集維霰。霰，水〔三四〕雪雜下者，故謂之消雪。暴雨謂之涷。〔三五〕今江東呼夏月暴雨

〔三六〕〔三七〕 爲涷雨。〔三六〕離騷云：令飄風兮先驅，使涷雨兮灑塵，是也。〔三七〕涷音東西之東。小雨謂之霢霂。

〔三八〕〔三九〕 〔三八〕詩曰：益之以霢霂。久雨謂之淫，〔三九〕左傳曰：天作淫雨。淫謂之霖。

〔四〇〕〔四一〕 〔四〇〕雨自三日已上爲霖。濟謂之霽。〔四一〕今南陽人呼雨止爲霽。霽音薺。

〔四二〕〔四三〕　〔四四〕〔四五〕　〔四六〕〔四七〕〔四八〕

風雨

壽星，角亢也。數起角亢，列宿之長，故〔四二〕曰壽。〔四三〕天根，氐也。角亢下繫於氐，若木之有根。天駟，房也。龍為天馬，故房四星謂之天駟。大辰，房心尾也。龍星明者以為時候，故曰大辰。大火謂之大辰。大火，心也，在中最明，〔四四〕故時候主焉。〔四五〕析木謂之津。即漢津也。箕斗之間，漢津也。箕，龍尾，斗，南斗，天漢之津梁。星紀，斗牽牛也。牽牛斗者，日月五星之所終始，〔四六〕故謂之星紀。玄枵，虛也。〔四七〕虛在正北，北方色黑，〔四八〕枵之言秏，秏亦虛意。顓頊之虛，虛也。顓頊水德，位在北方。北陸，虛也。虛星之名凡四。營室謂之定，定，正也。作宮室皆以營室中爲正。娵觜之口，營室東壁也。營室東壁〔四九〕星四方似口，因名云。降婁，奎婁也。〔五〇〕奎爲溝瀆，故名降。大梁，昴也。西陸，昴也。〔五一〕昴，西方之宿，別名旄頭。〔五二〕濁謂之畢。掩兔之畢或呼爲濁，因星形以名。味謂之柳。〔五三〕味，朱鳥之口。柳，鶉火也。〔五四〕鶉，鳥名。火屬南方。北極謂之北辰。〔五五〕北極，天之中，以正四時。〔五六〕河鼓謂之牽牛。〔五七〕今荊楚人呼牽牛星爲檐鼓。檐者荷也。明星謂之啓明。太白星也。晨見東方爲啓明，〔五八〕昏見西方爲太白。彗星爲欃槍。〔五九〕亦謂之孛，言其形孛孛似埽彗。奔星爲彴約。〔六〇〕流星。

〔六一〕〔六二〕〔六三〕〔六四〕〔六五〕〔六六〕〔六七〕〔六八〕〔六九〕〔七〇〕〔七一〕〔七二〕

星名

春祭曰祠，〔六一〕祠之言食。夏祭曰礿，〔六二〕新菜可汋。秋祭曰嘗，〔六三〕嘗新穀。〔六四〕冬祭曰蒸。進品物也。祭天曰燔柴，既祭，積薪燒之。祭地曰瘞薶，〔六五〕既祭，埋藏之。祭山曰庪縣，或庪或縣，置之於山。山海經曰縣以吉玉，是也。祭川曰浮沈，〔六六〕投祭水中，或浮或沈。祭星曰布，〔六七〕布散祭於地。祭風曰磔。〔六八〕今俗當火道中磔狗，云以止風，此其象。是禷是禡，師祭也。師出征伐，〔六九〕類於上帝，禡於所征之地。既伯既禱，馬祭也。伯祭馬祖也，將用馬力，必先祭其先。禘，大祭也。〔七〇〕五年一大祭。繹，〔七一〕又祭也。〔七二〕祭之明日

〔七三〕〔七四〕〔七五〕　〔七六〕　〔七七〕〔七八〕　〔七九〕　〔八〇〕〔八一〕　〔八二〕

尋繹復祭。[七三]周曰繹，春秋經曰：壬午猶繹。[七四]商曰肜，書曰：高宗肜日。[七五]夏曰復胙，[七六]未見義所出。

祭名

春獵爲蒐，[七七]搜索取不任者。夏獵爲苗，[七八]爲苗稼除害。秋獵爲獮，順殺氣也。冬獵爲狩。[七九]得獸取之，無所擇。宵田爲獠，[八〇]管子曰：獠獵畢弋。今江東亦呼獵爲獠。音遼。或曰：即今夜獵載鑪照也。火田爲狩。[八一]放火燒草獵，亦爲狩。乃立冢土，戎醜攸行。[八二]冢土，大社。戎醜，大衆。起大事，動大衆，必先有事乎社而後出，謂之宜。有事祭也。周官所謂宜乎社。[八三]振旅闐闐，[八四]振旅整衆，闐闐羣行聲。出爲治兵，尚威武也。[八五]幼賤在前，貴勇力。入爲振旅，反尊卑也。尊老在前，復常儀也。[八六]

講武

素錦綢杠，[八七]以白地錦韜旗之竿。[八八]纁帛縿，[八九]纁帛絳也。縿，衆旒所著。[九〇]素陞龍于縿，畫白龍於縿，令上向。練旒九，練，絳練也。飾以組，[九一]用綦組飾旒之邊。維以縷。[九二]用朱縷維連持之，不欲令曳地。周禮曰：六人維王之太常是也。縚廣充幅長尋曰旐。[九三]帛全幅，長八尺。繼旐曰旆。[九四]帛續旐末爲燕尾者，[九五]義見詩。注旄首曰旌〔九六〕載旄於竿頭，如今之幢，亦有旒。有鈴曰旂。〔九七〕縣鈴於竿頭，畫交龍於旒。錯革鳥曰旟。〔九八〕此謂合剝鳥皮毛置之竿頭，即禮記云載鴻及鳴鳶。因章曰旃。〔九九〕以帛練爲旒，因其文章，不復畫之。〔一〇〇〕周禮云通帛爲旃

〔一〇一〕旌旂

釋地第九

兩河間曰冀州，自東河至西河。河南曰豫州，〔一〕自南河至漢。〔二〕河西曰雝州，〔三〕自西河至黑水。漢南曰荆州，自漢南至衡山之陽。江南曰揚州，〔四〕自江南至海。濟河間曰兖州，自河東至濟。

〔五〕〔六〕

齊東曰徐州，[五]自濟東[六]至海。燕曰幽州，自易水至北狄。齊曰營州。自岱東至海。此蓋殷制。

九州

〔七〕〔八〕〔九〕〔一〇〕〔一一〕

魯有大野，今高平鉅野縣東北大澤是也。晉有大陸，今鉅鹿北廣河澤是[七]也。秦有楊陓，[八]今在扶風汧縣西。宋有孟諸，[九]今在梁國睢陽縣東北。楚有雲夢，今南郡華容縣東南巴丘湖是也。吳越之間有具區，今吳縣南太湖，即震澤是也。齊有海隅，[一〇]海濱廣斥。燕有昭余祁，[一一]今太原鄔陵縣北九澤是也。鄭有圃田，今滎陽中牟縣西圃田澤是也。

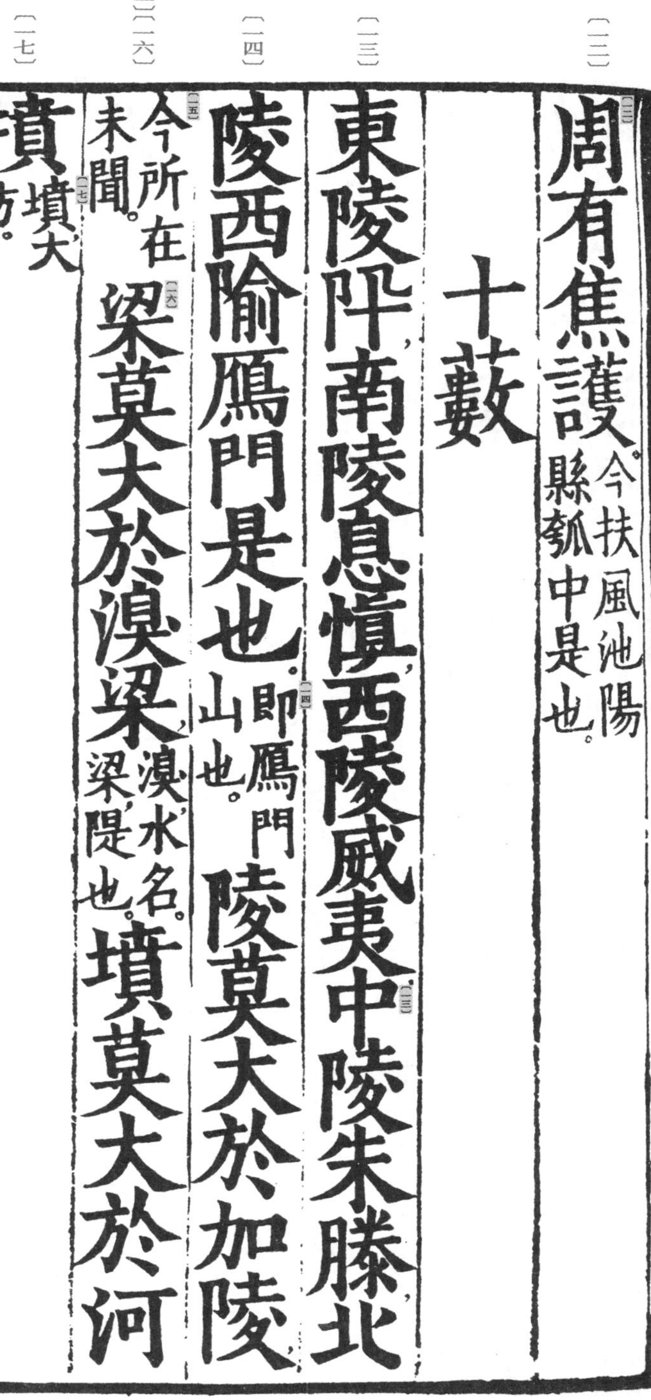

〔一二〕周有焦護。今扶風池陽縣瓠中是也。

十藪

〔一三〕東陵阠，南陵息慎，西陵威夷，中陵朱滕，北陵西隃鴈門是也。〔一四〕即鴈門山也。陵莫大於加陵，〔一五〕今所在未聞。〔一六〕梁莫大於湨梁，湨，水名。梁，隄也。墳莫大於河墳，〔一七〕墳，大防。

八陵

東方之美者，有醫無閭之珣玗琪焉。醫無閭，山名，今在遼東。〔一八〕珣玗琪，玉屬。東南之美者有會稽之竹箭焉。會稽，山名，今在山陰縣南。竹箭，篠也。南方之美者有梁山之犀象焉。犀牛皮角，〔一九〕象牙骨。〔二〇〕西南之美者有華山之金石焉。〔二一〕黃金礝石之屬。西方之美者有霍山之多珠玉焉。霍山，今在平陽永安縣東北。〔二二〕珠如今雜珠而精好。西北之美者有〔二三〕崐崘虛之璆琳琅玕焉。璆琳，美玉名。琅玕，狀似珠也。〔二四〕山海經曰：崐崘山有琅玕樹。北方之美者有幽都之筋角焉。幽都，山名。〔二五〕謂多野牛筋角。〔二六〕東北之美者有斥山之文皮焉。虎豹之屬，皮有縟綵者。中[二七]有岱岳，與其五穀魚鹽生焉。[二八]言泰山有魚鹽之饒。

九府

[二九]東方有比目魚焉，不比不行，其名謂之鰈。狀似牛脾，鱗細，紫黑色，一眼，兩片相合乃得行。今水中所在有之。江東又呼爲王餘魚。南方有比翼鳥焉，不比不飛，其名謂之鶼鶼。[三〇]似鳧，青赤色，一目一翼，相得乃飛。西方有比肩獸焉，與邛邛岠虛比，爲[三一]邛邛岠虛齧甘草，即有難，邛邛岠虛負而走，其名謂之蟨。[三二]呂氏春秋曰：北方有獸，其名爲蟨，[三三]鼠前而兔後，趨則

頓，走則顛。然則邛邛岠虛亦宜鼠後而兔前，前高不得
〔三四〕取甘草，故〔三四〕須蟨食之。今鴈門廣武縣夏屋山中有獸，形
〔三五〕〔三六〕如兔而大，〔三五〕相負共行，〔三六〕土俗名之爲蟨鼠，音厥。

北方有比肩民焉，迭食
〔三七〕而迭望。〔三七〕此即半體之人，各有一目、一鼻、一孔、一臂、一脚，亦猶魚鳥之相合，更望備驚急。

中有
〔三八〕枳首蛇焉。岐頭蛇也。或曰今江東呼兩頭蛇爲越王約髮，〔三八〕亦名弩弦。

此四方中國之異氣也。

五方

邑外謂之郊，郊外謂之牧，牧外謂之野，野
〔三九〕外謂之林，林外謂之坰。邑國都也。〔三九〕假令百里之國，五十里之界，界各十

里也。下溼曰隰。大野曰平，廣平曰原，高平曰陸，大陸曰阜，大阜曰陵，大陵曰阿。可食者曰原。可種穀〔四〇〕給食。陂者曰阪。陂陀不平。〔四一〕下者曰溼。公羊傳曰：下平曰隰。田一歲曰菑，今江東呼初耕地反草爲菑。二歲曰新田，詩曰：于被新田。三歲曰畬。易曰：不菑畬。

野

東至於泰遠，西至於邠國，〔四二〕南至於濮鈆，北至於祝栗，謂之四極。〔四三〕皆四方極遠之國。觚竹、北戶、西王母日下謂之四荒。觚竹在北，北戶在南，西王母在西，日下在東，皆四方昏荒之國，次四極者。〔四四〕九夷八狄七戎六蠻謂之四海。九夷在東，八狄在北，七戎在西，六蠻在南，次四荒者。〔四五〕岠齊州以南戴日爲丹穴，岠，去也。齊，中也。北戴斗極爲空桐。〔四六〕戴，值。東至日所出爲太平，〔四七〕西至日所入爲太蒙。即蒙汜也。太平之人仁，丹穴之人智，太蒙之人信，空桐之人武。地氣使之然也。

四極

釋丘第十

丘一成爲敦丘，[一]成猶重也。周禮曰：爲壇三成。今江東呼地高堆者爲敦。再成爲陶丘，[二]今濟陰定陶城中有陶丘。再成鋭上爲融丘，[三]鑯頂者。三成爲崐崘丘。[四]崐崘山三重，故以名云。如乘者乘丘，[五]形似車乘也。[六]或云乘謂稻田塍埒。如陼者陼丘，[七]水中小洲爲陼。水潦所止，[八]泥丘。頂上汙下者。方丘胡丘，[九]形四方。絶高爲之京，[一〇]人力所作。非人爲之丘，[一一]地自然生。水潦所還埒丘，[一二]謂丘邊有界埒，水[一三]繞環之。[一四]上正章丘，頂平。澤中有丘都丘，[一五]在池澤中。當塗，梧丘。[一六]途，道。途出其右而還之，畫丘。言爲道所規畫。途出其前，戴丘。[一七]道出丘南。途出其後，昌丘。道出丘北。[一八]水出其前，消丘；水出其後，沮丘；水出其右，正丘；水出其左，營丘。今齊之營丘，淄水過其南及東。如覆敦者，敦丘。敦，盂也。[一九]邐迤，沙丘。旁行連延。左高，咸丘；右高，臨丘；[二〇]前高，旄丘。[二一]詩云：旄丘之葛兮。後高，陵丘；偏高，阿丘。詩云：陟彼阿丘。宛中，宛丘。[二二]宛謂中央隆高。[二三]丘背有丘爲負丘。此解宛丘中央隆峻，狀[二四]如負一丘於背上。左澤，定丘；右陵，泰丘。[二五]宋有太丘社亡，

〔二六〕〔二七〕〔二八〕〔二九〕〔三〇〕〔三一〕〔三二〕〔三三〕

見史記。如畝畝丘，丘有壟界如田畝。如陵陵丘。陵，大阜也。丘上有丘爲宛丘。〔二六〕嫌人不了，故重曉之。陳有宛丘，今在陳郡陳縣。晉有潛丘，今在太原晉陽縣。淮南有州黎丘，〔二七〕今在壽春縣。天下有名丘五，其三在河南，〔二八〕其二在河北。〔二九〕說者多以州黎、宛、營爲河南，潛、敦爲河北者。案此方稱天下之名丘，〔三〇〕恐此諸丘碌碌，未足用當之，〔三一〕殆自別更有魁梧桀大者五，但未詳其名號，今者所在耳。

丘

望〔三二〕厓洒而高岸，厓，水邊。洒，謂深也。〔三三〕視厓峻而水深者曰岸。夷上洒下，

〔三四〕〔三五〕〔三六〕〔三七〕〔三八〕〔三九〕〔四〇〕〔四一〕〔四二〕〔四三〕〔四四〕〔四五〕

不漘。厓上平坦，而下水深者爲漘。〔三四〕不，發聲。隩隈。今江東呼爲浦隩。〔三五〕淮南子曰：漁者不爭隈。厓內爲隩，〔三六〕外爲隈。〔三七〕別厓表裏之名。畢堂牆。〔三八〕今終南山道名畢，其邊若堂之牆。〔三九〕重厓岸。〔四〇〕兩厓累者爲岸。岸上滸。〔四一〕岸上地。墳大防。〔四二〕謂隄。涘爲厓。〔四三〕謂水邊。窮瀆汜，〔四四〕水無所通者。谷者溦。〔四五〕通於谷。

厓岸

〔一〕〔二〕〔三〕〔四〕〔五〕

釋山第十一

〔一〕河南華，華陰山。〔二〕河西嶽，吳嶽。河東岱，岱宗泰山。〔三〕河北恒，北嶽恒山。江南衡。〔四〕衡山南嶽。山三襲陟，〔五〕襲亦重。再成英，

〔六〕〔七〕兩山相重。一成坯。〔六〕書曰至于大伾。山大而高崧。〔七〕今中嶽嵩高山蓋依此名。

〔八〕〔九〕〔一〇〕〔一一〕〔八〕山小而高岑。〔九〕言岑崟。銳而高嶠。〔一〇〕言鐵峻。〔一一〕卑而大

〔一二〕〔一三〕扈。扈廣貌。小而衆巋。〔一二〕小山叢羅。小山岌大山峘。〔一三〕岌謂

〔一四〕〔一五〕〔一六〕高過。屬者嶧。〔一四〕言駱驛相連屬。獨者蜀。〔一五〕蜀亦孤獨。上正章。〔一六〕山上平。

〔一七〕〔一八〕〔一九〕宛中隆。〔一七〕山中央高。山脊岡。〔一八〕謂山長脊。未及上翠微。〔一九〕近上旁陂。

〔二〇〕〔二一〕〔二〇〕山頂冢。山巔。崒者厜㕒。〔二一〕謂山峯頭巉巖。山如堂者密。

〔二二〕〔二三〕〔二四〕〔二二〕形似堂室者。尸子曰松柏之鼠不知堂密之有美樅。如防者盛。〔二三〕防隄。巒山墮。〔二四〕謂山

〔二五〕〔二六〕〔二七〕形長狹者荊州謂之巒。〔二五〕詩曰墮山喬嶽。〔二六〕重甗隒。〔二七〕謂山形如累兩甗。甗，甑。山狀似之因以名云。

[二八]左右有岸，厓。夾山有岸。大山宮小山，霍。[二九]宮謂圍繞之。禮記曰：

君爲廬宮之，是也。小山别大山，鮮。[三〇]不相連。山絶，陘。[三一]連山中斷絶。

[三二]多小石，磝。[三三]多礓礫。[三四]多大石，礐。[三五]多盤石。多草木，岵。無

草木，峐。皆見詩。山上有水，埒。[三六]有停泉。夏有水，冬無

水，㶇。[三七]有停潦。山瀆無所通，谿。[三八]所謂窮瀆者，雖無所通[三九]與水注川同

名。石戴土謂之崔嵬。[四〇]石山上有土者。土戴石爲砠。

[四一]土山上有石者。山夾水，澗；陵夾水，澞。[四二]别山陵閒有水者之名。山有

穴爲岫。[四三]謂巖穴。山西曰夕陽，暮乃見日。山東曰朝陽。

旦即見日。泰山爲東嶽，〔四四〕華山爲西嶽，霍山爲南嶽，〔四五〕即天柱山，潛水所出。恒山爲北嶽，〔四六〕常山。嵩高爲中嶽。〔四七〕大室山也。梁山，晉望也。〔四八〕晉國所望祭者，〔四九〕今在馮翊夏陽縣西北臨河上。

釋水第十二

〔一〕泉一見一否爲瀸。〔二〕瀸，纔有貌。井一有水一無水爲瀱汋。山海經曰天井，夏有水，冬無水，即此類也。濫泉正出。正出，涌出也。〔三〕公羊傳曰直出，直猶正也。〔四〕沃泉縣出。縣出，下出也。〔五〕從上溜下。氿泉穴出。穴出，仄出也。從旁出也。湀闢，流川。

〔六〕通流。過辨回川。〔七〕旋流。灉反入。〔八〕即河水決出復還入者。河之有灉，猶江之有沱。
潬沙出。〔九〕今江東呼水中沙堆爲潬。音但。汧出不流。水泉潛出便自停成汙池。
歸異出同流肥。〔一〇〕毛詩傳曰：所出同所歸異爲肥。瀵大出尾下。
今河東汾陰縣有水口如車輪許，濆沸涌出，其深無限，名之爲瀵。馮〔一一〕翊郃陽縣復有瀵，亦如之。相去數里而夾
河，河中渚上又有一瀵，瀵源皆潛相通。在汾陰者人〔一二〕壅其流以爲陂，種稻，呼其本所出處爲瀵魁。此是也。〔一三〕尾猶
底也。〔一四〕水醮曰厬。〔一五〕謂水醮盡。水自河出爲灉。〔一六〕書曰：灉沮會同。濟爲
濋，〔一七〕汶爲瀾，〔一八〕洛爲波，漢爲潛。書曰：沱潛既道。淮爲滸，江
爲沱。書曰：岷山導江，東別爲沱。過爲洵，潁爲沙，汝爲濆。〔一九〕詩曰：

〔二〇〕遵彼汝濆。皆大水溢出，別爲小水之名。水決之澤爲汧，水決入澤中者，亦〔二〇〕名爲汧。

〔二一〕〔二二〕決復入爲氾。〔二一〕水出去復還。〔二二〕河水清且瀾漪，大波

〔二三〕〔二四〕〔二五〕爲瀾，言渙〔二三〕瀾。小波爲淪，〔二四〕言蘊〔二五〕淪。直波爲徑。言徑涏。

江有沱，河有灉，汝有濆。此故上水別出耳。所作者重見。滸，水

〔二六〕〔二七〕厓。〔二六〕水邊地。水草交爲湄。詩曰：居河之湄。濟有深涉。〔二七〕謂濟渡之

〔二八〕處。〔二八〕深則厲，淺則揭。揭者揭衣也。謂褰裳也。以衣

〔二九〕涉水爲厲，〔二九〕衣謂褌。繇膝以下爲揭，繇膝以上爲

〔三〇〕〔三一〕涉，〔三〇〕繇帶以上爲厲。〔三一〕繇自也。潛行爲泳。水底行也。晏子

〔三二〕春秋曰：潛行逆流百步，順流七里。汎汎楊舟，紼縭維之。〔三三〕紼，䋏也。䋏，索。縭，緌也。緌，繫。〔三四〕天子造舟，比船爲橋。〔三五〕諸侯維舟，維連四船。大夫方舟，併兩船。〔三六〕士特舟，單船。〔三七〕〔三八〕庶人乘泭。併木以渡。水注川曰谿，注谿曰谷，注谷曰溝，注溝曰澮，注澮曰瀆。此皆道水轉相灌〔四〇〕注所〔三九〕入之處名。逆流而上曰泝洄，順流而下曰泝游。皆見詩。正絕流曰亂。直橫渡也。書曰：亂于河。江、河、淮、濟爲四瀆。四瀆者，〔四一〕發源注海者也。

水泉

水中可居者曰洲。小洲曰陼，小陼曰沚，小沚曰坻。人所爲爲潏。〔四二〕人力所作

水中

〔四三〕河出崐崘虚，色白，〔四四〕山海經曰：河出崐崘西北隅。虚，山下基也。所渠并千七百一川，色黄。潛流地中，汨漱沙壤，所受渠多，衆水溷淆，宜其濁黄。百里一小曲，千里一曲一直。〔四五〕公羊傳曰：河曲流，河千里一曲一直。

河曲

〔四六〕〔四七〕〔四八〕〔四九〕〔五〇〕〔五一〕〔五二〕〔五三〕〔五四〕〔五五〕

徒駭〔四六〕今在成平縣，義所未聞。太史今所在未詳。馬頰〔四七〕河勢上廣下狹，狀如馬頰。覆鬴〔四八〕水中可居，往往而有，狀如覆釜。胡蘇〔四九〕東莞縣今有胡蘇亭，其義未詳。簡〔五〇〕水道簡易。絜〔五一〕水多約絜。鉤盤〔五二〕水曲如鉤，流盤桓也。鬲津〔五三〕水多阨狹，可隔以爲津而橫渡。

九河〔五四〕

從釋地已下至九河，皆禹所名也。〔五五〕

爾雅卷中

爾雅釋音卷中

釋宮第五

扆倚宧夷㝔要柣于結閾域楔古黠樞昌朱椳於回扂士坫店杇烏椹砧榩虔黝於糾堊於故樴徒得杙亦楎暉臬魚列闍都榤竭垣袁塒時亲云廇力又梲拙閞卞槉疾楶節桴浮榱衰檐簷樀滴簃丈知窕曜鄉向屏卑井宁佇閍補耕觀貫衖巷塾熟橛其月闑魚列瓴靈甋的甓蒲覓壼苦本劇極隄低杠江徛寄陜狹

釋器第六

籩邊盎烏浪缶方九瓿蒲口瓵移瓠胡甈契斪衢斸丁錄定多佞鐯張略斛鍬疀插緵子弄罭域嫠離笱狗罺嘲汕所諫篧士角槮桑感罝嗟罞茆彘滯

䜌鸞罠孤𦌾壁罿衝罬拙罦浮絢其俱分粉卣由旒流䙾倪襮博

緣餘絹純之閏𧘹允褮營背才細衱劫袸賤褑院衽稔袺結扱揷襜昌占

禕暉縭离緌汝誰纀卜捎因絹鑣表驕钀魚列轙儀餀呼蓋餯許穢饐意餲隘

糷輦糪柏餒奴罪斮莊略鮨祁醢海臡泥垽魚靳鼐耐圜袁鼒咨釴亦

款苦管鬲力鬵尋鉹侈璲遂區羌于翮戶革縳篆緷衮虡巨蘢畀蔌速

盍合璗蕩鏐留鐐遼鉼餅鈑扳釗引鵠斛觷嶽剒錯剫鐸璆求

銑蘇典鏃作木緣掾弭尾蜃腎珧姚琡俶好耗瑗院縓緣戀赬敕呈纁勳

黝於糾邸氐蓐辱簃移笫側士辨片韏眷鏤蘇婁卣酉

釋樂第七

徵知矢灑所蟹鼖墳應膺毊虛嬌篪池沂銀塤喧嘂叫剽瓢棧盞筊交

篙嬌篞乃結篎妙籥藥箹渥吹昌睡和胡卧咢五各寋紀展柷昌孰敔語籈真

鼗桃料聊

釋天第八

長丁丈贏盈荐賤閼烏割著直略重直龍黓亦牂臧洽峽涒湯昆噩五各閹掩

敦頓窒知乙塞先北陬側留寎孚栢且子余相息亮涂徒凱口改頹徒回猋必遙庉徒袞

飄瓢雨芋曀於計瘞麔霿蒙蝃帝蝀丁孔雩于句挈苦結弇掩霆廷霓倪

霓醉練凍東霡麥霂木霖林濟祖細霽祖計亢剛氐低析惜枵許嬌顓專

頊旭虛墟定多佞娵子喻觜子匕觿咨降胡江咮諸究何胡可君啓欃初銜槍初庚彴諸握

礿藥燔煩庪居委縣玄磔責禷類禡罵禘大計肜容胙昨蒐搜獮息淺

狩手又獠遼闐田綢叨杠江纁勲縿衫廣士曠長直亮旐兆旆佩旄毛旟餘

釋地第九

雝於用 濟子礼 陓於于 藪叟 阠信 隃式 湨古壁 珣荀 玗于 會古外 稽古兮 崘路昆

虛虛 厈尺 鰈牒 鶼兼 邛巨凶 岠巨 齧五結 難乃旦 蟨厥 迭徒結 枳居是 坰古螢

隰濕 陂彼 阪反 菑緇 畬餘 邠彬 濮卜 觚孤

釋丘第十

敦都昆 銳惠 乘繩正 陼諸 潦老 而 還旋 渻所景 沮辭與 覆 敦堆 邐呂紙

迆余紙 定丁佞 厓牙 洒先典 漘脣 隩奧 隈烏回 重直龍 滸虎 涘士 氾似 溦眉

釋山第十一

坯備悲 崧嵩 嶠喬 巋丘鬼 岌魚泣 峘桓 屬燭 嶧亦 崒子恤 厜姊規 㕒危 盛成

嶞湯果 重直龍 甗言 隒儼 厒口閤 別彼列 鮮息淺 陘形 磝苦交 礐殼 岵戶 屺起

嶨學𥗼讀崔徂回嵬五回砠七余澞虞

釋水第十二

見現否卑美瀸纖瀱計汋仕捉縣玄氿軌仄側湀揆過古禾辨片灉於用

潬但汧牽瀵糞厬軌濋楚汶問瀾闌沱陀過烏禾潁餘頃濆墳灡爛

漪衣湄眉濟子細揭上二字音憩下丘竭繇由上時掌紼弗縭离繂律緌如誰造七到

泭桴澮古外泝素階諸坻池潏述虛墟駭諧楷頫劫覆扶服鬴父鬲革

爾雅卷中

爾雅卷下　郭璞注

〔一〕〔二〕

釋草第十三

藿，山韭。茖，山蔥。葝，山䪥。蒚，山蒜。今山中多有此菜，皆如人家所種者。茖蔥細莖大葉。薜，山蘄。〔二〕廣雅曰山蘄，當歸。當〔三〕歸今似蘄而麤大。椴，木

〔三〕〔四〕〔五〕〔六〕〔七〕〔八〕〔九〕

槿櫬木槿別二名也似李樹華朝生夕隕可食[三]或呼日及亦曰王蒸朮山薊本草

云朮一名山薊今朮似薊而生山中楊枹薊似薊而肥大[四]今呼之馬薊葥王蔧王帚

也似藜其樹可以爲埽蔧江東呼之曰落帚菉王芻[五]菉蓐也今呼鴟腳莎拜蔏藋

蔏藋亦[六]似藜蘩皤蒿白蒿蒿菣今人呼青蒿香中炙啖者爲菣蔚牡

菣無子者齧彫蓬薦黍蓬別蓬[七]種類藦鼠莞亦莞

屬也纖細似龍須可[八]以爲席蜀中出好者葝鼠尾可以染皁菥蓂大薺似薺

葉細俗呼之曰老薺蒤虎杖[九]似紅草而麤大有細刺可以染赤孟狼尾似茅

今人亦以覆屋瓠棲瓣瓠中瓣也詩云齒如瓠棲茹藘茅蒐今之蒨也可以

〔一〇〕〔一一〕〔一二〕〔一三〕〔一四〕〔一五〕〔一六〕〔一七〕

染絳。果臝之實，栝樓。今齊人呼之為天瓜。荼，苦菜。詩曰：誰謂荼苦。苦菜可食。萑，蓷。今茺蔚也。葉似荏，方莖，白華，華生節間。又名益母。廣雅云。虉，綬。小草，有雜色〔一〇〕，似綬。粢，稷。今江東人〔一一〕呼粟為粢。衆，秫。謂黏〔一二〕粟也。戎叔謂之荏菽。即胡〔一三〕豆也。卉，草。百草揔名。䒒，雀弁。未詳。蘥，雀麥。即燕麥也。蘾，烏蕵，蕀，菟荄，蘩，菟蒵。皆未詳。黃，菟瓜。菟瓜似土瓜。茢薽，豕首。本草曰：彘盧，一名蟾蠩蘭〔一四〕，今江東呼豨首，可以煼蠶蛹。荓，馬帚。似蓍〔一五〕，可以為埽彗。藱，懷羊〔一六〕。未詳。茭，牛蘄。今馬蘄，葉細銳，似芹，亦可食。葖，蘆萉。萉宜為菔〔一七〕，蘆菔，蕪菁屬。紫華大根，俗呼雹葖。蒏，灌。未詳。

菌芝。芝一歲三華，瑞草。筍竹萌。初生者。簜竹。竹別名。儀禮曰簜在建鼓
之間，謂簫管之屬。莪蘿。〔一八〕今莪蒿也，亦曰藘蒿。苨菧苨。〔一九〕薺苨。經履。未詳。
莕接余，其葉苻。叢生水中，葉圓在莖端，長短隨水深淺。〔二〇〕江東食之，亦呼爲莕，音
杏。白華野菅。菅茅屬。詩曰白華菅兮。薜白蘄。即上山蘄。菲芴。即土
瓜也。葍⿱艹當。大葉白華，根如指，〔二一〕正白，可啖。〔二二〕熒委萎。藥草也。葉似竹，大者如箭
竿，有節，葉狹而長，表白裏青，根大如指，長一二尺，可啖。葋艼熒。〔二三〕未詳。竹萹蓄。
似小藜，赤莖節，好生道旁，可食，又殺蟲。葴寒漿。今酸漿草，江東呼曰苦葴。〔二四〕音針。薢茩、
英茪。英明也。葉黃銳，赤華，實如山茱萸。或曰陵也。關西謂之薢茩。音皆。莁荑蔱蘠。

一名白蘳。瓞瓝。其紹瓞。俗呼瓝瓜爲瓞。紹者，〔二五〕瓜蔓緒，亦著子，但小如瓝。〔二六〕芍，鳧茈。生下田，苗似龍須而細，根如指頭，黑色，可食。蘱，薡董。似蒲而細。蕛，苵。蕛似稗，布地生穢草。〔二七〕鉤，芺。大如拇指，中空，莖頭有臺，似薊，初生可食。〔二八〕䪥，鴻薈。即䪥菜也。蘇，桂荏。蘇，荏類，故名桂荏。〔二九〕薔，虞蓼。〔三〇〕虞蓼，澤蓼。蓧，蓨。未詳。虋，赤苗。今之赤粱粟。芑，白苗。〔三一〕今之白粱粟，皆好穀。秬，黑黍。詩曰：維秬維秠。秠，一稃二米。〔三二〕此亦黑黍，但中米異耳。漢和帝時，任城生黑黍，或三四實，實二米，得黍三〔三三〕斛八斗是。稌，稻。今沛國呼稌。葍，藑茅。葍華有赤者爲藑，藑葍一種耳，〔三四〕亦猶陵苕華黃白異名。臺，夫須。鄭箋詩云：臺可以爲禦雨笠。藆，藅。未詳。

莔，貝母。[三五]根如小貝，員而[三六]白華，葉似韭。荍，蚍衃。今荊葵也。似葵，紫色。謝氏云：小草，多華少葉，葉又翹起。艾，冰臺。今艾蒿。蕇，亭歷。實、葉皆似芥。一名狗薺。廣雅云。音典。苻，鬼目。今江東有鬼目草，莖似葛[三七]，葉員而毛，子如耳璫也，赤色叢生。薜，庚草。未詳。蔜，蕿蔞。今蘩蔞也。或[三八]曰鷄腸草。離南，活莌。草生江南，高丈許，大葉，莖中有瓤[三九]，正白。零陵人祖曰貫之爲樹。蘢，天蘥。須，葑蓯。未詳。蒡，蘟荵。似蘇，有毛。今江東呼爲蘟荵，藏以爲葅，亦可瀹食。莤，蔓于。草生水中。一名軒于。[四〇]江東呼莤。音猶。蓾，蔖。作履苴草。柱夫，搖車。蔓生，細葉，紫華，可食。今俗呼曰翹搖車。出隧，蘧蔬。[四一]蘧蔬似土菌，生菰草中。今江東啖之，甜滑。音氈氍毹。

蘄茝〔四二〕蘪蕪。香草，葉小如萎狀。淮南子云：似蛇牀。山海經曰：臭如蘪蕪。〔四三〕茨，蒺蔾。布地蔓生，細葉，子有三角，刺人。見詩。蘮蒘，竊衣。似芹，可食。子大如麥，兩兩相合，有毛，著人衣。髦，顛蕀。細葉，有刺，蔓生。一名商蕀。〔四四〕廣雅云：女朮也。〔四五〕雚，芄蘭。雚芄蔓生，斷之有白汁，可啖。蕁，莐藩。生山上，葉如韭。一〔四六〕曰提母。蕍，蕮。今澤蕮。蔨，鹿藿。其實莥。今鹿豆也。葉似大豆，根黃而香，蔓延生。薃侯，莎。其實媞。夏小正曰：薃也者，莎蒩；媞者，其實。莞，苻蘺。其上萵。今西方人呼蒲爲莞蒲。〔四七〕萵，謂其頭臺首也。今江東謂之苻蘺，西方亦名蒲。中莖爲萵，用之爲席。音羽翮。荷，芙渠。別名芙蓉，江東呼荷。其莖茄，〔四八〕其葉蕸，其本蔤。莖下白蒻在泥中者。其華菡萏，見詩。其實蓮，蓮謂房也。其根藕，其中的，蓮中子也。[四九]的中薏。中心苦。紅，蘢古，其大者蘬。俗呼紅草爲蘢鼓，語轉耳。蒫，薺實。薺子名。黂，枲實。禮記曰苴麻之有黂。枲，麻。別二名。須，蕵蕪。蕵蕪似羊蹄，葉細，味酢，可食。菲，蒠菜。菲草生下溼地，似蕪[五〇]菁，華紫赤色，可食。蕢，赤莧。今之莧[五一]赤莖者。蘠蘼，虋冬。門冬，一名滿冬，本草云。萹苻止。未詳。濼，貫衆。葉員銳，莖毛黑[五二]，布地，冬不死，一名貫渠。廣雅云貫節。莙，牛藻。似藻，葉大，江東呼爲馬藻。蓫薚，馬尾。廣雅曰馬尾蔏陸。本草云別名薚。[五三]今關西亦呼爲薚，江東呼爲當陸。苹，萍。水中浮萍，江東謂之

〔五四〕〔五五〕〔五六〕〔五七〕〔五八〕

薸。音瓢。其大者蘋。詩曰，于以采蘋。萿、菟葵。〔五四〕頗似葵而小，葉狀如藜有毛，汋啖之滑。芹、楚葵。今水中芹菜。藚、牛蘈。今江東呼草爲牛蘈者，高尺餘許，方莖，葉長而銳，有穗，穗間有華，華紫縹色，可淋以爲飲。藚、牛脣。毛詩傳曰：水蕮也，〔五五〕如續斷，寸寸有節，拔之可復。苹、蘱蕭。〔五六〕今蘱蒿也，初生亦可食。連、異翹。一名連苕，又名連草。本草云。澤、烏蘈。即上蘈也。傅、橫目。一名結縷，俗謂之鼓箏草。釐、蔓華。〔五七〕一名蒙華。蔆、蕨攈。蔆，今水中芰。大菊、蘧麥。一名麥句薑，即瞿麥。薜、牡贊。未詳。葥、山莓。今之木莓也，實似藨莓而大，亦可食。齧、苦菫。今菫葵也。葉似柳，〔五八〕子如米，汋食之滑。藫、石衣。水苔也。一名石

〔六二〕〔六一〕〔六〇〕〔五九〕

髧，江東食之，或曰藫葉似䪤而大，生水底，亦可食。蘜，治蘠。〔五九〕今之秋華菊。唐、蒙，女蘿。女蘿，菟絲。別四名。詩云：爰采唐矣。苗，蓨。未詳。茥，蒛葐。覆葐也，實似莓而小，亦可食。芨，堇草。〔六〇〕即烏頭也，江東呼爲堇，音靳。蘮，百足。未詳。菺，戎葵。今蜀葵也，似葵，華如木槿華。蘻，狗毒。樊光云：俗語苦如蘻。垂，比葉。未詳。蕧，盜庚。〔六一〕旋蕧，似菊。茡，麻母。苴麻盛子者。瓝，九葉。今江東有草，五葉共叢生一莖，俗因名爲五葉，即此類也。藐，茈草。可以染紫。一名茈莀。廣雅云。倚商，活脫。即離南也。蘵，黃蒢。蘵草葉似酸漿，華小而白，中心黃，江東以作菹食。〔六二〕藒車，芞輿。藒車，香草，見離騷。權，黃華。今謂牛芸草爲黃華。華黃，葉似萩蓿。葞，春草。一名芒草，本草云。蔠葵，蘩露。[六三]承露也。大莖小葉，華紫黃色。菋，荎藸。五味也。蔓生，子叢在莖頭。蒤，委葉。詩云以茠蒤蓼。皇，守田。似燕麥，[六四]子如彫胡米，可食，生廢田中。一名守氣。[六五]鉤，藈姑。鉤𤬖也。一名王瓜。實如瓝瓜，正赤，味苦。望，椉車。可以爲索，長丈餘。[六六]困，衱袶。未詳。[六七]攫，烏階。即烏杷也。子連相著，狀如杷齒，可以染皁。杜，土鹵。杜衡也。似葵而香。盱，虺牀。蛇牀也。一名馬牀，廣雅云。蔝，蔜。未聞。赤枹薊。即上枹薊。菟奚，顆凍。款凍也。紫赤華，生水中。中馗，菌。地蕈也。似蓋。今江東名爲土菌，亦曰馗廚，可啖之。小者菌。大小異名。乹，小葉。未聞。[六八]苕，陵苕。一名陵時，本草云。

黃華蔈、白華茇。茖華色異名，亦不同。音沛。蘪從水生。生於水中。薇垂水。生於水邊。薜山麻。似人家麻，生山中。莽數節。竹類也，節間促。桃枝四寸有節。今桃枝節間相去多四寸。粼堅中。〔六九〕竹類也，其中實。簢筡中。言其中空，竹類。仲無笐。亦竹類，未詳。䈞箭萌。萌，筍屬也。周禮曰：䈞菹鴈醢。篠箭。別二名。枹霍首。素華軌鬷。皆未詳。芏夫王。芏草生海邊，似莞蔺，今南方越人采以爲席。綦月爾。即紫綦也，似蕨可食。葴馬藍。今大葉冬藍也。姚莖涂薺。未詳。芐地黃。一名地髓，〔七〇〕江東呼芐音怙。蒙王女。蒙即唐也，女蘿別名。拔蘢葛。似葛蔓生，有節，江東呼爲龍尾，亦謂之虎葛。細葉赤莖。〔七一〕**藗，牡茅。**白茅屬。**菤耳，苓耳。**〔七二〕廣雅云枲耳也，亦云胡枲。江東呼爲常枲，或曰苓耳。形似鼠耳，叢生如盤。**蕨，虌。**〔七三〕廣雅云紫藄，非也。初生無葉，可食。江西謂之虌。**蕎，邛鉅。**今藥草大戟也。本草云。**繁，由胡。**〔七四〕未詳。**莣，杜榮。**今莣草，似茅，皮可以爲繩索履屩也。**稂，童粱。**稂莠類也。**藨，麃。**〔七五〕麃即莓也。今江東呼爲藨莓，子似覆盆而大，赤，酢甜可啖。**的，薂。**即蓮實。**購，蔏蔞。**蔏蔞，蔞蒿也。生下田，初出可啖，江東用羹魚。**茢，勃茢。**一名石芸，本草云。**葽繞，蕀蒬。**〔七六〕〔七七〕今遠志也。似麻黃，赤華，葉銳而黃，其上謂之小草。廣雅云。**茦，刺。**草刺針也。關西謂之刺，燕〔七八〕北朝鮮之間曰茦。見方言。**蕭，萩。**即蒿。**薚，海藻。**藥草也。一名海蘿，如亂髮，生海中，本

〔七九〕〔八〇〕 〔八一〕〔八二〕 〔八三〕

草云。

長楚，銚芅。今羊桃也。或曰鬼桃。葉似桃，華白，子如小麥，亦似桃。

蘦，大苦。今甘草也。蔓延生，葉似荷，青黃，莖赤〔七九〕有節，節有枝相當。或云蘦似地黃。

芣苢〔八〇〕，馬舄。馬舄，車前。今車前草，大葉長穗，好生道邊，江東呼爲蝦蟇衣。

綸似綸，組似組，東海有之。〔八一〕綸，今有秩嗇夫所帶糾青絲綸。組，綬也。海中草生彩理有象之者〔八二〕，因以名云。

帛似帛，布似布，華山有之。草葉有象布帛者，因以名云。生華山中。

茪，東蠡。未詳。

緜馬，羊齒。草細葉，葉羅生而毛，有似羊齒。今江東呼爲鴈齒。繅者以取繭緒。

萿〔八三〕，麋舌。今麋舌草，春生，葉有似於舌。

搴，柜朐。未聞。

蘩之醜，秋爲蒿。醜類也。春時各有種名，至秋老成，皆通呼爲蒿。

芺薊

〔八四〕〔八五〕〔八六〕〔八七〕〔八八〕

其實莩。芺與薊莖〔八四〕頭皆有蓊臺，名莩，莩即其實，音俘。蔈、莩，茶。即芀。猋、藨，芀。皆芀茶之別名，方俗異語，所未聞。葦醜，芀。其類皆有芀秀。〔八五〕葭，華。即今蘆也。〔八六〕蒹，薕。似萑而細，高數尺，江東呼爲薕藡，音廉。葭，蘆。葦也。菼，薍。似葦而小，實中。江東呼爲烏蓲，音丘。其萌蘿。今江東呼蘆笋爲蘿，然則萑葦之類，其初生者皆名蘿，音繾綣。〔八七〕蕍、芛、葟、華，榮。釋言云：華，皇也。今俗呼草木華初生者爲芛。音䝼豬。蕍猶敷蕍，亦華之貌，所未聞。卷施草，拔心不死。宿莽也。離騷云。〔八八〕荺，茭。今江東呼藕紹緒如指，空中可啖者爲茭茭，即此類。荄，根。別二名。俗呼韭根爲荄。欔橐含。未詳。華，莩也。今江東呼華爲莩，音敷。華、莩，榮也。

〔一〕 〔二〕 〔三〕

轉相解。

木謂之華，草謂之榮。不榮而實者謂之秀，榮而不實者謂之英。

釋木第十四

槄，山榎。今之山楸。栲，山樗。栲似樗，色小白，生山中，因名云。亦類漆樹。柏，椈。禮記曰：鬯臼以椈。髡，梱。未詳。椵，柂。白椵也。樹似白楊。〔一〕梅，柟。似杏，實酢。柀，煔。煔似松，生江南，可以爲船及棺材，作柱，埋之不腐。櫠，椵。柚屬也。子大如盂，〔二〕皮厚二三寸，中似枳，食之少味。杻，檍。似棣，細葉，葉新生可飼牛，材中車輞。關西呼杻子，一名土橿。楙，木瓜。〔三〕實如小瓜，酢可食。椋，即來。今椋材中車輞。栵，栭。樹似槲樕而庳小，子如細栗可

〔四〕〔五〕〔六〕　〔七〕〔八〕　〔九〕　〔一〇〕　〔一一〕〔一二〕

食[四]，今江東亦呼爲栭栗。檴[五]落。可以爲杯器素。柚條。似橙實酢，生江南。時英[六]梅。雀梅。楥，柜桏。未詳。或[七]曰桏當爲柳。柜桏似柳，皮可煑作飲。栩杼[八]。柞樹。味荎著。釋草已有此名，疑誤重出。藲荎[九]。今之刺榆。杜，甘棠。今之杜梨。狄臧槔。貢綦。皆未詳。杭，繫梅。杭樹狀似梅，子如指頭，赤色，似小㮈，可食。朻者聊。未詳。魄，㮨櫨。魄大木，細葉似檀[一〇]，今江東多有之。齊人諺曰：上山斫檀，㮨櫨先殫。梫，木桂。今南人呼桂厚皮者爲木桂，桂樹葉似枇杷而大，白華，華而不著子，叢生巖嶺，枝葉冬夏常青，[一一]間無雜木。棆，無疵。棆，楩屬，似豫章。椐，樻。腫節可以爲杖。檉，河柳。今[一二]河旁赤莖小楊。旄，澤柳。生澤中者。楊，蒲柳。可以爲箭，左傳所謂董澤之蒲。權黃英，輔小木。權、輔皆未詳。杜，赤棠。白者棠。棠色異，異其名。[一三]諸慮，山櫐。今江東呼櫐爲藤，似葛而麤大。欇，虎櫐。[一四]今虎豆，纏蔓林樹而生，莢有毛刺。今江東呼爲欇欇。欇音涉。杞，枸檵。今枸杞也。杬，[一五]魚毒。杬，大木，子似栗，生南方，皮厚汁赤，中藏卵果。檓，大椒。今椒樹叢生，實大者名爲檓。楰，鼠梓。楸屬也。今江東有虎梓。楓，欇欇。楓樹似白楊，葉員而岐，有脂而香，[一六]今之楓香是。寓木，宛童。[一七]寄生樹，一名蔦。[一八]無姑，其實夷。無姑，姑榆也。生山中，葉員而厚，剝取皮合漬之，其味辛香，所謂無夷。櫟，其實梂。[一九]有梂彙自裹。檖，蘿。今楊檖也。實似梨而小，酢可食。楔，荆桃。[二〇]今櫻桃。旄，冬桃。子冬熟。[二一]榹桃，山桃。實如桃而

[一三][一四]

[一五]

[一六]

[一七][一八]

[一九]

[二〇][二一]

〔二二〕〔二三〕〔二四〕〔二五〕〔二六〕〔二七〕

小不解核。休，無實李。一名趙李。[二二]痤，椄慮李。今之麥李。駁，赤李。子赤。棗，壺棗。今江東呼棗大而銳上者爲壺，壺猶瓠也。邊，要棗。子細腰，今謂之鹿盧棗。櫅，白棗。[二三]即今棗子白熟。樲，酸棗。[二四]樹小實酢，孟子曰：養其樲棗。楊徹，齊棗。未詳。遵，羊棗。實小而員，紫黑色，今俗呼之爲羊矢棗，孟子曰：曾晳嗜羊棗。[二五]洗，大棗。今河東猗氏縣出大棗，子如雞卵。煑，填棗。未詳。蹶洩，苦棗。[二六]子味苦。晳，無實棗。不著子者。[二七]還味，棯棗。還味，短味。櫬，梧。今梧桐。樸，抱者。樸屬叢生者爲抱，詩所謂棫樸抱櫟。謂櫬采薪。采薪，即薪。指解今樵薪。棪，樕其。棪實似柰，赤可食。劉，劉杻。劉子生山中，〔二八〕實如梨，酢甜，核堅，出交阯。櫰，槐大葉而黑。槐樹葉大色黑者名爲櫰。〔二九〕守宮槐，葉晝聶宵炕。槐葉晝日聶合而夜炕布者，名爲守宮槐。槐小葉曰榎。槐當爲楸。楸細葉者爲榎。大而皵，楸。老乃皮麤皵者爲楸。小而皵，榎。小而皮麤皵者爲榎。左傳曰：使擇美榎。椅，梓。即楸。〔三〇〕桋，〔三一〕赤楝，白者楝。赤楝樹葉細而岐銳，皮理錯戾〔三二〕，好叢生山中，中爲車輞。白楝葉員而岐，爲大木。終，牛棘。即馬棘也，其刺麤而長。灌木，叢木。詩曰：集於灌木。瘣木，苻婁。謂木病尩傴癭腫無枝條。〔三三〕蕡，藹。樹實繁茂菴藹。枹，遒木，魁瘣。〔三四〕謂樹木叢生根枝節目盤結磈磊。棫，白桵。〔三五〕桵小木，叢生有刺，實如耳璫，紫赤可啖。〔三六〕梨，山樆。即今梨樹。〔三七〕桑辨有葚，梔。辨，半也。女桑，桋桑。〔三八〕今俗呼桑樹小而條長者爲女桑樹。榆白，枌。枌榆先生葉，却著莢，皮色白。〔三九〕唐棣，栘。似白楊，江東呼夫栘。〔四〇〕常棣，棣。今山中有棣樹，子如櫻桃，可食。檟，苦荼。樹小似梔子，冬生葉，可煑作羹飲。今呼早采者爲荼，晚取者爲茗。一名荈。蜀人名之苦荼。〔四一〕樕樸，心。槲樕別名。榮，桐木。〔四二〕即梧桐。〔四三〕棧木，干木。橿木也。江東呼木䑨。〔四四〕檿桑，山桑。似桑，材中作弓及車轅。〔四五〕木自獘，神。獘，踣。立死，椔。不獘，頓。〔四六〕蔽者，翳。樹蔭翳覆地者。詩云：其椔其翳。木相磨，槸。樹枝相切磨。〔四七〕棤，皵。謂木皮甲錯。〔四八〕梢，梢櫂。謂木無枝柯，梢櫂長而殺者。樅，松葉柏身。今大廟梁材用此木。尸子所謂松柏之鼠不知堂密之有美樅。檜，柏葉松身。詩曰：檜楫松舟。句如羽，喬。樹枝曲卷似鳥毛羽。下句曰朻，上句曰喬。如木楸曰喬，楸樹性上竦。如竹箭曰苞，篠竹性叢最生。如松柏曰茷，〔四九〕枝葉婆娑。如槐曰茂。言亦扶踈茂盛。祝，州木。髦，柔英。皆未詳。槐棘醜喬，枝皆翹竦。桑柳醜條，〔五〇〕阿那垂條。〔五一〕椒榝醜莍，莍萸子聚生成房貌，今江東亦呼莍。榝似茱萸而小，赤色。桃李醜核，子中有核人。瓜曰華之，桃曰膽之，棗李曰疐之，樝棃曰鑽之。皆啖食治擇之名。樝似棃而酢澀，見禮記。小枝上繚爲喬。

〔四九〕

〔五〇〕〔五一〕

謂細枝皆翹繚上句者名爲喬木。無枝爲檄〔五二〕檄櫂直上。木族生爲灌〔五三〕族叢。

釋蟲第十五

螜、天螻。螻蛄也、夏小正曰螜則鳴。蜚、蠦蜰〔一〕蜰即負盤臭蟲。螾衘、入耳。蚰〔二〕蜒。蜩、蜋蜩。夏小正傳曰蜋蜩者五彩具。螗蜩。夏小正傳曰螗蜩者蝘、俗呼爲胡蟬、江南謂之螗蛦。音荑。蚻、蜻蜻。如蟬而小、方言云有文者謂之螓、夏小正曰鳴蚻、虎懸。蠽、茅蜩。江東呼爲茅截、似蟬而小、青色。蝒、馬蜩。蜩中最大者爲馬蟬。蜺、寒蜩。寒螿也、似蟬而小、青赤、月令曰寒蟬鳴。蜓蚞、螇螰。即蝭蟧也、一名蟪蛄、齊人呼螇螰。蛣蜣、蜣蜋〔三〕黑甲蟲、噉糞土。蝎、蛣蝠。木中蠹蟲。蠰、齧桑。似天

〔四〕〔五〕〔六〕〔七〕〔八〕〔九〕

牛，長角，體有白點，喜齧桑樹，作孔入其中，江東呼爲齧髮。諸慮，奚相。未詳。蜉蝣，渠略。似蛣蜣，身狹而長，有角，黃黑色，叢[四]生糞土中，朝生暮死，豬好啖之。蛂，蟥蛢。甲蟲也，大如虎豆，緑色，今江東呼黃蛢。音瓶。蠸，輿父，守瓜。今瓜中黃甲小蟲，喜食瓜葉，故曰守瓜。蝚，蛖螻。蛖螻，螻蛄類。不蜩，王蚥。未詳。蛄䗐，強蛘。[五]今米穀中蠹小黑蟲是也。建平人呼爲蛘子。音芉姓。不過，蟷蠰。[六]蟷蠰，螗蜋別名。其子蜱蛸。一名蟳蟭，蟷蠰卵也。蒺蔾，蝍蛆。似蝗而大腹，長角，[七]能食蛇腦。蝝，蝮蜪。蝗子未有翅者。外[八]傳曰：蟲舍蚳蝝。蟋蟀，蛬。今促織也，亦名青蛚。蟼，蟆。蛙類。[九]蛝，馬䗃。馬蠲蚐，俗呼馬蝬。阜螽，蠜。詩曰：趯趯阜螽。草螽，負蠜。

〔一〇〕〔一一〕〔一二〕〔一三〕〔一四〕〔一五〕〔一六〕

詩云「嚶嚶草蟲」，謂常羊也。蜇螽，蜙蝑。〔一〇〕蜙蝑也，俗呼蝽蟒。蟿螽，螇蚸。今俗呼似蜙蝑而細長，〔一一〕飛翅作聲者爲螇蚸。土螽，蠰谿。似蝗而小，今謂之土蝶。螼蚓，蜸蚕。〔一二〕即蛩蟺也，江東呼寒蚓。莫貈，螳蜋，蛑。〔一三〕螗蜋有斧蟲，江東呼爲石蜋。孫叔然以方言說此義，亦不了。虰蛵，負勞。或曰即蜻蛉也，江東呼狐棃，所未聞。蜭，毛蠹。即蛓。螺，蛅蟴。蛓屬也。今青州人呼蛓爲蛅蟴。孫叔然云八角螫蟲，失之。蟠，鼠負。〔一四〕瓮器底蟲。蟫，白魚。衣書中蟲，一名蛃魚。蛾，羅。〔一五〕蠶蛾。螒，天雞。小蟲，黑身，赤頭。一名莎雞，又曰樗雞。傅，負版。未詳。強，蚚。即強醜捋。蛶，螪何。未詳。螝，蛹。〔一六〕蠶蛹。蜆，縊女。小黑蟲，赤頭，喜自經死，故曰縊女。蚍蜉，大

螘，俗呼爲馬蚍蜉。小者螘，[一七]齊人呼蟻蟻蛘。蠪，朾螘，赤駁蚍蜉。螱，飛

螘，有翅。其子蚳。蚳，蟻卵。周禮曰：蜃蚳醢。次蟗，鼅鼄。鼅鼄，鼄

蝥。今江東呼蝃蝥，音掇。土鼅鼄，在地中布網者。草鼅鼄，絡幕草上

者。土蠭，今江東呼大蠭在地中作房者爲土蠭，啖其子，[一八]即馬蠭，今荊巴間呼爲蟺，音憚。木蠭，

似土蠭而小，在樹上作房，江東亦呼爲木蠭，又食其子。蟦，蠐螬。[一九]在糞土中。蝤蠐，蝎。

[二〇]在木中。今雖通名爲蝎，所在異。蛜威，委黍。[二一]舊説鼠婦別名，然所未詳。蟰蛸，長

踦。小鼅鼄長腳者，俗呼爲喜子。蛭蝚，至掌。未詳。國貉，蟲蠁。今呼

蛹蟲爲蠁。廣雅云：土蛹，蠁蟲。蠖，蚇蠖。[二三]今蝍蝛。果蠃，蒲盧。即細腰蠭

也。俗呼爲蠮螉。螟蛉，桑蟲。俗謂之桑蟃，亦曰戎女。蝎，桑蠹。即蛣[二三]蝠。熒火，即炤。夜飛，腹下有火。密肌，繼英。未詳。蚅，烏蠋。大蟲如指，似蠶。見韓子。蠓，蠛蠓。小蟲似蜹，喜亂飛。王，蛈蜴。即螲蟷，似鼅鼄，在穴中，有蓋。今河北人呼蛈蜴。蟓，桑繭。[二四]食桑葉作繭[二五]者，即今蠶。雔由，樗繭，食樗葉。棘繭，食棘葉。欒繭。食欒葉。蚢，蕭繭。食蕭葉者，[二六]皆蠶類。翥醜，罅。剖母背而生。螽醜，奮。好奮迅作聲。強醜，捋。以脚自摩捋。蠭醜，螸。垂其腴。蠅醜，扇。好搖翅。食苗心，螟；食葉，蟘；食節，賊；食根，蟊。分別蟲啖食禾所在之名耳。皆見詩。有足謂之蟲。無足謂之豸。

釋魚第十六

鯉。[一]今赤鯉魚。鱣。[二]鱣大魚，似鱏而短，鼻口在頷下，體有邪行甲，無鱗，肉黃，大者長二三丈，今江東呼爲黃魚。鰋。[三]今鰋額白魚。鮎。別名鯷，江東通呼鮎爲鮧。鱧。鮦也。鯇。今鯶魚，似鱒而大。[四]鯊、鮀。今吹沙小魚，體員而有點文。鮂、黑鰦。[五]即白鯈，江東呼爲鮂。鰼、鰌。[六]今泥鰌。[七]鰹、大鮦，小者鮵。今青州呼小鱺爲鮵。魾、大鱯，小者鮡。[八]鱯似鮎而大，白色。鰝、大鰕。鰕大者出海中，長二三丈，鬚長數尺，今青州呼鰕魚爲鰝，音酆鄗。鯤、魚子。凡魚之子揔名鯤。鱀、是鱁。鱀，䱜屬也。體似鱏，尾如鯽魚，大腹，喙小銳而長，齒羅生上下相銜，鼻在額上，能作聲，少肉多膏，胎生，健啖細魚，大者長丈餘，江中多有之。鱦，小魚。家語曰：其小者鱦魚也。今江東亦呼魚子未成者爲鱦。音繩。[九]鮥，鮛鮪。鮪，鱣屬也。大者名王鮪，小者名鮛鮪。今宜都郡自京門以上江中通出鱏鱣之魚，有一魚狀似鱣而小，建平人呼鮥子，即此魚也。音洛。鮥，當魱。海魚也，似鯿而大鱗，肥美多鯁。今江東呼其最大長三尺者爲當魱。音胡。鮤，鱴刀。[一〇]今之鮆魚也。亦呼爲魛魚。鱊鮬，鱖鯞。小魚也。似鮒子而黑，俗呼爲魚婢，江東呼爲妾魚。魚有力者，徽。強大多力。[一一]魵，鰕。出穢邪頭國，見呂氏字林。[一三]鮅，鱒。似鱓子，赤眼。[一二]魴，魾。江東呼魴魚爲鯿，一名魾。音毗。鯬，鯠。未詳。蜎，蠉。井中小蛣蟩，赤蟲。一名孑孓。廣雅云：蛭，蟣。[一四]今江東呼水中蛭蟲入人肉者爲蟣。科斗，活東。

[一五] [一六] [一七] [一八] [一九] [二〇] [二一][二二]

蝦蟆子。魁陸，本草云魁狀如海蛤，貟而厚，外有理縱橫，[一五]即今之蚶也。蜪蚅，未詳。鼁䵹諸，似蝦蟆，[一六]居陸地，淮南謂之去蚥。在水者黽。耿黽也，似青蛙，大腹，一名土鴨。蜌蠯，今江東呼蚌長而狹者為蠯。蚌含漿，[一七]蚌即蠯也。鼈三足能，龜三足賁。山海經曰從山多三足鼈，[一八]大苦山多三足龜。今吳興郡陽羨縣君山上有池，池中[一九]出三足鼈，又有六眼龜。蚹蠃螔蝓。即蝸牛也。蠃小者蜬。螺大者如斗，出日南漲海中，可以為酒杯。[二〇]螖蠌小者蟧。螺屬，見埤蒼。或曰即彭蜎也，似蟹而小。音滑。蠯小者珧。珧，玉珧，即小蚌。龜俯者靈，行頭低。仰者謝，行頭，[二一]仰。前弇諸果，甲前長。後弇諸獵，甲後[二二]長。左倪

〔二三〕〔二四〕〔二五〕〔二六〕〔二七〕〔二八〕

不類，〔二三〕行頭左庳，今江東所謂左食者，以甲卜審。右倪不若。行頭右庳爲右食，甲形皆爾。貝居陸贆，在水者蜬。水陸異名也。貝中肉如科斗，但有頭尾耳。大者魧，書大傳曰：大貝如車渠。車渠謂車輞，即魧屬。小者鰿。今細貝亦有紫色者，出日南。〔二四〕玄貝，貽貝。黑色貝也。〔二五〕餘貾，黃白文。以黃爲質，白爲文點。餘泉，白黃文。以白爲質，黃爲文點。〔二六〕今之紫貝以紫爲質，黑爲文點。〔二七〕蚆，博而頯。頯者中央廣，兩頭銳。蜠，大而險。險者謂汚薄。蟦，小而橢。即上小貝。橢謂狹而長。此皆說貝之形容。蠑螈，蜥蜴；蜥蜴，蝘蜓；蝘蜓，守宮也。轉相解，博異語，別四名也。镻，蝁。蝮屬，大眼，最有毒。今淮南人呼蝁子。音惡。〔二八〕螣，螣蛇。

龍類也，能興雲霧而遊其中。[二九]淮南云蟒蛇。

蟒王蛇。[三〇]蟒，蛇最大者，故曰王蛇。

蝮虺博三寸首大如擘。[三一]身廣三寸，頭大如人擘指，此自一種蛇，名爲蝮虺。

鯢大者謂之鰕。今鯢魚似鮎，四脚，前似獮猴，後似狗，聲如小兒啼，[三二]大者長八九尺。

魚枕謂之丁。枕在魚頭骨中，形似篆書丁字，可作印。

魚腸謂之乙，魚尾謂之丙。此皆似篆書字，因以名焉。禮記曰魚去乙。然則魚之骨體盡似丙丁之屬，因形名之。

一曰神龜。[三三]龜之最神明。

二曰靈龜。涪陵郡出大龜，甲可以卜，緣中文似瑇瑁，俗呼爲靈龜，即今觜蠵龜，一名靈蠵，能鳴。

三曰攝龜。小龜也，腹甲曲折，解能自張閉，好食蛇，江東呼爲陵龜。

四曰寶龜。書曰遺我大寶龜。

五曰文龜。甲有文彩者。河圖曰靈龜負書丹甲青文。六曰筮龜，[三四]常在蓍叢下潛伏，見龜策傳。七曰山龜，八曰澤龜，九曰水龜，十曰火龜。[三五]此皆說龜生之處所。火龜猶火鼠耳。物有含異氣者，不可以常理推，然亦無所怪。

釋鳥第十七

隹其，鳺鴀。[一]今鵓鳩。

鶌鳩，鶻鵃。似山鵲而小，短尾，青黑色，多聲。今江東亦呼爲鶻鵃。

鳲鳩，鴶鵴。今之布穀也，江東呼爲穫穀。

鷑鳩，鵧鷑。小黑鳥，鳴自呼，江東[二]名爲烏鳴。

鴡鳩，王鴡。[三]鵰類，今江東呼之爲鶚，好在江渚山邊食魚。毛詩傳曰：鳥摯而有別。

[四]鵅，鵋鵙。今江東呼鵂鶹爲鵋鵙，[五]亦謂之鴝鵒。音格。

鶅，鵵軌。未詳。

鴗，天

狗。[六]小鳥也、青似翠、食魚、江東呼爲水狗。鷚、天鸙。大如鷃雀、色似鶉、好高飛作聲、今江東名之天鷚、音綢繆。鵱鷜、鵝。今之野鵝。鶬、麋鴰。今呼鶬鴰。鵅、烏鸔。水鳥也、似鴨而短頸、腹[七]翅紫白、背上綠色、江東呼烏鸔。音駮。舒鴈、鵝。禮記曰出如舒鴈、今江東呼鴚。音加。舒鳧、鶩。鴨也。鳽、鵁鶄。似鳧、脚高、毛冠、江東人家養之以厭火災。[八]輿、鵛鶦。末詳。鵜、鴮鸅。今之鵜鶘也、好羣飛、沈水食魚、故名洿澤、俗呼之爲淘河。鶾、天雞。鶾雞赤羽、逸周書曰文鶾若彩雞、成王時蜀人獻之。鷽、山鵲。似鵲而有文彩、長尾、[九]觜脚赤。鷣、負雀。鷣鷂也、江南呼之爲鷣、善捉雀、因名云。音淫。齧齒、艾。末詳。鶨、鶀老。[一〇]鳻鶨也、俗呼爲癡鳥。[一一]鳸、鴳。今鴳雀。桑鳸、竊脂。俗謂

之青雀紫角曲食肉，好盜脂膏因名云。鳭鷯剖葦。好剖葦皮食其中蟲，因名云。江東呼蘆虎

〔一二〕〔一三〕似雀青〔一二〕班、長尾。桃蟲鷦，〔一三〕其雌鴱。鷦鷯桃雀也，俗呼爲巧婦。鶠鳳其雌

〔一四〕皇。〔一四〕瑞應鳥，雞頭、蛇頸、燕頷、龜背、魚尾，五彩色，高六尺許。䳭鴒、雝渠。雀屬也。飛則鳴，

〔一五〕行則搖。鸒斯鵯鶋。雅烏也，小而多羣，腹下白，〔一五〕江東亦呼爲鵯烏。音匹。燕白

〔一六〕〔一七〕脰烏。脰，頸。鴽鴾母。鵪也，青州〔一六〕呼鴾母。密肌繫英。〔一七〕釋蟲以有

〔一八〕此名，疑誤重。巂周。子巂鳥〔一八〕出蜀中。燕燕鳦。詩云燕燕于飛，一名玄鳥，齊人呼鳦。

鴟鴞鸋鴂。鴟類。狂茅鴟。今鵂鴟也，似鷹而白。怪鴟。即鴟鵂也，

〔一九〕見廣雅。今江東通呼此屬爲怪鳥。梟鴟。〔一九〕土梟。鶅劉疾。未詳。生哺鷇

〔一〇〕〔一一〕 〔一二〕 〔一三〕〔一四〕 〔一五〕

〔一〇〕鳥子須母食之。生噣，雛。〔一一〕能自食。爰居，雜縣。國語曰海鳥爰居，漢元帝時琅邪有大鳥如馬駒，時人謂之爰居。春鳸鳻鶞，夏鳸竊玄，秋鳸竊藍，冬鳸竊黃，桑鳸竊脂，棘鳸竊丹，行鳸唶唶，宵鳸嘖嘖。〔一二〕諸鳸皆因其毛色音聲以爲名。竊藍，青色。鵖鴔，戴鵀。〔一三〕鵀即頭上勝，今亦呼爲戴勝。鵖鴔猶鶝鶝，語聲轉耳。鴋，澤虞。〔一四〕今婟澤鳥，似水鴞，蒼黑色，常在澤中，見人輒鳴喚不去，有象主守之官，因名云。俗呼爲護田鳥。鷀，鷧。即鸕鷀也，觜頭曲如鉤，食魚。鶅，鶋。其雄鵲，牝庳。鶋鶅屬。鸍，沈鳧。似鴨而小，長尾，背上有文，今江東亦呼爲鸍。音施。〔一五〕鴢，頭鵁。似鳧，腳近尾，略不能行，江東謂之魚鵁。音髐箭。鵽鳩鳩、寇雉。鵽大如鴿，似雌雉，鼠脚，無後指，岐尾。爲鳥憨急羣飛，出北方沙漠地。萑、老鵵。木兔也，似鴟鵂而小，兔頭，有角，毛脚，夜飛，好食雞。鶟鶦鳥。似雉，青身白頭。狂、𡪢鳥。狂鳥五色，有冠，見山海經。皇、黃鳥。〔二六〕俗呼黃離留，亦名摶黍。翠、鷸。似燕，紺色，生鬱林。鸀、山烏。似烏而小，赤觜，穴乳，出西方。蝙蝠、服翼。齊人呼爲蟙蠌，或謂之仙鼠。晨風、鸇。〔二七〕鷂屬。詩曰：鴥彼晨風。鸉、白鷢。似鷹，尾上白。寇雉、泆泆。即鵽鳩也。鶭、〔二八〕蟁母。似烏鸔而大，黃白雜文，鳴如鴿聲，今江東呼爲蚊母，俗說此鳥常吐蚊，因以名云。鷈、須鸁。鷈，鷿鷈，似鳧而小，膏中瑩刀。鼯鼠、夷由。狀如小狐，似蝙蝠，肉翅，翅尾項脅毛紫赤色，背上蒼艾色，腹下黃，喙頷雜白，脚短，爪長，尾三尺許，飛且乳，

亦謂之飛生。聲如人呼，食火烟，能從高赴下，不能從下上高。倉庚，商庚。[二九]即鵹黃也。鴩，

鋪豉。未[三〇]詳。鷹，鶆鳩。鶆當爲鷞字之誤耳，左傳作鷞鳩是也。鶼鶼，比

翼。說已在上。[三一]鵹黃，楚雀。即倉庚也。鴷，斲木。口如錐，長數寸，常斲

樹食蟲，因名云。鸄，鶅鷑。似烏，蒼白色。[三二]鸕，諸雉。未詳。或云即今雉。鷺，

舂鉏。[三三]白鷺也。頭翅背上皆有長翰毛，今江東人取以爲睫㰅，名之曰白鷺縗。[三四]鷂雉。青質

五彩。鷮雉。即鷮鷄也。長尾，走且鳴。[三五]鳪雉。黃色，鳴自呼。鷩雉。似山鷄而小冠，

背毛黃，腹下赤，項緑色鮮明。秩秩，海雉。如雉而黑，在海中山上。鸐[三六]，山雉。長尾者。

[三七]雗雉，鵫雉。今白鵫也。江東呼白雗，亦名白雉。雉絕有力，奮。最健鬭。伊洛

〔三八〕〔三九〕

而南素質五采皆備成章曰翬。〔三八〕翬亦雉屬，言其毛色光鮮。江淮而南青質五采皆備成章曰鷂。即鷂雉也。南方曰𠷎，東方曰鶅，北方曰鵗，西方曰鷷。說四方雉之名。

鳥鼠同穴，其鳥爲鵌，其鼠爲鼵。鼵如人家鼠而短尾，鵌似鵽而小，黃黑色，穴入地三四尺，鼠在內，鳥在外。今在隴西首陽縣鳥鼠同穴山中。孔氏尚書傳云共爲雄雌，張氏地理記云不爲牝牡。

鸛鷒，鶝鶔。如鵲短尾，射之，銜矢射人。或說曰鸛鷒鶝鶔〔三九〕，一名隋要羿。

鵲鵙醜，其飛也翪。竦翅上下。鳶烏醜，其飛也翔。布翅翱翔。鷹隼醜，其飛也也翬。〔四〇〕鼓翅翬翬然疾。鳧鴈醜，其足蹼，脚指間有幕，蹼屬相著。其踵企。飛却伸其脚跟企直。烏鵲醜，其掌縮。飛縮脚腹下。亢鳥嚨，嚨謂喉嚨，〔四一〕亢即咽。其粻嗉。嗉者，受食之處，別名嗉，今江東呼粻。鶉子，鳼；鴽子，鸋。別鴽鶉雛之名。雉之暮子爲鷚。〔四二〕晚生者。今呼少鷄爲鷚。鳥之雌雄不可別者，以翼右掩左，雄；左掩右，雌。鳥少美長醜爲鶹鷅。鶹鷅猶留離，詩所謂留離之子。二足而羽謂之禽，四足而毛謂之獸。鵙，伯勞也。〔四三〕似鶷鶪而大。左傳曰伯趙是。倉庚，黧黃也。其色黧黑而黃，因以名云。

釋獸第十八

〔二〕麋：牡麔，牝麎，其子麇，國語曰：獸長麛麇。其跡躔，〔二〕脚所踐處。絕有力狄。鹿：牡麚，牝麀，其子麛，其跡速，絕有力麉。麕：牡麌，牝麜，詩曰：麀鹿麌麌。鄭康成解即謂此也，但重言耳。其子麆，其跡解，絕有力豜。狼：牡貛，牝狼，其子獥，絕有力迅。兔子嬎，〔三〕俗呼曰䰱。其跡迒，絕有力欣。〔三〕豕子豬。今亦曰彘，江東呼豨，皆通名。豶豶。俗呼小豶豬爲豶子。幺，幼。最後生者，俗呼爲幺豚。奏者豱。今豱豬短頭，皮理腠蹙。豕生三豵，二

〔三〕〔四〕〔五〕〔六〕

師，一特。豬生子常多，故別其少者之名。所寢，檜。檜，其所臥蓐。〔三〕四豴皆白，豥。詩曰：有豕白蹢。蹢，蹄也。其跡，刻。絕有力，䝑。即豕高五尺者。牝，豝。〔四〕詩云：一發五豝。虎竊毛謂之虦貓。〔五〕竊，淺也。詩曰：有貓有虎。貘，白豹。似熊，小頭庳脚，黑白駮，〔六〕能䑛食銅鐵及竹骨。骨節強直，中實少髓，皮辟濕。或曰豹白色者別名貘。甝，白虎。漢宣帝時，南郡獲白虎，獻其皮骨爪牙。虪，黑虎。晉永嘉四年，建平秭歸縣檻得之。狀如小虎而黑，毛深者為斑。山海經云：幽都山多玄虎玄豹。貀，無前足。晉太康七年，召陵扶夷縣檻得一獸，似狗，豹文，有角兩脚，即此種類也。或說貀似虎而黑，無前兩足。鼳，鼠身長須而賊，秦人謂之小驢。鼳似鼠而馬蹄，一歲千斤。

〔七〕〔八〕〔九〕〔一〇〕〔一一〕〔一二〕

爲物殘賊。熊虎醜，其子狗〔七〕。絕有力麙。律曰：捕虎一，購錢三千，其狗半之。貍子隸。今或呼豾貍。貈子貊。其雌者名㹽〔八〕，今江東呼貉爲𤞠貗。貒子貗，貒豚也，一名貛。貔，白狐，其子豰。一名執夷，虎豹之屬。麝父，麕足〔九〕。脚似麕，有香。豺，狗足〔一〇〕。脚似狗。貙獌，似貍。今山民呼貙虎之大者爲貙豻。音岸。羆，如熊，黄白文〔一一〕。似熊而長頭高脚，猛憨多力，能拔樹木。關西呼曰貑羆。麢，大羊。麢羊似羊而大角，員銳，好在山崖閒。麠，大麃，牛尾，一角。漢武帝郊雍，得一角獸若麃然，謂之麟者，此是也。麃即麞。麔，大麕，旄毛，狗足。旄毛猳長。〔一二〕魋，如小熊，竊毛而黄。今建平山

〔一三〕〔一四〕

中有此獸，狀如熊而小，毛麤㲊，赤黃色，俗呼爲赤熊，即雐也。貗貐類貙，虎爪，食人，迅走。迅，疾。狻麑如虦貓，食虎豹。即師子也，出西域。漢順帝時，疏勒王來獻犎牛及師子。穆天子傳曰：狻猊日走五百里。驨如馬，一角；不角者，騏。元康八年，九眞郡獵得一獸，大如馬，一角，角如鹿茸，此即驨也。今深山中人時或見之。亦有無角者。羱如羊。羱羊似吳羊而大，角，角橢，出西方。麐，麕身，牛尾，一角。角頭有肉。公羊傳曰：有麕而角。猶如麂，善登木。健上樹。〔一三〕貄，脩毫。毫毛長。〔一四〕貙似貍。今貙虎也，大如狗，文如貍。兕似牛。一角，青色，重千斤。犀似豕。形似水牛，豬頭，大腹，庳脚，脚有三蹄，黑色。三角：一在頂上，一在額上，一在鼻上。鼻上者即食角也，小而不橢好[一五]食棘。亦有一角者。[一六]豪毛刺。今蝟狀似鼠。狒狒如人，被髮迅走食人。梟羊也。山海經曰：其狀如人，面長脣黑，身有毛，反踵，見人則笑。交廣及南康郡山中亦有此物，大者長丈許，俗呼之曰山都。貍狐貒貈醜，其足蹯，皆有掌蹯。其跡厹。厹指頭處。蒙頌，猱狀。即蒙貴也。狀如蜼而小，紫黑色，可畜，健捕鼠，勝於貓。九眞日南皆出之。猱亦獼猴之類。猱蝯善援。便攀援。貜父善顧。貑貜也。似獼猴而大，色蒼黑[一七]，能貜持人，好顧盼。威夷，長脊而泥。泥，少才力。麔麚，短脰。脰，項。𧇎有力。[一八]出西海大秦國，有養者，似狗，多力，獷惡。豦，迅頭。今建平山中有豦，大如狗，似獼猴，黃黑色，多髯鬣，好奮迅其頭，能舉石擿人，貜類也。

蜼，卬鼻而長尾。蜼似獮猴而大，黄黑色，尾長數尺，似[一九]獺，尾末有岐，鼻露向上，雨即自縣於樹，以尾塞鼻，或以兩指。江東人亦取養之，爲物捷健。時善乘領。好登山峯。猩猩小而好啼。山海經曰：人面豕身，能言語。今交阯封谿縣出猩猩，狀如貛㹠，聲似小兒啼。闕洩多狃。說者云脚饒指，未詳。

寓屬

鼢鼠。地中行者。鼸鼠。[二〇]以頰裏藏食。鼷鼠。有螫毒者。鼶鼠。夏小正曰：鼶鼬則穴。鼬鼠。今鼬似鼦，赤黄色，大尾，啖鼠，江東呼爲鼪。音牲。鼩鼠。小鼱鼩也，亦名䶉鼩。鼭鼠。未詳。鼣鼠。山海經說獸云：狀如鼣鼠。然形則未詳。鼫鼠。形大如鼠，頭似

〔二一〕　〔二二〕　〔二三〕〔二四〕

兔尾[二一]有毛，青黃色，好在田中食粟豆，關西呼爲鼩鼠，見廣雅。音瞿。鼣鼠、鼨鼠。皆未詳。[二二]豹文鼮鼠。鼠文彩如豹者。漢武帝時得此鼠，孝廉郎終軍知之，賜絹百匹。鼳鼠。今江東山中有鼳鼠，狀如鼠而大，蒼色，在樹木上。音巫覡。

鼠屬

牛曰齝，[二三]食之已久，復出嚼之。[二四]羊曰齥，今江東呼齝爲齥。音漏洩。麋鹿曰齸。齸，江東名咽爲齸。齸者，齸食之所在，依名云。鳥曰嗉。咽中裹食處。寓鼠曰嗛。頰裹貯食處。寓謂獼猴之類寄寓木上。

齸屬

獸曰釁[二五]，自奮釁。人曰撟，頻伸夭撟。魚曰須，鼓鰓須息。鳥曰狊。張兩翅。皆氣體所須。

須屬

釋畜第十九

騊駼馬。山海經云：北海內有獸，狀如馬，名騊駼，色青。野馬。如馬而小，出塞外。駮如馬，倨牙，食虎豹。山海經云：有獸名駮，如白馬，黑尾，倨牙，音如鼓，食虎豹。騉蹄，趼，善陞甗。[二]甗，山形似甑，上大下小。騉蹄，蹄如趼而健，上山。秦時有騉蹄苑。騉駼，枝蹄趼，善陞甗。[三]騉駼亦似馬而牛蹄。小領，盜驪。穆天子傳曰：天子之駿，盜驪[三]、緑耳。又曰右服盜驪。盜驪，千里馬。領，頸。絕有力，駥。[四]即馬高八尺。

膝上皆白，惟馵。四骹皆白，驓。[五]骹，膝下也。四蹢皆白，首。俗呼為踏雪馬。前足皆白，騱。後足皆白，翑。前右足白，啓。左傳曰啓服。左白，踦。前左脚白。後右足白，驤。左白，馵。後左脚白。易曰震為馵足。

駵馬白腹，騵。[六]駵，赤色黑鬣。驪馬白跨，驈。驪，黑色。跨，髀間。白州，驠。州，竅。尾本白，騴。尾株白。

尾白，駺。但尾毛白。[七]馰顙，白顛。戴星馬也。白達素，縣。素，鼻莖也。俗所謂漫髗徹齒。面顙皆白，惟駹。顙，額。回毛在膺，宜乘。樊光云俗呼之官府馬。伯樂相馬法旋毛在腹下如乳者千里馬。在肘後減陽。在幹茀方。幹脅。在背闋廣。皆別旋毛所在之名。逆毛居馻。馬毛逆刺。[八]騋牝驪牡。詩云騋牝三千。馬七尺巳上爲騋見周禮。玄駒褭驂。玄駒小馬別名褭驂耳。或曰此即騕褭古之良馬名。牡曰騭。[九]今江東呼駁馬爲騭。音質。牝曰騇。草馬名。駵白駁。黃白騜。詩曰騜駁其馬。駵馬黃脊騝。驪馬黃脊騽。皆背脊毛黃。青驪駽。今之鐵驄。青驪驎驒。[一〇]色有深淺班駁隱粼今之連錢驄。青驪繁鬣騥。禮記曰周人黃馬繁鬣。繁鬣兩被毛或云美髦鬣。驪白雜毛駂。[一一]今之烏驄。黃白

雜毛，駓。今之桃華馬。陰白雜毛，駰。陰，淺黑。今之泥驄。蒼白

雜毛，騅。詩曰：有騅有駓。彤白雜毛，騢。[二]即今之赭白馬，彤，赤。白馬

黑鬣，駱。禮記曰：夏后氏駱馬黑鬣。白馬黑脣，駩；黑喙，騧。[三]今之

淺黃色者爲騧馬。一目白，瞯；二目白，魚。似魚目也。詩曰：有驔有魚。既差

我馬，差，擇也。宗廟齊毫，尚純。戎事齊力，尚強。田

獵齊足。尚疾。

馬屬

犘牛。出巴中，重千斤。犦牛。即犎牛也。[四]領上肉犦胅起，高二尺許，狀如橐駝，肉鞍一邊，健行

者日三百餘里。今交州合浦徐聞縣出此牛。[一五]犤牛。犤牛庳小，今之㹀牛也。又呼果下牛，出廣州高涼郡。犩牛。[一六]即㸬牛也，如牛而大，肉數千斤，出蜀中。山海經曰：岷山多㸬牛。犣牛。旄牛也。髀膝尾皆有長毛。犝牛。今無角牛。㹇牛。未詳。角一俯一仰，觭。牛角低仰。皆踊，䚡。今豎角牛。黑脣，犉。毛詩傳曰：黃牛黑脣。此宜通謂黑脣牛。黑眥，牰。眼眥黑。黑耳，犚。黑腹，牧。黑腳，犈。皆别牛黑所在之名。其子，犢。[一七]今青州呼犢爲㺃。體長，牬。長身者。[一八]絕有力，欣犌。

牛屬

羊：牡羒，謂吳羊白羝。牝牂。詩曰：牂羊墳首。夏羊：黑羖䍽。〔一九〕牡羭，黑羝也。歸藏曰：兩壺兩羭。牝羖。〔二〇〕今人便以牂羖為黑白羊名。角不齊，觤。一短，一長。角三觠，羷。觠角三匝。羳羊，黃腹。腹下黃。未成羊，羜。〔二一〕俗呼五月羔為羜。絶有力，奮。

羊屬

犬生三，猣；二，師；一，玂。此與豬生子義同，名亦相出入。未成豪，狗。狗子未生𠏑毛者。長喙，獫；短喙，猲獢。詩曰：載獫猲獢。絶有力，狣。尨，狗也。詩曰：無使尨也吠。

狗屬

雞大者蜀，[二二]今蜀雞。蜀子雞，雛子名。未成雞僆。今江東呼雞少者曰僆，音練也。絕有力奮。諸物有氣力多者無不健自奮迅，故皆以名云。

雞屬

馬八尺爲駥，[二三]周禮云：馬八尺以上爲駥。牛七尺爲犉，詩曰：九十其犉。亦見尸子。羊六尺爲羬，尸子曰：大羊爲羬六尺。彘五尺爲豟，尸子曰：大豕爲豟五尺。今漁陽呼豬大者爲豟。狗四尺爲獒，[二四]公羊傳曰：靈公有害狗，謂之獒也。尚書孔氏傳曰：犬高四尺曰獒，即此義。雞三尺爲鶤。[二五]陽溝巨鶤，古之名雞。

六畜

〔二六〕

爾雅卷下

爾雅音釋卷下

釋草第十三

藿育 韭九 茖革 葱忩 葝巨盈 䪤薤 蒚力 薜百 蘄芹 椵段 菫謹 櫬襯

葪計 枹孚 葥箭 蕁邃 菉緑 蔏商 藋徒的 蘩煩 皤婆 菣去刃 蔚尉 蘼方寐

莞官 菥惜 蓂覓 荼途 瓠戶故 瓣方莧 茹如 藘力居 臝力果 萑佳 蓷他回 虉逆

粢咨 衆終 秫述 菽叔 莌悅轉 蘥藥 蘾戶怪 蕵孫 萰練 菟兔 荄核 蒵兮

黃演 茢列 薽眞 豕傷氏 荓瓶 蘬胡罪 葖他忽 蘆羅 萉蒲北 蓫勑 茵因 薚湯

芘禰 菧底 經待節 菅姦 菲匪 芴物 葍福 蔔富 萎威 葋劬 艼他丁 熒迥

蕭四善 葴針 薢皆 茩狗 芵決 茺光 莁巫 荑夷 蔱殺 蘠牆 瓞大結 瓝步角

芍戶了 蘱類 薡鼎 董董 蕛啼 苵大結 薈會 蓼了 蓧他凋 蓨惕 虋門 芑起

秠孚鄙 稃敷 稌杜 藑瓊 夫扶 藆蹇 藅伐 莔萌 荍翹 蚍毗 衃浮 蕇典

蔜五高 蕿嫂 藧縷 莌奪 蘢聾 葑方孔 蓯總 蒡旁 荵忍 莤由 蓾魯 蔖才古

柱主 夫扶 隧遂 蘧巨俱 蔬山俱 茝昌改 蘮計 蒘如 髦毛 蕀棘 雚貫 蕁徒南

莐沉 蕍俞 蕮昔 菌巨貟 藿霍 莥女九 薃浩 媞提 莞官 蒚力 茄加 蕸遐

蔤密 華戶瓜 菡戶感 萏徒感 薏憶 蘬丘軌 蒫才何 蕡扶刃 枲皁以 菲匪 葸息 蕢巨貴

蘼美 萹偏 濼爍 衆終 莙其隕 藻早 蓫他六 薚他羊 苹平 蓱瓶 莃希 藬吐回

蘈頹 藚續 藾賴 蔆凌 攗眉 薜百 蘔贊 葥箭 莓每 藫潭 蘜菊 蓨他凋

茥奎 蒛缺 葐盆 芨急 虃纖 菺肩 蘻計 蕧服 茡字 藐亡角 茈子爾 脫奪

蘵職 蒢除 藒挈 芞乞 葞尾 蔠終 菋未 荎直其 藸除 蒤徒 藈圭 蕂繩

衱劫 袶絳 攫钁 盱吁 蔝米 蔜五刀 凍東 馗逵 菌巨隕 蕺輒 苕調 蔈標

茇沛虋眉數朔鄰吝簢閔筡徒笐杭䈞待枹包芏杜綦其葴針

芐戶藗速菤捲虌鼈莣亡藨蒲苗麃平表蔜亦購古豆蔞力朱茢列葽烏了

蒬冤茦冊刺次萩秋銚姚芅亦芣浮苢以綸古頑苀亡岡蠡禮落古活

搴居展拒巨朐劬芺襖荂吁蔈方腰猋必遙藨方驕芀調蒹兼薕廉菼他敢

薍五患虇丘阮蕍俞芛羊棰葟皇荺于閔茭胡巧

釋木第十四

槄叨榎賈樗丑於椈菊髡坤梱五門椵叚柂夷柟而占柀彼煔杉櫠廢

椵賈杻女九檍億楙茂椋良栵例栭而檴鑊楥袁桏卬栩香羽杼嘗汝

荎直之著儲櫙歐荎大結槔皐綦其朹求槷計朻糾榽兮計榼許兮梫寢

棆倫椐居祛樻起愧櫐壘欇涉檵計楰庾欇輒寓魚具梂求檖遂楔戛

榹斯 要腰 樲二 洗屑典 槇田 泄屑 還旋 棯稔 樸卜 棪琰 樕速 櫰苦回

槐懷 聶輒 炕呼郎 椅於寄 栜山厄 瘣胡罪 遒徂由 棫域 桵人隹 樆离 辨片 枌墳

栘移 檿烏黠 柛伸 椔側吏 棤錯 蔽爲 梢朔 櫂濁 樅七容 樧殺 華胡化 疐帝

鑽子管 繚了 檄亦

釋蟲第十五

螜斛 蜚費 蠦盧 蜰肥 螾引 衍演 蜩調 蚻札 蠽節 蝒縣 蜓挺 蚞木

蛣起吉 蜣羌 蝎曷 蝠屈 蠰餉 蜉浮 蝣遊 蛂步結 蟥黃 蛢瓶 蠸權 父甫

蝚柔 蛖武江 䗐施 蝆亡婢 蟷丁郎 蠰箱 蜱毗 蛸消 蝍即 蛆子余 蝝緣 蝮孚福

蜪陶 蛬拱 蟼驚 蜋閑 蛓棧 蝗阜 螽終 蠜煩 蜤斯 蜙嵩 蝑胥 蟿契

蚸歷 蠰壤 螼羌引 蜸苦顯 蚕他典 貈鶴 蛑謀 虰丁 蛵馨 蜭戶感 蟔墨 蛅而占

蟴斯 蟠煩 蟫淫 蛓娥 螒汗 蚚祈 蛶劣 螪商 螝龜 蜆演 螘魚綺 蠪聾
朾丁直耕 螱尉 蚳池 蠤秋 鼅知 鼄誅 蝥謀 蠭蜂 蟦費 蝤囚 蛜伊 蠨蕭
蛸所交 踦巨綺 蛭猪秩 蠖於郭 蚇尺 螟冥 蛉零 炤照 蚅厄 蠋蜀 蠓莫孔 蠛亡結
蛈大結 蝪湯 蝝象 雔讎 蚢杭 翥之庶 罅呼暇 螸俞 蟘特 蟊謀 豸文爾

釋魚第十六

鱣張連 鰋偃 鯇華板 鮀陀 鮂囚 鰦兹 鰼習 鰌秋 鰹堅 鮦同 鯢奪 魾皮
鱯畫 鮡兆 鰝浩 鰕霞 鱀忌 鱦承 鮥洛 鮛叔 鮪偉 鯦俱救 魱胡 鮤列
鱴滅 鱊聿 鮬步 鱖厥 鯞章酉 徽暉 魵墳 鮅必 鱒才損 魴房 魾毗 鯬黎
鯠來 蜎狂兖 蠉香兖 蟣祈 鼁去 䵶秋 蟾占 黽猛 蜌陛 螷蒲猛 能奴來 賁奔
蚹附 蠃羅 螔移 蝓俞 蜬含 螖滑 蠌澤 蟧勞 珧遥 俔五計 贆摽 魧杭

鰿積貾池蚆巴頯匡軌蜠求隕蟦責橢他果蠑榮螈原蜥昔蜴亦蝘偃

蜓徒典蛈迭蝁烏洛螣朕螣騰蟒莽鼊柏攝輒筮誓

釋鳥第十七

鳺方扶鴀方浮鶌居物鶻骨鵃嘲鳲尸鴶古八鵴菊鷑及鵧符悲鴡七徐鵅格

鵋忌鵙欺鵵兔鴗立鷚亡侯鸙藥鵱六鷜力于鴰古活鵅洛鸔剝鶩木

鳽額鵁交鶄精鵛經鵌徒鵜啼鴮烏鸅澤鶾汗鷽握鷣淫鶨丑絹

鳹巨炎鳸戶鴳晏鷯力彫鴱艾鸒預鵯匹脰豆鴽如鴾謀巂攜鳦乙

鴟尺之鴞遥鸋寧鴂決梟嬌鶛皆鷇古候噣啄鶵仕俱縣玄鳻汾鶞勑倫

唶即嘖責鵖彼及鴔皮及鵀女金鶭孚往鷀慈鷧於計庳脾鸍施鴢拗鵁許交

鵽丁刮雚丸鶟突鶘胡鷸聿鸀濁鸇之然鷢巨月鷏田蟁文鷈梯鸁螺

鼯吾鴩大結鵏步鴔鼓鶆來鵹離鴷列鶩激鶶唐鷵徒鉏鋤鷂遥

鷮驕鳪卜鸐狄雗汗鵫丁罩翬暉𠷎儔鶅緇鵗希鷷遵鵌徒鼵突

鸛歡鷒團鶝福鶔柔射食亦鵙工役翪宗鳶亞蹼卜亢戶郎嗉素鳼文

鷚力救別彼列長丁丈鶹留鷅栗鵹力知

釋獸第十八

麔咎麎辰䴠於兆麚加麀於牛麛迷麉堅麕君麌魚矩麆助麜栗豣五見

獥亦嬎芳萬迒剛䝐偉豶墳幺腰奏湊豱溫豵宗橧繒豴滴豥垓

豟厄豝巴虥棧貓苗貘陌甝含虪式六貀尼滑鼳古役麙巖貄曳貑乎各

貆丸貒湍貗其禹貔毗㲉火卜父甫貙樞獌萬麢零麠京麃炮麡几

旄帽魋頹猰烏八貐羊玉驨胡圭羱元麐鄰麂几貄四彙謂刺次狒費

被備蹯煩禸鈕猱奴刀蝯袁貜钁父甫泥奴細贙鉉豦據蜼誄乘承

闋其越狃鈕鼢憤鼸胡忝鼷奚鼶斯鼬佑鼩劬鼭時鼣吠鼫石鼤問

鼨終鼮廷鼳古覓齝丑之齛泄齸益鷽許斬撟紀小狊古闃

釋畜第十九

騊陶駼徒倨鋸騉昆趼五見甗言駥戎馵注骹敲驓繒騱奚翑劬

踦欺驤箱騮留騵五官驈聿驠宴騴晏駺郎馰的縣玄駹尨減古湛

閺欽廣光馻兖褭奴了驂參騇舍騝虔騽習駽呼縣驎良忍驒陀鬣獵

騋來鴇保駓皮駰之巾騢遐駩詮喙許穢騧瓜瞯閑差叉犘麻犦雹

犤悲犩危犣獵犝童犑古覓觭欺觢誓犉閏旬眥才細牰袖犚尉犈權

牬貝犌加羒濆牂臧羭俞羖古觤鬼觠權羷險羳煩羜直呂猣宗

獑祈　獫力驗　猲歇　狣兆　獢虛嬌　雓餘　僆練　駥戎　犉閏旬　羬五咸　彘滯　䝐厄

獒五刀　鶤昆

爾雅音釋卷下

爾雅校箋卷上

釋詁第一

〔一〕詩曰有王有林○王，《詩·小雅·賓之初筵》作「壬」，當據正。宋刻十行本及蜀本（即《古逸叢書》本）不誤。

〔二〕厖○《釋文》同。原本《玉篇》「厖」下引從「广」。案：「厖」「庬」字通，《説文》作「厖」。

〔三〕箌○《釋文》「箌」下引《説文》云：「草大也。」是此字從「艸」，不從「竹」。《詩·倬彼甫田》，倬者，大也。《玉篇》艸部「菿」下引《韓詩》作「菿彼圃田」，「菿」「倬」音義相同。邵晉涵《爾雅正義》及郝懿行《爾雅義疏》並改作「菿」，是也。

〔四〕蓆○《釋文》同。邢昺《爾雅》疏及宋刻十行本均作「席」。《詩·緇衣》云「緇衣之蓆兮」，《毛傳》曰：「蓆，大也。」字從艸。「蓆」「席」音同。

〔五〕二者又爲有也○原本《玉篇》「庬」下引《爾雅》：「庬，有也。郭璞曰：『又爲有無也。』」「有」下有「無」字。

〔六〕皆賜與也○玄應《一切經音義》卷四引《爾雅》：「錫，賜也。謂賜與也。上與下之辭也。」王樹枏《爾雅郭注佚存補訂》云：「『上與下之辭也』六字疑亦注文。」案：顧氏《玉篇》引《郭注》無此六字。

〔七〕大姒嗣徽音○原本《玉篇》糸部「徽」下引「音」字下有「是也」二字。

〔八〕舒業順敘緒也（注）四者又爲端緒○原本《玉篇》「緒」下引《爾雅》：「舒、業、敘、從，緒也。郭璞曰：『謂端緒也。』」「從」字似誤。

〔九〕怡懌……樂也(注)皆見詩○玄應《音義》卷一引《爾雅》：「怡、懌，樂也。」注曰：「怡，心之樂也；懌，意解之樂也。」所引注文今本無。

〔一〇〕又爲循行○玄應《音義》卷九引「行」下有「也」字。

〔一一〕基訪謀也○「基」，《釋文》同，云：「本或作『諆』，音同。」原本《玉篇》言部「諆」下引《爾雅》：「諆，謀也。」字作「諆」。

〔一二〕洛于二虢○「虢」，當依蜀本作「號」。

〔一三〕皆刑罪○希麟《續一切經音義》卷十引「罪」下有「也」字。

〔一四〕齯齒○「齯」，《釋文》作「兒」。舊校云：「本今皆作『齯』。」

〔一五〕齒隋更生細者○「隋」，宋刻十行本及蜀本作「墮」。

〔一六〕轉相訓○原本《玉篇》于部「于」下引「訓」字下有「也」字。

〔一七〕謔謔戲也○原本《玉篇》「謔」下引此注作「謂相啁戲也」，「謂」下有「相」字。「啁」「調」古通。玄應《音義》卷十三引《爾雅》：「戲，謔也。謂相調戲也。」兼引注文。「謂」下亦有「相」字。今本脱，當據補。

〔一八〕粤于爰曰也○原本《玉篇》曰部「曰」下引「粤」作「越」，于部「粤」下引《爾雅》：「粤，曰也。郭璞曰『《詩》云對粤在天』是也。」案：「粤」「越」字通。今本注文引《詩》作「對越在天」，後人據《毛詩》改。郭引蓋據三家詩。

〔一九〕那猶今人云都那也○「都那」，宋刻十行本作「那那」，當據正。

〔二〇〕繇辭於乎皆語之韻絶○玄應《音義》卷二引郭璞《爾雅注》云：「於、于，皆語之韻絶辭也。」案：郭璞此注乃總釋正文「于、繇、於」數詞皆爲語絶之辭也。今本注文「於」下「于」字既誤爲「乎」，「繇」下復衍「辭」字，遂不可解。據玄應所引，原注蓋作「繇、於、于，皆語之韻絶辭也」。「繇」通「猷」，「于」通「吁」，皆爲歎詞。

〔二一〕讎讎猶儔也○「讎」字重，宋刻十行本不誤。

〔二二〕皆相當對○玄應《音義》卷九引此注作「謂相當對也」。今本「皆」下脱「謂」字，「對」下脱「也」字，當據補。

〔二三〕紹胤嗣續纂緌績武係繼也○《爾雅》此條字從「糸」旁者共六字。原本《玉篇》糸部於『紹、續、緌、績、係』五字下均引《爾雅》訓繼，惟「纂」字下不引《爾雅》訓釋。但於「纘」下引《爾雅》云：「纘、紹，繼也。」是顧氏所據《爾雅》傳本此條「纂」字作「纘」，且在「紹」字之上。考慧琳《音義》卷八十五引《爾雅》：「纘，繼也。」字亦作「纘」。「纘」「纂」古書多通用。又「係」字原本《玉篇》系部「系」下引作「系」，《後漢書・班固傳》李賢注引同。「系」「係」亦相通。

〔二四〕蟄……静也○「蟄」，《釋文》音直立反。原本《玉篇》云部「藝」下引《爾雅》：「藝，静也。」《廣韻》祭韻「藝」下亦有「静也」一義，是《爾雅》舊本有作「藝」者。劉師培《左盦集・爾雅誤字考》謂「蟄」字即「藝」字之訛。

〔二五〕磒猶隕也方俗語有輕重耳○原本《玉篇》石部「磒」下引此注「方俗」下有「異」字。

〔二六〕湮沈落也○原本《玉篇》水部「湮」下引「沈落」上有「謂」字。

〔二七〕訊誥告也○「訊」，《釋文》作「誶」，云：「郭音碎。告也。本作『訊』，音信。」是陸氏所據郭本字作「誶」。

〔二八〕果毅○阮元《爾雅校勘記》云：「《釋文》：『倮音果，本今作果。』無毅字音。按：『果』當爲『倮』。《一切經音義》卷九引《爾雅》：『倮，勝也。』與《釋文》合。『毅』當爲衍文。」阮元所引《一切經音義》爲玄應書。今案：日本釋昌住《字鏡》一書字下訓釋多本顧氏《玉篇》，《字鏡》「倮」下亦云：「勝也。」蓋《玉篇》所據《爾雅》字亦作「倮」。「殺」字蓋因郭注而衍。

〔二九〕堪勝也○《尚書·西伯戡黎》正義引孫炎云：「戡，强之勝也。」是孫炎本「堪」作「戡」。今郭注此條引《書》曰「西伯堪黎」，下條「勝、肩、戡、劉、殺，克也」，郭注云：「轉相訓耳。」兩條字必皆作「戡」。《字鏡》「戡」下云：「勝也，克也。」與《爾雅》此條及下條訓釋相同。

〔三〇〕陵犯誇奢果毅皆得勝也○「誇」，《釋文》作「夸」，云：「口花反，或作『誇』，非。」阮元《校勘記》云：「按：《說文》大部『夸，奢也』。作『誇』者爲言之誇誕，在言部。」

〔三一〕剌殺也○「剌」，《釋文》七賜反，是字當作「刺」。注文引《公羊傳》「刺之者何」，「刺」亦當作「刺」。

〔三二〕勗○此字從「冒」聲，字當作「勖」。

〔三三〕賚卜畀皆賜與也○正文作「賚、畀、卜」，此注「卜畀」當從正文作「畀卜」。又原本《玉篇》丌部「畀」下云：「《公羊傳》：『畀者何？予也。』《爾雅》亦云。郭璞曰：『謂賜與也。』」郭注原文「皆」下蓋有「謂」字。

〔三四〕今巴璞之人○「璞」，宋刻十行本作「濮」，當據正。

〔三五〕詔亮左右相導也（注）皆謂教導之○《釋文》「導」作「道」，云：「徒報反。本或作『導』。注及下同。」案：原本《玉篇》「詔」下云：「《爾雅》『詔，道也』，郭璞曰：『謂教道之也。』」是顧氏所據《爾雅》「導」亦作「道」。注文「道之」下有「也」字。

〔三六〕勴謂贊勉○原本《玉篇》「詔」下引「勉」字下有「也」字。

〔三七〕頻○宋刻十行本作「頲」，當據正。

〔三八〕禕……美也○「禕」，宋刻十行本同。《釋文》從「示」作「禕」，音於宜反。唐石經字亦從「示」，不從「衣」。邵晉涵《爾雅正義》及郝懿行《爾雅義疏》同。日本釋空海所纂《篆隸萬象名義》，其文字訓釋皆本《玉篇》。《萬象名義》示部「禕」音於宜反，訓「美也，美盛也」。「美也」即《爾雅》文，「美盛也」即《爾雅》此條郭注所謂美盛之貌。

〔三九〕左傳曰百姓輯睦〇今《左傳·僖公十五年》《成公十六年》俱作「羣臣輯睦」。

〔四〇〕關關噰噰音聲和也〇「噰噰」，《釋文》同。原本《玉篇》广部「廱」下引作「廱廱」。《文選·張衡〈東京賦〉〈歸田賦〉》李善注引此條「噰噰」作「嚶嚶」，而孫綽《天台山賦》注引又作「嗈嗈」。《三教指歸注》卷下之上引《爾雅》：「譻譻，音聲和也。」蓋《爾雅》傳本有異。

〔四一〕鏧〇《釋文》云：「苦計反。《說文》口地反，云：『器中盡也。』本或作『⿱殸心』，字音同。」案：故宮藏項跋本《刊謬補缺切韻》霽韻引作「⿱殸心」。

〔四二〕樓聚也〇「樓」，《釋文》作「摟」，云：「從手，本或作『樓』，非。」案：《說文》「摟」訓「曳聚也」，是字當作「摟」。邵氏《正義》及郝氏《義疏》均作「摟」。注文同。

〔四三〕樓猶今言拘樓聚也〇「樓」當作「摟」。

〔四四〕阬阬……虛也〇原本《玉篇》阜部「阬」下引李登《聲類》云：「阬，虛也。」此處「阬阬」疑衍一「阬」字。《廣韻》庚韻「阬」下云：「《爾雅》曰『虛也』，郭璞云：『阬壍也。』」亦不作「阬阬」。今本郭注「阬阬謂阬壍也」，亦因正文誤衍一「阬」字。

〔四五〕慴即懾也〇《文選·阮籍〈爲鄭沖勸晉王牋〉》注引《爾雅》云：「慴、懼也。」郭璞曰：「即懾字也。」今本「懾」下脫「字」字。《廣韻》葉韻「懾」「慴」並音之涉切，「懾」云：「亦作慴。」

〔四六〕便爲之馬病〇「爲」，明刻注疏本作「謂」，是也，當據正。

〔四七〕 劉遂未詳○「遂」，宋刻十行本作「逐」，與正文合，當據正。又「劉」字郭注上文云「相劉辱亦可恥病也」，此處不得又云「未詳」。邢昺疏只言「逐」字郭氏未詳，是「劉」字當爲衍文。

〔四八〕 云何盱矣繇役亦爲憂愁○宋刻十行本及蜀本「盱」作「吁」，與正文合，當據正。又「憂愁」下十行本有「也」字。此本脱。

〔四九〕 詩曰莫知我勩○「勩」當從正文作「勚」，宋刻十行本不誤。

〔五〇〕 勞苦者多惰愉○玄應《音義》卷九引《爾雅》：「窳，勞也。郭璞云：『勞苦者多惰窳也。』」此「愉」下脱「也」字。

〔五一〕 暜……待也○「暜」，宋刻十行本字作「替」。《説文》「替」作「普」，或從兟作「朁」。此作「暜」，誤。注文亦當改正。

〔五二〕 謂相摩近○原本《玉篇》水部「汽」下引此注「近」下有「也」字。案：郭注凡言「謂某某者」，句尾例皆有「也」字，今本多經後人删去。

〔五三〕 訛言也○原本《玉篇》言部「譌」下引《爾雅》：「譌，言也。」字作「譌」。案：「譌」「訛」字通。

〔五四〕 世以妖言爲訛○原本《玉篇》「譌」下引此注作「世以妖言爲譌言也」。慧琳《音義》卷九十引「譌」下亦有「言」字。

〔五五〕 謂相遭遇○慧琳《音義》卷五十四引「遇」下有「也」字。

〔五六〕 行而相値即是見○宋刻十行本「即」下無「是」字。

〔五七〕 覭○《釋文》及唐寫本《爾雅》（伯希和編號三七一九）同。宋刻十行本作「䫥」。案：「覭」「䫥」字通。

〔五八〕暜戾厎底尼……止也○「暜」當作「替」，唐本、宋刻十行本作「替」，邢昺疏同。「厎」，《釋文》作「底」（音丁禮反），宋刻十行本同。案：「底」今通作「厎」。「厎」即上文訓待之「厎」，《釋文》音之視反。宋刻十行本字作「底」，非。原本《玉篇》厂部作「厎」可證。「尼」字《釋文》同，唐寫本《爾雅》作「妮」。「妮」蓋「泥」字之誤。

〔五九〕按抑按也暜廢皆止住也戾厎義見詩傳國語曰戾久將厎○邵晉涵謂此注「按也」二字爲衍文，改爲「按、抑、替、廢，皆止住也」。「戾、厎，義見《詩》傳」，邢疏引無「傳」字。「戾久將厎」，原本《玉篇》「厎」下引同，宋刻十行本「厎」作「底」，誤。

〔六〇〕孟子曰行或尼之○今本《孟子》作「止或尼之」。

〔六一〕功績皆有成○原本《玉篇》「績」下引此注作「功績有成者也」。

〔六二〕頲道無所屈○阮元《校勘記》云：「頲解已見上，不當複出。邢疏云：『道者，頲道無所屈。』此注當作『道，挺道無所屈』。《左傳》『周道挺挺』，杜注：『挺挺，正直也。』」王樹枏云：「案：頲字衍文。當作『道無所屈』，言道者無所屈之義也。」

〔六三〕皆安静也○原本《玉篇》广部「康」下引此注作「謂安静也」。今本「皆」下蓋脱「謂」字。

〔六四〕謂樹木葉缺落○邢疏引無「木」字。

〔六五〕楨○《釋文》同。唐寫本作「禎」，誤。

〔六六〕榦○唐寫本字作「幹」。

〔六七〕書曰天威棐忱○「威」，宋刻十行本作「畏」。「忱」，《釋文》作「諶」。舊校云：「本今作『忱』。」

〔六八〕彊者好與物相當值○慧琳《音義》卷十八引此注作「彊者，好與物相當也」。

〔六九〕洊○唐寫本作「敎」。

〔七〇〕蠢動作○注疏本「作」下有「也」字。

〔七一〕貫習也○「貫」，《釋文》作「慣」，云：「本又作『貫』，又作『遦』，同。」

〔七二〕貫忕也○「忕」當依《説文》作「忕」。《釋文》「忕」音「逝」。

〔七三〕曩塵佇淹留久也○唐寫本「佇」下有「滯」字。

〔七四〕與也○「與」唐寫本作「与」。

〔七五〕盝……竭也○原本《玉篇》水部「漉」下引「盝」作「漉」。「漉」「盝」字通。

〔七六〕皆所以爲絜清○「絜」，宋刻十行本同。邢昺單疏本作「潔」。又慧琳《音義》卷五十三引作「所以清潔也」。

〔七七〕饟○唐寫本作「餉」。

〔七八〕廢稅赦舍也○「稅」，《釋文》同。唐寫本作「脱」。

〔七九〕舍放置○原本《玉篇》广部「廢」下引此注「置」下有「也」字。

〔八〇〕棲遲憩休苦○唐寫本「休」下有「勞」字。

〔八一〕皆所爲審諦○上文「抯、拭、刷，清也」下注云「皆所以爲潔清」，此注「所」下疑脱「以」字。

〔八二〕郡臻仍迺侯乃也○「迺」「乃」二字唐寫本互易。

〔八三〕迪繇訓道也○「迪」，唐寫本作「通」，誤。「道」，原本《玉篇》系部「繇」下引同，唐寫本作「導」。

〔八四〕覛謂相視也○《文選·運命論》注引《爾雅》曰：「脉，相視也。郭璞曰：『脉脉，謂相視貌也。』」「脉」即「覛」字。李善所引《爾雅》即本郭注，「郭璞曰：脉脉，謂相視貌也」蓋出《音義》。

〔八五〕汱渾隕墜也（注）汱渾皆水落貌○「汱」，《釋文》音姑犬反，施乾音胡犬反。是《釋文》所據及施乾本字均從「犬」。惟《釋文》云：「顧徒蓋反。字宜作『汏』。」顧謂顧野王。原本《玉篇》水部「汏」音達蓋反，與《釋文》引顧音相同。《玉篇》云：「《爾雅》『汏，墜也』，郭璞曰：『水落皃也。』」是顧本字從「大」作「汏」。案：慧琳《音義》卷九十三「澄汰」條，「汰」音達帶反，引郭注《爾雅》云：「汏，以水去土。」慧琳所引注文不見顧野王《玉篇》，蓋出自《音義》也。宋邢昺單疏本正文及注文「汱」均作「汏」。邵氏《正義》及郝氏《義疏》亦謂「汱」當作「汏」。

〔八六〕毖神溢慎也○「溢」，唐寫本作「逸」。原本《玉篇》言部「謐」下引《爾雅》：「謐，静也，昚也。」「昚」爲古「慎」字。「謐」字今本此條無。劉師培謂此條「毖」字顧野王所據《爾雅》蓋作「謐」。案：毖，《釋文》音祕；謐，《玉篇》音莫橘反，字音不同。劉説恐未爲得。疑此條本有「謐」字。

〔八七〕皆險難○原本《玉篇》阜部「阻」下引此注作「謂險難也」。

〔八八〕允信者佞人似信○希麟《續音義》卷三引郭注《爾雅》云：「佞人似信者也。」王樹枏謂「允信者」三字有誤，當衍一「信」字。

〔八九〕皆謂因緣○玄應《音義》卷十七引《爾雅》：「仍，因也，郭璞曰：『謂因緣也。』」今本「緣」下脱「也」字。

〔九〇〕董督正也○「督」，唐寫本作「篤」。

〔九一〕皆謂御正○玄應《音義》卷十六引此注作「謂御正之也」。王樹枏云：「御正下宜據增之字，文義方明。今本蓋刪脱耳。」

〔九二〕士察也○「士」，唐寫本作「事」。

〔九三〕晉衞之間曰蘖陳鄭之間曰烈○案：《方言》云：「烈、枿，餘也。陳鄭之間曰枿，晉衞之間曰烈。」此注據《方言》爲説，「烈」「蘖」二字互倒，蓋傳寫之誤。

〔九四〕迓迎也○「迓」，《釋文》作「訝」，云：「本文作『迓』。」原本《玉篇》言部「訝」下引《爾雅》，並引郭注曰：「《公羊傳》『跛者訝跛者』是也。」顧野王所據亦作「訝」。

〔九五〕暱近也○「暱」，唐寫本作「昵」。案：「昵」「暱」字通。

〔九六〕妥安坐也○唐寫本無「安」字。

〔九七〕禮記曰妥而後傳命○案：《儀禮·士相見禮》云：「凡言非對也，妥而後傳言。」此注言「《禮記》曰：妥而後傳命」，傳寫有誤。

〔九八〕貉縮綸也（注）綸者繩也謂牽縛縮貉之今俗語亦然○「貉」，《釋文》同，音亡白反。案：原本《玉篇》糸部「絡」下引《爾雅》：「絡，綸也。郭璞曰：『綸，繩也，謂牽縛縮絡之也，今俗語亦然。』」「絡」音力各反。又「縮」下亦引《爾雅》，注文「貉」亦作「絡」。是顧氏所據《爾雅》郭本字從「糸」，不從「豸」。依郭注「牽縛縮絡」之語，自以作「絡」爲是。作「貉」者，蓋因下文「貉……定也」而誤。

〔九九〕貉嗼安定也（注）皆靜定見詩○慧苑《華嚴經音義》卷下引郭注《爾雅》：「漠謂靜定也。」「嗼」作「漠」。注文「定」下有「也」字。

〔一〇〇〕發語辭○《文選·〈西征賦〉〈封禪文〉》注引「辭」下有「也」字。

〔一〇一〕求……終也○「求」，《釋文》作「殏」，云：「又作『求』。」「終」，《釋文》作「𣧩」，云：「又作『終』。」案：「殏」「𣧩」皆後起字。

〔一〇二〕徂落○「徂」，唐寫本作「殂」。「落」，《釋文》作「硌」，云：「又作『落』。」案：「硌」爲後起字。

釋言第二

〔一〕馹遽傳也○「傳」，《釋文》同，音張戀反。唐寫本及邢昺疏作「轉」。

〔二〕皆轉車驛馬之名○宋刻十行本同。邢昺疏「轉」作「傳」，是也。《左傳·昭公二年》釋文及正義並引孫炎云：「傳車，驛馬也。」郭注本孫炎。

〔三〕㒍過也○唐寫本「㒍」作「愆」。案：《説文》「愆」，籀文作「㒍」。「愆」「㒍」一詞，字形不同。

〔四〕貿賈市也（注）詩曰抱布貿絲○玄應《音義》卷十四「更貿」條引《爾雅》：「貿、賈、市，買也。郭璞曰：『交易物爲貿，《詩》云抱布貿絲是也。』」今本注文無「交易物爲貿」五字。

〔五〕謂毁覆○慧琳《音義》卷六十三引此注「覆」下有「也」字。

〔六〕臞脙瘠也（注）齊人謂瘠瘦爲脙○希麟《續音義》卷九「瘦瘠」條引此注作「齊人呼瘠瘦爲臞脙，音衢求」。今本注文「脙」上脱「臞」字及音。

〔七〕屢暱亟也（注）親暱者亦數亟亦數也○邢昺疏云：「亟猶數也。《詩·頌》曰『屢豐年』，《左傳》曰『諸夏親暱』。親暱者恩信必數，故注云親暱者亦數。」王樹枏謂今本注文二句蓋誤倒，據邢疏原注當先言「亟」，後言「暱」，「亟亦數也」，「亦」字爲衍文。

〔八〕皆謂用心差錯不專一○原本《玉篇》叕部引此注作「謂用心差錯、不專一者也」。

〔九〕南方人呼翦刀爲劑刀○慧琳《音義》卷九十五引此注「南方人」上有「今」字。

〔一〇〕饙熟爲餾○原本《玉篇》食部「餾」下引作「飯熟爲餾也」。

〔一一〕鞫究窮也（注）皆窮盡也○「鞫」，唐寫本作「鞠」。《文選·王褒〈四子講德論〉》注引《爾雅》：「究，窮也。郭璞曰：『謂窮盡也。』」今本此注「皆」下脱「謂」字。

〔一二〕矜○《釋文》作「矝」，音「矜」，云：「本又作『矜』。」

〔一三〕皆謂蔓延相被及○慧苑《華嚴經音義》上引此注「及」字下有「也」字。

〔一四〕謂苟且○玄應《音義》卷五引「且」下有「也」字。

〔一五〕啜茹也（注）啜者拾食○慧琳《音義》卷九十引郭注《爾雅》：「茹食也。」今本注文無此語。又「啜者拾食」，玄應《音義》卷二十引作「啜者欲食也」。

〔一六〕試式用也（注）見詩書○邢昺疏引注文「見」上有「皆」字。

〔一七〕誥誓謹也（注）皆所以約勒謹戒衆○《字鏡》卷十一末「誥」字下引《玉篇》注：「郭璞曰：『所以約謹戒衆也。』」無「勒」字。希麟《續音義》卷十引郭注作：「皆所以約勒戒衆也。」有「勒」，無「謹」。王樹枏謂「勒」爲「勅」字之譌，「謹」字爲淺人所增。案：郭注釋正文訓解，「謹」字蓋不誤。

〔一八〕彊○唐寫本作「强」，《釋文》同。《釋文》云：「强，巨丈反。注同。本或作彊字。」

〔一九〕皆自勉强○「强」，宋刻十行本作「彊」。邢昺疏同。

〔二〇〕黻文如兩已相背○「已」，宋刻十行本作「己」，當據正。

〔二一〕以事相屬累爲諈諉○慧琳《音義》卷八十四引此注作「以事相囑累爲諈諉也」。

〔二二〕隱占也（注）隱度○原本《玉篇》卜部「占」下引此注作「隱度之也」，當據補。《文選·曹植〈求自試表〉》注引作

〔二三〕「隱度之」，亦有「之」字。《史記·平準書》索隱引郭璞云「占，自隱度也」，即此注。「隱度」上又有「自」字。

〔二三〕窶貧也（注）謂貧陋○玄應《音義》卷十二引郭注作「質陋也」。慧琳《音義》卷六十四、卷八十二引並作「謂質陋也」。王樹枏云：「案：《詩》毛傳謂『窶者無禮』，故郭注云『質陋』。今本作『謂貧陋』，貧蓋『質』形相近之譌。」

〔二四〕替廢也替滅也○宋刻十行本「替」並作「替」。

〔二五〕淩慄也○「淩」，唐寫本作「凌」。

〔二六〕周官曰○邢昺疏引注「周官」作「周禮」。

〔二七〕偁舉也○阮元《校勘記》云：「《釋文》音下『稱，好也。尺證反』，此偁字不出音，蓋本作『稱』。李善注《文選·陸士衡〈演連珠〉》引《爾雅》『稱，舉也』。郭注引《書》『偁爾戈』，今《尚書》作『稱』。」案：「偁」唐石經同。今所見唐寫本《爾雅》白文「偁」作「稱」。

〔二八〕物稱人意亦爲好○玄應《音義》卷八引此注作「物稱人意，美善好也」。慧苑《華嚴經音義》卷下引作「事稱人意，皆好者也」。與今本不盡同。

〔二九〕皆所以銓量輕重○玄應《音義》卷十四引「重」下有「也」字。

〔三〇〕舫舟也（注）竝兩船○原本《玉篇》舟部「舫」下引此注作「併兩舟也」。案：《釋水》「大夫方舟」注，「並」亦作「併」。

〔三一〕傭均也（注）齊等○慧琳《音義》卷三十三引郭注「謂齊等也」。此脱「謂也」二字。

〔三二〕窕肆也○窕，宋刻十行本同。《釋文》作「窕」，唐寫本同，當據正。注「窕」字同。

〔三三〕俅戴也○「戴」，唐寫本作「載」。「戴」「載」古書通用。今《詩・絲衣》「載弁俅俅」，字作「載」。

〔三四〕氂罽也（注）毛氂所以爲罽○《詩・韓奕》正義引《釋言》云：「氂，罽也。郭璞曰：『氂音貍。』」今本郭注無此語。

〔三五〕今之三隅竈○《詩・白華》正義引此注「竈」下有「也」字。

〔三六〕陪位爲朝○原本《玉篇》阜部「陪」下引此注「朝」下有「也」字。

〔三七〕謂藩籬○《詩・東方未明》引此注「籬」下有「也」字。

〔三八〕賦税所以評量○玄應《音義》卷十四引「評」作「平」，「量」下有「也」字。

〔三九〕庶幾僥倖○原本《玉篇》广部「庶」下引此注作「庶幾，徼幸也」。《文選・潘岳〈悼亡詩〉》注引同。案：「僥倖」與「徼幸」字通。今本「倖」下脱「也」字。

〔四〇〕水中簰筏○「簰」，《釋文》作「篺」，邢昺疏同。

〔四一〕畫者爲形象○慧琳《音義》卷五引《爾雅》：「畫，形象也。郭璞曰：『圖畫者所以作形象也。』」

〔四二〕謂隱賑富有○慧琳《音義》卷九七引此注「有」下有「也」字。

〔四三〕淩獵暴虐○慧琳《音義》卷七引「淩」作「陵」，又「虐」下有「也」字。

〔四四〕土田也○玄應《音義》卷十三引《爾雅》：「田，土也。」《輔行記》五之四引《爾雅》：「田者，地也。」與此不同。

〔四五〕硈鞏也（注）硈然堅固○「硈」，《釋文》苦角反。邢昺疏云：「硈，苦學切，當從告。」案：邢説是也。原本《玉篇》石部「硞」下引《爾雅》字正作「硞」，「硞」音苦學反。又引郭注「固」字下有「也」字。

〔四六〕顯然閑暇貌○原本《玉篇》「顯」字下引「貌」下有「也」字。

〔四七〕詩曰不可襄○《詩·鄘風·牆有茨》云："牆有茨，不可襄也。"此"襄"下脱"也"字。

〔四八〕縭者繫介猶閡○原本《玉篇》糸部"縭"下引此注作："縭者繫也，介猶閡也。"今本删落"也"字。

〔四九〕號諕也（注）今江東皆言諕○原本《玉篇》号部"號"下引《爾雅》："號，呼也。郭璞曰：『今江東皆言號也。』"與今本不同。

〔五〇〕頲題也（注）題額也詩曰麟之定○《釋文》云："頲，丁佞反，字又作『定』，注同。"據此，陸氏所據郭注本注文"定"字疑亦作"頲"。

〔五一〕相歸遺○玄應《音義》卷十五引此注作"謂相歸遺也"。

〔五二〕貿買也○"買"，唐寫本作"賈"。

〔五三〕茇騅也茇藡也○"騅"，唐寫本作"萑"，蓋誤。《釋文》云："騅，章誰反。如騅馬色也。"又王樹枏謂"茇，藡也"三字當係注文，誤竄入正文。王云："茇藡在《釋草》，此處不應複出。《詩·大車》『毳衣如茇』，傳云『茇，騅也』，箋云『茇，藡也』。正義云：『茇騅，《釋言》文；茇藡，《釋草》文。』據此則唐孔氏所據《爾雅·釋言》中尚無『茇，藡也』三字。此蓋郭注引《釋草》以釋此經，後人誤書入經中，遂至前後複見。"

〔五四〕粲餐也○唐寫本"餐"作"飧"。

〔五五〕糾絞繩索○原本《玉篇》糸部"絢"下引此注"索"下有"也"字。

〔五六〕宴飲之私○"宴"當作"宴"。

〔五七〕幕暮也○《方言》云："幕，覆也。"《釋名》云："幕，幕絡也。在表之偁也。"又云："煮繭曰莫。莫，幕也。貧者著衣可以幕絡絮也。"郝懿行《爾雅義疏》云："是《爾雅》古本作『幕莫』，聲義相兼。今本作『幕暮』，傳寫誤改。郭氏望文生義，以幕爲暮夜，聲義俱乖矣。」

〔五八〕熻熾也○「熻」，唐寫本作「扇」。

〔五九〕窕閒○《釋文》「閒」音閑，云：「或如字。」唐寫本「閒」作「閑」。

〔六〇〕模軏同等○「軏」當作「範」。

〔六一〕道路所經過○慧琳《音義》卷九十九引郭注「過」下有「也」字。

〔六二〕斃踣也（注）前覆○「斃」，《釋文》作「獘」，云：「字亦作『弊』，又作『斃』。」「踣」，《左傳·定公八年》正義引作「仆」。又注文作「前覆也」，「覆」下有「也」字。《文選·七命》注引同。

〔六三〕曷盍也（注）盍何不○唐寫本作「遏合也」，誤。又注「何不」下邢昺疏引有「也」字。

〔六四〕虹潰也（注）謂潰敗○虹，《釋文》同，云：「顧作『訌』，音同。」案：原本《玉篇》言部「訌」，胡東反，引《爾雅》郭注「謂潰敗也」。是顧本作「訌」，不作「虹」。注文「敗」下有「也」字。

〔六五〕陪闇也（注）陪然冥貌○原本《玉篇》阜部「陪」下引注文作「陪陪然冥貌也」，今本脱一「陪」字。慧琳《音義》卷九十引《爾雅》：「陪，暗也。郭璞云：『陪然冥闇也。』」與《玉篇》及今本不同。

〔六六〕膠黏䵒○希麟《音義》卷十引「䵒」下有「也」字①。

〔六七〕得自申展皆適意○邢昺疏引「意」下有「也」字。

〔六八〕祈叫也○「叫」當作「叫」，宋刻十行本不誤。注「叫呼」亦當作「叫呼」。

〔六九〕濬幽深也（注）濬亦深也○原本《玉篇》水部「浚」下引《爾雅》郭注作「浚亦所以深之也」。今本注文有脱落。

① 編者按：希麟《音義》，原書作此。它處皆作「希麟《續音義》」。

慧琳《音義》卷十九引注作「浚深也」，又卷八十三引作「浚上所以深之也」。「浚」與「濬」爲一詞，顧野王所據《爾雅》郭本蓋作「浚」。

〔七〇〕愧慙也○「愧」，唐寫本作「媿」。

〔七一〕訩訟也（注）言訩讒○「讒」，《釋文》作「譊」，宋刻十行本同。原本《玉篇》言部「譊」下云：「《蒼頡篇》：『訟聲也。』」是字當作「譊」。又原本《玉篇》言部「訩」下引此條郭注作「言爭訟也」，與《釋文》及今本不同。

〔七二〕晦冥也○「冥」當作「冥」。

〔七三〕逡退也（注）外傳曰已復於士而逡○玄應《音義》卷九引《爾雅》：「逡，退也。郭璞曰：『逡巡，却退也。』」《文選·東都賦》注引郭璞《爾雅》注「逡巡，却去也」，今本脱此五字。又注「外傳曰：已復於士而逡」，本《國語·齊語》作「有司已於事而竣」，無「復」字。此注「士」當作「事」，宋刻十行本不誤。

〔七四〕弇同也（注）詩曰奄有龜蒙○「弇」，唐寫本及石經同，宋刻十行本作「奄」。案：《釋文》不出「奄」字，是舊本正文及注均作「弇」。

〔七五〕謂曰神罔時恫○宋刻十行本「謂」作「詩」，「罔」作「罔」，當據正。「神罔時恫」，《大雅·思齊》文。

〔七六〕鬩恨也（注）相怨恨○「鬩」當從「鬥」作「鬩」。又「恨」，《釋文》云：「孫炎作『很』，云相很戾。」阮元《校勘記》云：「《春秋·僖二十四年》正義曰：『《釋言》云：鬩，很也。孫炎云：相很戾也。李巡本作恨，注云：相怨恨。』按：《詩·常棣》『兄弟鬩于牆』，《毛傳》『鬩，很也』本此經，是當從孫叔然本。」

〔七七〕遇偶也（注）偶爾相值遇○阮元《校勘記》云：「《文選·讓宣城郡公表》『偶識量已』注引《爾雅》曰：『偶，過也。郭氏曰：偶爾值也。』《與山巨源絶交書》『偶與足下相知』注引《爾雅》曰：『偶，遇也。』《一切經音義》

卷二『偶成』下引《字林》：『偶，合也。』引《爾雅》：『偶，遇也。郭氏曰：偶爾相值者矣。』卷九『偶得』下引《爾雅》：『偶，遇也。郭氏曰：偶爾相值也。』據此知唐以前《爾雅》作『偶，遇也』，郭注作『偶爾相值』。『值』即釋經之『遇』。今本經文誤倒，注衍『遇』字。」案：阮元據李善《文選》注及玄應《音義》定《爾雅》「偶」「遇」二字誤倒，是也。《萬象名義》及《字鏡》亦云：「偶，遇也。」

〔七八〕國語曰曩而言戲也○今《國語·晉語》「也」作「乎」。

〔七九〕愒貪也（注）謂貪羨○慧琳《音義》卷九十七引此注作「愒謂貪羨也」。

〔八〇〕榰柱也（注）相榰柱○「榰柱」，唐寫本從「手」作「搘拄」，《釋文》同。《釋文》云：「搘音枝，《説文》作『榰』；拄音注，《説文》作『柱』，皆從木作。」案：《五經文字》木部引《爾雅》「榰，柱也」，亦從「木」。

〔八一〕黹紩也（注）今人呼縫紩衣爲黹○原本《玉篇》糸部「紩」下引注「呼」上有「亦」字。黹部「黹」下引無「亦」字，「縫」字。案：當有「縫」字。

〔八二〕遞迭也（注）更迭○玄應《音義》卷十七引《爾雅》：「遞，迭也。注曰：『謂更易也。』」慧琳《音義》卷十六引同。《釋文》所據本作「更迭」，不作「更易」。

〔八三〕辟況○「辟」，宋刻十行本作「譬」，當據正。

〔八四〕廩廯也○「廩」，宋刻十行本作「廪」，當據正。注同。

〔八五〕逭逃也○「逭」，唐寫本作「涫」。

〔八六〕訊言也（注）相問訊○「訊」，唐寫本作「誶」。案：原本《玉篇》言部「誶」音息悸反。注云：「《周禮》『用情誶之』，鄭玄曰：『誶，告也。』《爾雅》亦云。郭璞曰：『相問誶也。』」案：「相問誶也」即此條注文。據此可知顧氏所據《爾雅》郭注本「訊」亦作「誶」。

〔八七〕水流⿱艹⿰氵奔沆○「⿱艹⿰氵奔」，宋刻十行本作「漭」，當據正。

〔八八〕干扞也○「扞」，唐寫本作「抗」，蓋因上文「沆」字而誤。

〔八九〕趾足也（注）足脚○慧琳《音義》卷八十三引郭注《爾雅》：「亦脚也。」王樹枏謂此注當作「趾亦脚也」。

〔九〇〕將齊也○此上宋刻十行本有「塊，堛也」一條及注文「土塊也。《外傳》曰：枕凷以堛」十字。注疏本同。案：《國語・吴語》「枕王以墣」，「凷」當爲「王」字之誤。

〔九一〕餬饘也（注）糜也○原本《玉篇》食部「餬」下引此注作「即糜也」，玄應《音義》卷八引同。今本「糜」上脱「即」字。「糜」，宋刻十行本作「麋」，誤。

〔九二〕障畛也○「障」，唐寫本作「鄣」。

〔九三〕靦姡也（注）面姡然○案：《釋文》云：「姡，户刮反，又户括反。孫、李云：『靦，人面姡然也。』」郭注本孫炎、李巡，此注當作「人面姡然也」。

〔九四〕舒緩也（注）謂遲緩○原本《玉篇》糸部「緩」下引《爾雅》：「緩，舒也。郭璞曰：『謂遲緩也。』」「舒緩」作「緩舒」，注文「緩」下有「也」字。

〔九五〕翢纛也○「纛」，宋刻十行本作「纛」，下「纛，翳也」同。又「翢」，《釋文》及邢昺疏作「翿」。

〔九六〕纛翳也（注）舞者所以自蔽翳○邢昺疏引孫炎曰：「纛，舞者所持羽也。」《詩・君子陽陽》正義引郭璞此注云：「所持以自蔽翳也。」今本「所」下脱「持」字，「翳」下脱「也」字。

〔九七〕隍壑也○「壑」當作「壡」。

〔九八〕狃忕復爲○「忕」，當從邢昺疏作「忕」。忕，習也。邢疏引孫炎云：「狃忕前事復爲也。」郭注即本孫炎。《後漢書·馮異傳》李賢注引此作「謂慣忕復爲之也」，與今本異。

〔九九〕般還也〔注〕左傳曰般馬之聲○「還」，《釋文》音「旋」。原本《玉篇》舟部「般」下引《爾雅》：「般，旋也。」字作「旋」。又《左傳·襄公十八年》「般」作「班」。

〔一〇〇〕班賦也〔注〕謂布與○慧琳《音義》卷三十四引玄應音「分賦」條引此注作「謂班布與之也」。今本注文有脱誤。

〔一〇一〕緡綸也〔注〕詩曰維絲伊緍緍繩也江東謂之綸○注文「緍」當從正文作「緡」。原本《玉篇》「緡」作「紙」，注引《爾雅》：「紙，綸也。郭璞曰：『江東謂之紙。』」玄應《音義》卷十五引此注亦作「江東謂之緡」。與今本不同。

〔一〇二〕衮黻也〔注〕衮衣有黻文○玄應《音義》卷二十引此注作「衮衣有黻文也，玄衣而畫以龍者也」。今本注無「玄衣」下一語。

〔一〇三〕昆後也〔注〕謂先後方俗語○玄應《音義》卷三引此注作「謂先後也，方俗異言耳」。

〔一〇四〕彌終也〔注〕終竟也○慧苑《華嚴經音義》卷上引郭璞注《爾雅》曰：「彌極意也。」王樹枏謂當是此條注文。

釋訓第三

〔一〕明明斤斤察也〔注〕皆聰明鑒察○《文選·束皙〈補亡詩〉》注引《爾雅》曰：「明明，察也。郭璞曰：『聰明鑒察也。』」注文「察」下有「也」字。王樹枏云：「以此證之，下注蓋俱有『也』字。」

〔二〕 廱廱優優和也（注）皆和樂○「廱廱」，唐寫本作「雍雍」。「優優」，原本《玉篇》水部「瀀」下引作「瀀瀀」。又注文原本《玉篇》引作「謂和樂也」。

〔三〕 兢兢憴憴戒也○「憴憴」，《釋文》作「繩繩」。原本《玉篇》糸部「繩」下引同。顧野王云：「野王案：《毛詩》『宜爾子孫繩繩兮』是也。《韓詩》：『繩繩，敬貌也。』」是字本作「繩」。

〔四〕 坎坎壿壿喜也（注）皆鼓舞懽喜○《釋文》「壿」下引郭注作「謂鼓舞歡喜也」。

〔五〕 儚儚洄洄惛也○《玉篇》人部「佪」下及《廣韻》灰韻「佪」下皆云：「佪佪，惛也。」是「洄」字當從人作「佪」。《潛夫論·救邊篇》云：「佪佪潰潰，當何終極。」《説文》衣部「䘭」下引《爾雅》「䘭䘭䙡䙡」，與《潛夫論》「佪佪潰潰」聲音相近，郝氏《義疏》謂據《説文》所引則知《爾雅》當有「潰潰」二字。

〔六〕 爞爞炎炎薰也（注）皆旱熱薰炙人○「薰」，《釋文》作「熏」。玄應《音義》卷四及慧苑《華嚴經音義》卷上引亦作「熏」。又玄應《音義》卷二「炎旱」條引注文作「謂旱氣熏炙人」，又卷四「炎旱」條引此注作「謂旱氣熏灼人也」，慧苑《華嚴經音義》卷上引同。

〔七〕 皆傲慢賢者○原本《玉篇》放部「敖」下引作「謂傲慢賢者也」。

〔八〕 皆才器細陋○慧琳《音義》卷八十三「瑣瑣」條引此注作「皆才器細陋之貌也」。卷八十四「瑣瑣」條引作「謂才器細陋也」。

〔九〕 殷殷○《釋文》作「慇慇」。

〔一〇〕 緜緜穮也（注）言芸精○「穮」，《釋文》作「麃」，云：「《字書》作『穮』，同。」原本《玉篇》系部「緜」下引字作「藨」。注文原本《玉篇》引作「謂耨精也」，但《釋文》出「秐」字，云：「字亦作『芸』。」是今本與陸氏所據本相近。

〔一一〕鍾鼓音○「鍾」，宋刻十行本作「鐘」。

〔一二〕佻佻○《文選・左思〈魏都賦〉》注引作「嬥嬥」。

〔一三〕宴宴○《釋文》作「燕燕」，云：「字又作『宴』。」案：「燕燕」見《詩・小雅・北山》。《北山》云「或燕燕居息」是也。

〔一四〕臯臯琄琄刺素食也（注）譏無功德尸寵禄也○「臯」當作「皐」，「刺」當作「剌」。「琄琄」，《釋文》音胡犬、古犬二反，下又出「鞙」字，云：「音與琄同。」「鞙」下又出「贙」字，音胡犬反。舊校云：「本今無『鞙』『贙』二字。」阮元《校勘記》云：「按：此當如『璲，瑞也』注引《詩》『鞙鞙佩璲』。蓋經作『琄』，注作『鞙』，『贙』即琄字音，今本皆無。」

〔一五〕懽懽愮愮憂無告也○「懽懽」，《釋文》作「灌灌」，云：「本或作『懽』，同。古玩反。」案：《詩・大雅・板》云「老夫灌灌」，字乃作「灌」。此從「心」者乃別體。《玉篇》心部「愮」下云：「愮愮，憂無告也。」字又作「悹」。

〔一六〕洩洩○《釋文》作「泄泄」。

〔一七〕謞謞○阮元《校勘記》云：「《釋文》又出『熇』字，音許各、火沃二反，校者云：『本今無此字。』盧文弨曰：『《詩・板》作熇熇，郭蓋引此而今注缺耳。』」

〔一八〕甹夆掣曳也（注）謂牽柂○「柂」，宋刻十行本及邢昺疏皆作「拕」，此從「木」誤。原本《玉篇》丂部「甹」下引作「拖」，《釋文》同。

〔一九〕義見伯兮考盤詩○「考盤」，今《詩》作「考槃」。

〔二〇〕饎酒食也（注）猶今云饎饌皆一語而兼通○原本《玉篇》食部「饎」下引此注作「猶今時之饎饌，皆語而兼通者也」。

〔二一〕曁不及也（注）公羊傳曰及我欲之曁不得已曁不得已是不得及○阮元《校勘記》云：「按：此説《公羊傳》以釋經之『不及』也，不當云『不得及』，下『得』字當衍。」

〔二二〕玉石之被彫磨○「彫」，宋刻十行本作「雕」，同。玄應《音義》卷十引作「玉石被摩」，無「彫」字，「磨」作「摩」。

〔二三〕常思詠○原本《玉篇》言部「謜」下引此注作「言常思念也」。

〔二四〕是刈是穫鑊煮之也（注）煑葛爲絺綌○邢昺疏正文作：「是刈是濩。濩，煑之也。」字均從「水」。案：原本《玉篇》水部「濩」下云：「《毛詩》『是刈是濩』，《傳》曰：『濩，煑之也。』《爾雅》亦云。郭璞曰：『煑葛爲絺綌也。』」是顧野王所據《爾雅》「穫」「鑊」俱作「濩」。

〔二五〕美女爲媛（注）所以結好媛○注「媛」字，邵晉涵《正義》據宋本改作「援」。案：《釋文》作「援」。《詩·君子偕老》「展如之人兮，邦之媛也」，正義引孫炎曰：「君子之援助。」郭注意本孫炎，自以作「援」爲是。

〔二六〕美士爲彦（注）人所彦詠○《釋文》出「喭」字，云：「音彦。」舊校云：「本今作『彦』。」段玉裁謂陸氏經本作「喭」，注中「彦」字乃「言」字之誤。《説文繫傳》引作「人所啧詠」，正「言」之誤耳。案：《詩·鄭風·羔裘》云「彼其之子，邦之彦兮」，《傳》曰：「彦，士之美稱。」未聞稱美士爲喭者。段説陸氏經本作「喭」，恐非。陸所音者蓋爲注文。今本注文「人所彦詠」之「彦」當從「口」作「喭」。「喭」「啧」語同，故《説文繫傳》引爲「啧」。「人所喭詠」者即「人所稱道」之義也。

〔二七〕辟拊心也○「辟」，《釋文》婢亦反，云：「字宜作『擗』，《詩》云：『寤擗有摽。』」宋刻十行本作「擗」。

〔二八〕緎羔裘之縫也（注）縫飾羔皮之名○原本《玉篇》糸部「緎」下引此注作「飾羔裘之名也」。

〔二九〕侜張誑也（注）書曰無或侜張爲幻幻惑欺誑人者○原本《玉篇》言部「誑」下引此注作「《書》云：『無或侜張爲眩，眩欺誑人也。』」《尚書・無逸》正義引孫炎云：「眩惑誑欺人也。」郭注本孫炎，「眩欺誑人也」當脱「惑」字。

釋親第四

〔一〕晜頡篇曰○「晜」當作「蒼」，宋刻十行本不誤。

〔二〕加王者尊之○釋湛然《輔行記》一引作「加王者尊也」，此注句末當有「也」字。

〔三〕高者言最在上○希麟《續音義》卷十「纘祖宗」條引此注作「言高者，最在上也」。

〔四〕言有往來之親○原本《玉篇》系部「孫」下引作「來者，言有往之親也」。

〔五〕來孫之子爲晜孫（注）晜後也汲冢竹書曰不窋之晜孫○晜孫之子爲仍孫○阮元《校勘記》云：「《史記索隱・孟嘗君列傳》《漢書・惠帝紀》師古注皆引《爾雅》『來孫之子爲昆孫，昆孫之子爲仍孫』。是唐初本《爾雅》作『昆孫』，開成石經始誤爲『晜弟字』。郭注『晜，後也』及『不窋之晜孫』，二『晜』字皆當作『昆』。」案：原本《玉篇》「孫」下引《爾雅》此文及郭注「晜」皆作「昆」，阮氏之説是也。《釋言》云：「昆，後也。」郭注即本《釋言》文爲訓。

〔六〕仍孫之子爲雲孫（注）言輕遠如浮雲○原本《玉篇》「孫」下引郭注作「雲，言漸遠如雲漢也」，與今本不同。

〔七〕同出謂俱已嫁詩曰邢侯之姨○《文選·潘岳〈寡婦賦〉》注引「嫁」下有「也」字。

〔八〕夫之兄爲兄公（注）今俗呼兄鐘語之轉耳○「兄公」，《釋文》作「兄妐」，「妐」音鍾。注「兄鐘」，當作「兄鍾」。

〔九〕夫之女弟爲女妹（注）今謂之女妹是也○正文「女妹」唐石經同。阮元《校勘記》云：「袁廷檮云：『女妹當作女叔。』按：《禮記·昏義》『和於室人』，注：『室人謂女妐，女叔，諸婦也。』正義曰：『女叔謂壻之妹也。』夫之弟爲叔，故女弟爲女叔。以經作『女叔』，故注云『今謂之女妹』是也。若經作『女妹』，郭氏必不如此下注矣。」

爾雅校箋卷中

釋宮第五

〔一〕窻東户西也禮云斧扆者以其所在處名之○《詩·公劉》正義引郭璞云：「扆，窗東户西也。《禮》有斧扆，形如屏風，畫爲斧文，置於扆地，因名爲斧扆。」《御覽》卷一百八十五引郭注曰：「牕東户西也。《禮》云斧扆，形如屏風，畫爲斧文，置扆地，以其所名之耳。」與今本不同。《正義》蓋本郭氏《音義》也。

〔二〕所以序别内外○原本《玉篇》广部「序」字下引「外」下有「也」字。

〔三〕室中隱奥之處○玄應《音義》卷六「深奥」條引「處」下有「也」字。

〔四〕詩曰尚不媿於屋漏○李誡《營造法式》卷一引「於」作「于」。

〔五〕東南隅謂之窔○「窔」，《漢書·敘傳》應劭注引作「突」。《漢書·楊雄傳》殘卷中日人引姚察《訓纂》所引《爾雅》亦作「突」，《字林》音一弔反，又一了反。《釋文》字作「窔」，云：「烏叫反，《字林》同，郭又音杳。《説文》云：『深貌。』本或作『窅』，又作『窔』，同。」《營造法式》卷一引此文即從「穴」作「窔」。案：依音此字當從「穴」從「夭」。

〔六〕閾門限○玄應《音義》卷十四「閾内」條引「限」下有「也」字。《營造法式》卷二引同。

〔七〕門户上横梁○《後漢書·班固傳》注引「梁」下有「也」字。

〔八〕門户扉樞○慧琳《音義》卷十九「樞闔」條引「樞」下有「也」字。樞達北方謂之落時○「時」，故宮舊藏項跋本《刊謬補缺切韻》之韻「榯」下引作「榯」，蓋後起字。

〔九〕在堂隅坫端也○《釋文》「端」作「墆」，云：「達結、達計二反，高貌也。或作『端』，丁果反，本或作『端』。」邵氏《正義》云：「坫爲堂角，與端義相近，作端者是也。」

〔一〇〕泥鏝○玄應《音義》卷十五「泥鏝」條引「鏝」下有「也」字。《營造法式》卷二引同。

〔一一〕牆謂之堊（注）白飾牆也○玄應《音義》卷十三「堊飾」條引注文作「以白土飾牆也」。卷七「堊飾」條引作「白土飾牆也」。案：堊爲白土，今本「白」下蓋脱「土」字。

〔一二〕樴謂之杙○「杙」，當從《釋文》作「杙」，宋刻小字本不誤。

〔一三〕臺上起屋○《文選·月賦》注引此注「屋」下有「也」字。

〔一四〕屋大梁也○慧琳《音義》卷二十七「梁棟」條引郭注作「屋大梁也，亦通語耳」。

〔一五〕屋檼○慧苑《華嚴經音義》卷上引此注作「棟，屋檼也」。《營造法式》卷二引「檼」下亦有「也」字。

〔一六〕屋椽○玄應《音義》卷七、卷十五「榱棟」條兩引作「即椽」。

〔一七〕屋梠○「梠」當作「梠」。《營造法式》卷二引「梠」下有「也」字。

〔一八〕形如今牀頭小曲屏風唱射者所以自防隱○原本《玉篇》「防」下引此注作「形如今小屏風，唱躲者所以自防隱者」。

〔一九〕閍謂之門○阮氏《校勘記》云：「按：此文疑倒。《禮記·郊特牲》『祊之於東方』，《正義》曰：『《釋宮》云：門謂之閍。孫炎云：謂廟門外。』是孫叔然注本作『門謂之閍』也。《郊特牲》『索祭祝于祊』，注『廟門曰祊』，《正義》曰：『《爾雅·釋宮》文。』又《禮器》『爲祊乎外』，《正義》曰：『以《釋宮》云廟門謂之祊。』皆『閍』字在下，可互證。鄭、孔俱言廟者，以義增加，非《爾雅》本文。」

〔二〇〕宮門雙闕○《營造法式》卷一引「闕」下有「也」字。

〔二一〕門闔○玄應《音義》卷十五「門閫」條引作「門闔也」。

〔二二〕公羊傳曰齒著于門闔○「著于」，《釋文》作「著乎」，今《公羊傳·莊公十二年》同。

〔二三〕所以止扉謂之閎○《釋文》云：「閎音宏。本亦作『閣』，音各。郭注本無此字。」案：《說文》云：「閣，所以止扉也。」是「閎」當作「閣」。閎爲巷門，非止扉者也。段玉裁《說文解字注》云：「郭注上文『大者謂之栱、小者謂之閣』云：『別杙所在長短之名。』注此云：『長杙，即門橜也。』前後皆訓爲長杙，則前後皆作『閣』字。」考《玉篇》引《爾雅》此文字亦作「閣」。邵氏《正義》及郝氏《義疏》均改爲「閣」字，是也。王樹枏以爲不當作「閣」，是非善讀郭書者。

〔二四〕左傳曰高其閉閎閎長杙即門橜也○「閉」，當作「閈」；「閎」，並當作「閣」。今《左傳·襄公三十一年》作「高其閈閎」，《釋文》云：「本或作『閣』。」郭氏所據與今本不同。

〔二五〕今江東呼瓴甓○《詩·防有鵲巢》正義引「呼」下有「爲」字。

〔二六〕廟中路謂之唐○「唐」，《釋文》作「隚」，原《玉篇》阜部「隚」下引同。

〔二七〕堂途謂之陳○「途」，《周禮·匠人》注引作「涂」。案：「涂」「途」字通。古作「涂」，今作「途」。《說文》有「涂」無「途」。《詩》「胡逝我陳」，毛傳曰：「陳，堂塗也。」「途」作「塗」。

〔二八〕二達謂之岐旁○「岐」，《釋文》從「止」作「歧」。原本《玉篇》山部「岐」下引與今本同。

〔二九〕岐道旁出也○原本《玉篇》「岐」下引此注作「嶅，道旁出者也」。「嶅」即岐山字。玄應《音義》卷二十「岐路」條引「出」下亦有「者」字。

〔三〇〕交道四出○玄應《音義》卷六「四衢」條引作「交道四出者也」。

〔三一〕史記所謂康莊之衢○原本《玉篇》「康」下引此注「衢」下有「也」字。

〔三二〕四道交出○原本《玉篇》「崇」下引此注作「四道交出者也」。

〔三三〕四道交出復有旁通○玄應《音義》卷十二「分逵」條引作「四道交出，復有旁通者也」。

〔三四〕孟子曰歲十月徒杠成○「十月」，今《孟子》作「十一月」。

〔三五〕夾室前堂○原本《玉篇》广部「廂」下引「堂」下有「也」字。

釋器第六

〔一〕盆也○慧琳《音義》卷五十五引此注作「即盆也」。

〔二〕斪斸謂之定○《周禮·考工記·車人》鄭玄注引「斪斸」作「句欘」。

〔三〕斫謂之鐯○玄應《音義》卷十四引「鐯」作「櫡」。案：《說文》「櫡」下云：「斫謂之櫡。」《爾雅》舊本蓋作「櫡」。

〔四〕斛謂之疀○「斛」，《說文》斗部「斛」下引《爾雅》作「斛」。《五經文字》斗部「斛」下云：「見《爾雅》。」字作「斛」，與今本同。

〔五〕九罭魚罔也（注）今之百囊罟是○原本《玉篇》糸部「緵」下引「魚罔」作「魚網」，注文作「今之百囊網也」。

〔六〕謂以薄爲魚笱○「薄」，《釋文》同，音步各反。宋刻小字本作「簿」，邢疏同。

〔七〕篧謂之罩○「篧」，《釋文》同。《説文》字作「籗」，或省作「篧」。槮謂之涔○「槮」，《釋文》謂《爾雅》舊文米旁作，《小爾雅》木旁作，郭因改「米」從「木」，《字林》作「罧」。案：《唐韻》沁韻「罧」下引《爾雅》作「罧」。

〔八〕今之作槮者聚積柴木於水中魚得寒入其裏藏隱因以簿圍捕取之○原本《玉篇》水部「涔」下引此注作「今作槮，藂柴木於水中，魚得寒，入其裏，因以簿捕取之也」。《文選・江賦》注引作「今作槮，叢木於水中，魚得寒，入其裏，以薄捕取之也」。慧琳《音義》卷六十六引作「今之作槮，叢積柴於水中，魚得而入其裏藏，因捕取之」，卷九十九引又作「今之作槮者，聚柴木於水中，魚得寒，入其裏，因捕取之」。「簿」當依上文「嫠婦之笱謂之罶」下注文作「薄」。

〔九〕謂羅絡之○依郭注文例，今本「之」下蓋脱「也」字。

〔一〇〕罝猶遮也見詩○玄應《音義》卷七引注文有「庶取兔也」四字。《字鏡》「罝」下云：「菟罟謂之罝。罝即遮也，遮取菟也。」與玄應所引郭注同。

〔一一〕今之翻車也有兩轅中施罥以捕鳥○原本《玉篇》糸部「繴」下引此文作：「今幡車也，有兩轅，中施罔以捕鳥也。」

〔一二〕救絲以爲絇或曰亦罥名○原本《玉篇》糸部「絇」下引此注「絇」下、「名」下均有「也」字。

〔一三〕繩之謂之縮之○《詩・緜》正義引作「繩謂之縮」，原本《玉篇》「縮」下引作「繩之謂之縮」。案：《詩・緜》「其繩則直，縮版以載」，毛傳曰：「言不失繩直也。乘之謂之縮。」（今本「乘」下無「之」字，此據原本《玉篇》「繩」下引）鄭箋云：「乘，聲之誤也，當爲『繩』。」《爾雅》與毛傳語相同。今本「縮」下衍「之」字，當據原本

《玉篇》改正。

〔一四〕縮者約束之詩曰縮版以載○《詩·緜》正義引作「縮者，縛束之也」。原本《玉篇》糸部「縮」下引作：「縮者，約束之名也。《詩》云『縮板以載』是也。」

〔一五〕衣縷也○「縷」，《釋文》云：「又作『褸』。」案：字當作「褸」。《方言》云：「褸謂之衽。」

〔一六〕繡刺黼文以襮領○「襮」，衣領也。《釋文》云：「襮，又作『偃』。」案：此處以作「偃」爲是。阮元《校勘記》云：「偃領者，謂黼文偃伏衣領上也。字不當從衣。」

〔一七〕衣眥謂之襟（注）交領○洪頤煊《讀書脞録》云：「經典無『衣眥』之名，『眥』疑前字形譌。《説文》前作『歬』，與『眥』相近。」案：《詩·子衿》正義引李巡曰：「衣眥，衣領之襟。」是李巡本已作「眥」。慧琳《音義》卷四十七引《爾雅》云：「衣眥前謂之䘳。」郭注云：「衽也，亦交領也。」與今本不同。

〔一八〕佩袊謂之褑○「佩袊」，宋刻小字本作「佩衿」，是也。《玉篇》云：「褑，佩䘳也。」「䘳」即「衿」之或體。

〔一九〕今蔽膝也○玄應《音義》卷十六引此注作：「即今蔽膝也。言襜襜然前後出也。」《字鏡》「襜」下云：「衣蔽前謂之襜。蔽膝也。言襜襜然前後出。」與玄應所引《爾雅》郭注同。

〔二〇〕婦人之禕謂之縭○《釋文》「禕」作「幃」，云：「本或作『禕』，又作『徽』，同。」案：原本《玉篇》「嶶」下引作「徽」，「縭」下引作「禕」，《文選·思玄賦》注引作「幃」，是舊本傳寫各有不同。阮元《校勘記》云：「《説文》：『禕，蔽厀也。幃，囊也。』孫炎注以禕爲帨巾，郭注以爲香纓，義並當從巾。」案：從「巾」從「衣」，義實相通，「幃」或作「禕」，猶「幨」或作「襜」，阮氏但憑《説文》，未免拘泥。《詩·豳風·東山》曰「親結其縭」，《毛傳》曰：「縭，婦人之禕也。」字即作「禕」。

〔二二〕即今之香纓也禕邪交落帶繫於體因名爲禕綏繫也〇原本《玉篇》「徽」下引「落」作「絡」，「繫於體」作「繫之於體」，「縭」下所引相同（惟「絡」傳鈔誤作「結」）。《詩·東山》正義引「落」亦作「絡」）。今本有脱誤，當據《玉篇》改正。《詩》正義引郭注「綏，繫也」下復有「此女子既嫁之所著，示繫屬於人，義見《禮記》。《詩》云『親結其縭』，謂母送女，重結其所繫著以申戒之。説者以禕爲帨巾，失之也」，共四十七字。阮元《校勘記》謂此文「審爲郭注，正義有申難之辭，未知何時逸去。《釋文》於『著』字、『重』字皆無音，未詳也」。又謂：「『既嫁』當作『未嫁』，或作『許嫁』。《士昏禮》注云：『婦人十五許嫁，笄而禮之，因著纓，明有繫也。』」案：原本《玉篇》「縭」下亦引此文，「既嫁」作「既許嫁」，但題爲「《音義》曰」，與注文不相混。是此數語乃出自郭氏《爾雅音義》，非注文也。王樹枏曾引用原本《玉篇》以校《爾雅》，獨於此無説，仍援引阮氏《校勘記》，恐非由於疏忽，蓋有意避去，以維護其所謂今本《爾雅》郭注已有删節之説耳。

〔二三〕深衣之裳〇原本《玉篇》「襥」字下引「裳」下有「也」字。

〔二四〕馬勒旁鐵〇《後漢書·輿服志》注引作「鑣，馬勒旁鐵也」。

〔二五〕轡靶勒〇《詩·蓼蕭》正義引作「轡，靶也」。案：《説文》「靶，轡革也」，是此處不當有「勒」字。

〔二六〕説物臭也〇原本《玉篇》食部「餀」下引作「餀，物臭也」。《字鏡》「餀」下云：「諸食物臭也。」《説文》云：「餀，食臭也。」疑郭注本作「謂食物臭也」，今本有脱誤。

〔二七〕飯饐臭〇原本《玉篇》食部「餲」下引「臭」下有「也」字。

〔二八〕魚謂之餒〇「餒」，《説文》作「餧」，云：「餧，飢也。從食委聲。一曰魚敗曰餧。」原本《玉篇》食部「餧」奴猥反，引《論語》「魚餧而肉敗」，孔安國曰：「魚敗曰餧也。」字書或「鮾」字，在魚部，别無「餒」字。《五經文字》

食部「餧」下云：「奴罪反，飢也。經典相承别作『餒』，爲飢餒字，以此字爲餧餉之餧。字書無文。」陸氏《爾雅釋文》通志堂本作「餒」，云：「《説文》云：『魚敗曰餒。』字書作『鮾』，同。」蓋《釋文》原本亦作「餧」，作「餒」者乃後人所改。

〔二八〕肉爛○「肉」，邢昺疏作「内」。邢引《公羊傳·僖公十九年》何休注「魚爛從内發」之説，謂：「魚之敗壞，先自内始，故云『内爛』，是郭用《公羊》爲説，今本『内』作『肉』，恐誤。」

〔二九〕謂削鱗也○「鱗」，《釋文》作「鰽」，云：「或作『鱗』。」

〔三〇〕冰脂也○《釋文》云：「冰，彼凌反。孫本作『凝』，牛烝反。膏凝曰脂。」案：此當讀爲「凝」。

〔三一〕肉醬○《文選·謝惠連〈祭古冢文〉》注引「醬」下有「也」字。

〔三二〕康謂之蠱（注）米皮○《字鏡》「糠」下云：「糠謂之蠱，米皮也。」即本《爾雅》郭注。今本「米皮」下當有「也」字。

〔三三〕澱謂之垽（注）滓澱也今江東呼垽○原本《玉篇》水部「澱」下引郭注作「澱，滓也，江東呼垽」，玄應《音義》卷九、卷十五兩引均作「澱，滓也，江東呼爲垽」。今本注文「滓，澱也」當作「澱，滓也」。

〔三四〕詩曰既之釜鬵○「既」當依《詩·檜風·匪風》作「溉」，宋刻小字本不誤。

〔三五〕詩曰鞙鞙佩璲璲者玉瑞○《詩·大東》正義引作「璲者，玉瑞也」。案：《詩·大東》鄭箋云：「佩璲者，以瑞玉爲佩。」郭即本鄭箋爲説。此注「玉瑞」疑爲「瑞玉」之誤。下文「繸，綬也」，注云：「即佩玉之組，所以連繫瑞玉者，因通謂之繸。」是郭注本作「瑞玉」甚明。

〔三六〕别羽數多少之名○原本《玉篇》「緷」下引「名」字下有「也」字。《釋文》引郭云「凡物數無不從一爲始」，蓋出於郭氏《爾雅音義》，王樹枏以爲係郭之注文，非是。

〔三七〕縣鐘磬之木○慧琳《音義》卷九十七引「木」下有「也」字。

〔三八〕白蓋謂之苫（注）白茅苫也也今江東呼爲蓋○「苫」字當作「苫」。「也」字亦重，當刪去一「也」字。宋刻小字本不誤。希麟《續音義》卷九引此注蓋下有「音胡臘反」四字。

〔三九〕其美者謂之鐐（注）此皆道金銀之别名及精者鏐即紫磨金○《文選・景福殿賦》注及《御覽》卷八百十二引《爾雅》：「其美者謂之鐐，郭璞曰『音遼』。」是注文本有「鐐音遼」三字。

〔四〇〕錫謂之鈏（注）白鑞○慧琳《音義》卷十八引此注作「今之白鑞也」。

〔四一〕角謂之觷○「觷」，原本《玉篇》石部「礐」下引作「礐」。

〔四二〕犀謂之剒○「剒」，唐石經同。通志堂本《釋文》作「斮」，誤。「剒」今通作「錯」。

〔四三〕木謂之剫○《玉篇》木部「⿰木度」下引「剫」作「⿰木度」。

〔四四〕左傳曰山有木工則剫之○「剫」，今《左傳・隱公十一年》作「度」。

〔四五〕五者皆治樸之名○「樸」，《釋文》作「璞」，云：「字又作『樸』。」案：璞者未成器之稱。原本《玉篇》石部「磋」下引此注作「謂治璞之名也」，玄應《音義》卷十六引作「治璞之名也」。「樸」並作「璞」。「名」字下均有「也」字。

〔四六〕六者皆治器之名○《文選・長笛賦》注引此注「名」下有「也」字。

〔四七〕以筆滅字爲點○日本《羣書類從》第六輯《令抄》「軍防令」引此注「點」下有「也」字。

〔四八〕國語曰玦之以金銑者○「玦」，宋刻小字本及邢昺疏均作「玦」，與《國語・晉語》合，當據正。

〔四九〕骨鏃不翦羽謂之志（注）今之骨骲是也〇《御覽》卷三百四十九引《爾雅》郭璞注：「骨鏃，今骨骲。不翦謂以鳥羽自然淺深不復翦也。骲音雹。」王樹枏以爲「不翦」以下十七字亦爲郭注，今本删脱。案：此或爲《音義》中語。

〔五〇〕肉邊好孔〇希麟《續音義》卷三、卷十引此注並作「肉，邊也；好，孔也」。案：此分訓「肉」「好」二字，依例當有「也」字。

〔五一〕邊孔適等〇希麟《續音義》卷三、卷六兩引此注並作「謂邊孔適等也」。

〔五二〕因通謂之繸〇原本《玉篇》「綬」下引「繸」下有「也」字。

〔五三〕黝黑貌〇《文選·魏都賦》注引「貌」下有「也」字。

〔五四〕黼文畫斧形因名云〇原本《玉篇》「黼」下引此注「畫」下有「爲」字，慧琳《音義》卷八十八引同，當據補。

〔五五〕邸即底〇「底」，宋刻小字本作「底」，是也。當據正。

〔五六〕竿謂之箷〇玄應《音義》卷十六引「箷」作「椸」。

〔五七〕鏤鋑也〇「鋑」當作「鋟」，注同。

釋樂第七

〔一〕大琴謂之離（注）或曰琴大者二十七絃未詳長短〇《宋書·樂志》引《爾雅》：「大琴曰離，二十絃。」《初學記》卷十六引：「郭璞曰：『大者十絃。』《樂録》曰：『大琴二十絃。』今無其器。」《御覽》卷五百七十七引亦作「二十絃」。與今本不同。

〔二〕詩曰應𣗥縣鼓○「𣗥」當作「𣗥」，《釋文》余刃反。《説文》作「𨋹」，從申柬聲。

〔三〕大磬謂之毊○《御覽》卷五百七十六引郭璞曰：「毊音囂。」今本注文無音。原本《玉篇》毊音渠驕反。

〔四〕列管瓠中○「瓠」，《文選·笙賦》注引作「匏」。案：「瓠」「匏」義同。《廣雅·釋樂》云：「笙以瓠爲之。」

〔五〕大篪謂之沂○「篪」，《釋文》作「箎」，是也。《釋文》云：「箎，字又作『䶵』。沂，或作『䶑』。」原本《玉篇》龠部「䶑」下引此文作「大䶵謂之䶑」，與《釋文》所説别本同。

〔六〕篪以竹爲之長尺四寸圍三寸一孔上出寸三分名翹横吹之小者尺二寸○原本《玉篇》「䶑」下引作：「䶑以竹爲之，長一尺四寸，圍三寸，一孔上出，寸三分，横吹之。小者尺二寸也。」「長」下有「一」字，無「名翹」二字。邵氏《正義》云：「諸本均作『名翹，横吹之』，義不可曉。《通鑑注》引郭注删『名翹』二字，唯《宋書·樂志》作『沂一名翹』，蓋諸本脱去『一』字也。《通典》作『名曰翹』，是翹爲沂之别名。」案：邵説非是。翹乃高出之義，謂上出之吹孔，非「沂一名翹」也。詳王氏《廣雅疏證》及郝氏《義疏》。王樹枏於「名翹」上補「一」字，亦爲《宋書·樂志》所誤。

〔七〕形如稱錘○「如」，《釋文》作「似」，《文選·笙賦》注引亦作「似」。阮元《校勘記》云：「似與如一義，然郭氏多言似。」

〔八〕亦名鑮○「鑮」，《釋文》作「鎛」，宋刻小字本同。當據正。

〔九〕大管謂之簥(注)管長尺圍寸併漆之有底賈氏以爲如篪六孔○原本《玉篇》龠部「龠」下云：「《爾雅》：『大龠管謂之龠。』」疑字有誤。又引郭璞曰：「管長尺，圍寸，漆之，有底。賈氏以爲如篪六孔也。」「漆」上無

「併」字。郝氏《義疏》云：「《宋書·樂志》引《月令章句》云：『管者形長尺，圍寸，有六孔，無底。』《廣雅》亦云『無底』。郭注作『有底』誤也。」

〔一〇〕大籥謂之産〇「産」，《釋文》作「簅」，云：「字又作『産』。」

〔一一〕其中謂之仲〇《説文》「籟」下云：「三孔龠也。大者謂之産，其中謂之籟，小者謂之箹。」《風俗通義》引《樂記》作「其中謂之仲」，與今本《爾雅》同。

〔一二〕詩云我歌且謡〇「詩云」依注文例當作「詩曰」，下文亦稱「詩曰」。此作「詩云」當爲傳寫所改。

〔一三〕徒鼓磬謂之寋〇《初學記》卷十六引「鼓」作「擊」。阮元云：「『磬』多言『擊』，『鼓』字蓋涉上文誤。」

〔一四〕止者其椎名〇《書·棄稷》正義引「名」下有「也」字。

〔一五〕刻以木長尺櫟之籈者其名〇「櫟」，《釋文》同，音力的反，引《廣雅》：「櫟，擊也。」又引蕭該《漢書音義》云：「櫟，捎也。」案：《廣雅·釋詁》「櫟」從手，不從木。《玉篇》手部「擽，郎的切，捎也」，與《漢書音義》訓同。是《爾雅》此注「櫟」當作「擽」。《釋文》作「櫟」者，亦爲傳寫之誤。又《書·棄稷》正義引此注「尺」上有「一」字，「名」下有「也」字。

釋天第八

〔一〕因名云〇《御覽》卷一引作「因以名云」。

〔二〕萬物蒼蒼然生〇《御覽》卷一引作「萬物蒼蒼生也」，「生」下有「也」字。

〔三〕言氣晧旰○「晧旰」，宋刻小字本作「皓旰」，誤。希麟《續音義》卷十引「旰」下有「也」字。

〔四〕愍萬物彫落○《御覽》卷一引作「愍萬物凋落也」。「凋」「彫」字通。

〔五〕道光照○《文選·補亡詩》注引作「道光照也」，「照」下有「也」字。

〔六〕此亦四時之别號尸子皆以爲太平祥風○《御覽》卷二十六引作「四時之别名，《尸子》以爲太平祥風名」。

〔七〕所以致景風○《御覽》卷九引作「所以致景風也」，「風」下有「也」字。

〔八〕五穀不成○原本《玉篇》殘卷食部「饑」下引「五穀不熟也」，希麟《續音義》卷四引作「五穀不成也」。

〔九〕果木子○唐寫本《爾雅》殘卷（伯希和編號二六六一）作「果木子也」。唐本注文句尾每有「也」字，宋本多刊落。

〔一〇〕取歲星行一次○唐寫本同。《御覽》卷十七引作「歲取歲星行一次也」。

〔一一〕取四時一終○唐寫本作「取四時一終也」，希麟《續音義》卷六引同。

〔一二〕取禾一熟○《御覽》卷十七引作「取禾一熟也」。

〔一三〕取物終更始○《御覽》卷十七引作「取終歲更始也」。

〔一四〕離騷云攝提貞於孟陬○唐寫本「於」作「于」。

〔一五〕皆月之别名○唐寫本（伯希和編號五五二二，與二六六一爲一書，以下不另分别）作「皆月之别名也」。

〔一六〕其事義皆所未詳通者故闕而不論○唐寫本作「其事義皆所未能詳通者，故闕而不論也」。

〔一七〕南風謂之凱風○「凱」，唐寫本作「颽」。案：陸氏《釋文》字亦作「颽」，云：「又作『凱』。」

〔一八〕詩云習習谷風○唐寫本作：「《詩》曰：『習習谷風也。』」下注文「《詩》云『北風其涼』」，「詩云」亦作「詩曰」。案：郭注引《詩》《書》《左傳》《公羊傳》《禮記》等經書，例稱「曰」，不稱「云」。今本或作「詩曰」，或作「詩云」，體例頗不一致，當爲傳寫之失，唐本猶未紊亂。下文「西風謂之泰風」下注云：「《詩》曰：『泰風有隧。』」唐寫本同，宋刻小字本作「詩云」，與舊本不合。

〔一九〕北風謂之涼風〇「涼」，唐寫本作「飆」，注文同。原本《玉篇》「涼」下引及《釋文》均作「涼」。《釋文》云：「本或作古『飆』字，同。」

〔二〇〕焚輪謂之穨〇「焚」，唐寫本作「棼」。案：陸氏《釋文》字亦作「棼」，云：「本或作『焚』。」唐石經及宋刻本均作「焚」。「棼輪」爲象聲詞，「棼輪」疊韻，故「棼」或作「焚」。《詩·小雅·谷風》云「習習谷風，維風及穨」，《毛詩》云：「穨，風之焚輪者也。」字亦作「焚」。

〔二一〕暴風從上下〇唐寫本「從上下」作「從上下也」。

〔二二〕暴風從下上〇唐寫本「上」字下有「也」字。

〔二三〕風與火爲庉（注）庉庉熾盛之貌〇注文唐寫本作「炖炖，熾盛之皃也」，「庉庉」作「炖炖」。案：《方言》卷十三云：「炖，赫也。」郭注云：「火盛熾之貌。」則此注字作「炖」，即本《方言》也。

〔二四〕迴風爲飄〇「迴」，唐寫本作「回」。

〔二五〕言蒙昧〇唐寫本作「言濛昧也」。「濛」字誤。

〔二六〕霧謂之晦（注）言晦冥〇注唐寫本作「言昏冥也」。案：《文選·颜延年〈北使洛詩〉》注引《爾雅》郭注同。今本注作「晦冥」，蓋因正文而誤。

〔二七〕蜺爲挈貳〇「蜺」，《釋文》作「霓」，云：「本或作『蜺』。」慧琳《音義》卷八十七引作「霓」。

〔二八〕挈貳其別名見尸子○唐寫本「尸子」下有「也」字。

〔二九〕弇日爲蔽雲（注）即暈氣五彩覆日也○「彩」，唐寫本作「采」。又《開元占經》卷八引此注「日」下有「者」字。

〔三〇〕疾雷爲霆霓○「霓」字蓋因上文「蜺」字衍。郝氏《爾雅義疏》云：「《文選・東都賦》注及《書鈔》一百五十二、《類聚》二、《初學記》一、《御覽》十三並引作『疾雷爲霆』，『爲』字或作『謂之』二字，無『霓』字。」案：慧琳《音義》卷八十七引亦作「疾雷爲霆」，與《北堂書鈔》《藝文類聚》等書所引相同。《字鏡》卷九之部「霆」下云：「疾雷爲霆。」《字鏡》訓解多録自梁顧野王《玉篇》，是顧氏所據《爾雅》舊本並無「霓」字。今所見唐寫本殘卷亦誤衍「霓」字。

〔三一〕雷之急激者謂霹靂○「雷之急激者」，慧琳《音義》卷八十七引同。《初學記》卷一引郭注作「疾雷，謂雷音急激者」，《御覽》卷十三引作「疾雷，爲雷音急激者」，文字有異。唐寫本注文作「雷之急激者，謂之霹靂也」，今本「謂」字下脱「之」字。

〔三二〕雨霓爲霄雪○「霄」，唐寫本作「消」。案：陸氏《釋文》云：「霄音消，本亦作『消』。《説文》曰：『雨霓爲霄。齊語也。』」唐張參《五經文字》卷下雨部「霄」注云：「雨霓爲霄，又近日赤氣，見《爾雅》。」所注與《説文》同。阮元《校勘記》云：「按：霓爲水雪雜下，是不得偏舉雪也。古本《爾雅》蓋無『雪』字。」

〔三三〕詩曰如彼雨雪先集維霓○「維」，唐寫本作「唯」。

〔三四〕暴雨謂之涷○「涷」，《釋文》作「涷」，音都貢反，云：「郭音東。」案：《五經文字》卷下水部有「涷」字，注云：「見《爾雅》。」是張參所據本作「涷」。

〔三五〕今江東呼夏月暴雨爲涷雨○《文選・思玄賦》注引「江東」下有「人」字，唐寫本同。又「暴雨」上唐寫本有

「大」字。

〔三六〕離騷云〇唐寫本作「故《離騷》云」。

〔三七〕涷音東西之東〇唐寫本「東西之東」下有「也」字。

〔三八〕詩曰益之以霢霂〇唐寫本「霢霂」下有「也」字。

〔三九〕左傳曰天作淫雨〇唐寫本「淫雨」下有「也」字。

〔四〇〕雨自三日已上爲霖〇唐寫本作「雨自三日以上爲霖也」。

〔四一〕今南陽人呼雨止爲霽音薺〇「音薺」，唐寫本作「音薺菜也」。

〔四二〕故曰壽〇唐寫本「壽」下有「也」字。

〔四三〕天根氐也（注）角亢下繫於氐若木之有根〇唐寫本「繫」下無「於」字，「根」下有「也」字。慧琳《音義》卷四十六引《爾雅》：「天根，氐也。《音義》曰：『天根爲天下萬物作根，故曰天根也。』孫炎曰：『角亢下繫於氐，若木之有根也。』」郭注蓋本孫炎注。

〔四四〕故時候主焉〇「焉」，唐寫本作「也」。

〔四五〕析木謂之津（注）即漢津也〇唐寫本同。案：「析木之津」乃箕、斗之次名，「析木」下不得有「謂」字。《左傳·昭公八年》「今在析木之津，猶將復由」，正義曰：「《釋天》云：『析木之津，箕、斗之間，漢津也。』孫炎曰：『析別水木以箕、斗之間，是天漢之津也。』」正義所據《爾雅》尚不誤。唐刻石經已衍「謂」字。宋邢昺《爾雅》疏云：「案：經典但有『析木之津』，無『析木謂之津』，今定本有『謂』字，因注云『即漢津也』，誤矣。」清邵氏《正義》、郝氏《義疏》並刪「謂」字。注「即漢津也」四字，邵氏謂爲後人所增。

〔四六〕故謂之星紀○唐寫本「星紀」下有「也」字。

〔四七〕虛在正北北方色黑○「色黑」下唐寫本有「星」字。「色黑」，郝氏《義疏》作「黑色」，蓋因明刻注疏本而誤。

〔四八〕枵之言耗耗亦虛意○「耗」，宋刻小字本作「秏」，「秏」爲「耗」字或體。唐寫本注文作「枵之言耗也，耗亦虛意也」。

〔四九〕因名云○唐寫本作「因以名云」。

〔五〇〕故名降○唐寫本「降」下有「也」字。

〔五一〕別名旄頭○唐寫本「頭」下有「也」字。

〔五二〕濁謂之畢（注）掩兔之畢或呼爲濁因星形以名○「濁謂之畢」，孔穎達《毛詩正義》引「濁」作「噣」。《毛詩·齊風·盧令》序云：「襄公好田獵畢弋，而不脩民事。」鄭箋云：「畢，噣也。弋，繳射也。」正義曰：「《釋天》云：『噣謂之畢。』孫炎曰：『掩兔之畢或謂之噣，因名星云。』郭璞曰：『掩兔之畢或呼爲噣，因星形以名之。』《月令》注云：『網小而柄長謂之畢。』然則此器形似畢星，孫謂以網名畢，郭謂以畢名網，郭說是也。」毛詩釋文云：「噣，直角反，本亦作『濁』。畢，星名。」是《爾雅》舊本字亦作「噣」。郭注「因星形以名」，唐寫本作「因星形似名之」，「名」下有「之」字，與《毛詩正義》所據本同。今宋刻脫「之」字，當據補。案：畢爲西方之宿名，八星成叉形，如掩兔之畢，故以畢名星，箕、斗之名亦如是，孫炎之說是也。郝氏《義疏》以今本郭注證《正義》引孫炎注文有誤，非也。今本郭注傳寫可能有誤。又「掩兔」之「兔」，唐寫本作「菟」。

〔五三〕咮朱鳥之口○唐寫本「口」下有「也」字。

〔五四〕火屬南方○唐寫本「南方」下有「也」字。

〔五五〕以正四時○唐寫本「四時」下有「也」字。

〔五六〕河鼓謂之牽牛○「河鼓」，唐寫本、宋刻小字本及邢昺疏均作「何鼓」，與《釋文》合。

〔五七〕今荆楚人呼牽牛星爲檐鼓檐者荷也○唐寫本「檐」並從「手」，「荷」字作「何」。案：檐乃屋梠，非擔荷字，今本《釋文》字作「檐」，亦誤。注「擔荷」，《釋文》云：「注作『荷』字。」是陸氏所據本作「荷」，不作「何」。

〔五八〕昏見西方爲太白○唐寫本「太白」下有「也」字。

〔五九〕亦謂之孛○唐寫本同。希麟《續音義》卷五引作「亦謂之孛星」。奔星爲彴約○「彴約」，唐寫本作「仢約」。《開元占經》卷七十一引同。《玉篇》人部「仢」，扶握切，引《爾雅》曰：「奔星爲仢約。」字亦作「仢」。案：《說文》：「仢，約也。」「仢約」當連讀。朱駿聲《説文通訓定聲》云：「仢約疊韻連語，急疾皃。」

〔六〇〕流星○唐寫本作「流星也」。《開元占經》卷七十一引此注作：「仢約，流星別名也。」

〔六一〕祠之言食○唐寫本「食」下有「也」字。

〔六二〕新菜可汋○唐寫本「汋」下有「也」字。《御覽》卷五百二十五引同。

〔六三〕嘗新穀○唐寫本「穀」下有「也」字。《御覽》卷五百二十五引同。

〔六四〕冬祭曰蒸（注）進品物也○唐寫本同。《初學記》卷十三引《爾雅》「蒸」作「烝」，注「進品物」上有「烝，進也」三字。案：《釋文》亦從「艸」作「蒸」。《五經文字》艸部「蒸」下云：「《爾雅》以爲祭名，其經典『祭』『烝』多去草，以此爲薪蒸。」是張參所據《爾雅》亦作「蒸」。

〔六五〕既祭埋藏之○唐寫本「之」下有「也」字。

〔六六〕投祭水中或浮或沈○唐寫本同。原本《玉篇》殘卷水部「沈」下引注文末有「也」字。

〔六七〕布散祭於地○「地」下唐寫本有「也」字。《釋文》引同。

〔六八〕今俗當火道中磔狗云以止風此其象○「火道」，唐寫本、宋刻小字本及邢昺疏均作「大道」，當據正。又「此其象」，唐本作「此其像也」。《御覽》卷五引作「此其象也」。「象」下亦有「也」字。《初學記》卷十二引《爾雅》注作「此其遺象」。

〔六九〕類於上帝禡於所征之地○唐寫本「類」作「禷」，「地」下有「也」字。

〔七〇〕五年一大祭○唐寫本「祭」下有「也」字。

〔七一〕繹又祭也○唐寫本「繹」作「襗」。《釋文》字作「繹」，注云：「《五經》及《爾雅》皆作此字，本或作『襗』。字書爲『饛』『襗』二字同。」原本《玉篇》殘卷食部「饛」下引《爾雅》：「饛，又祭也。」字作「饛」。

〔七二〕祭之明日尋繹復祭○唐寫本「祭」下有「也」字。原本《玉篇》殘卷食部「饛」下引作：「祭之明日，尋饛，又祭之也」。

〔七三〕周曰繹（注）春秋經曰壬午猶繹○「繹」，唐寫本作「襗」，注同。原本《玉篇》殘卷食部「饛」下引《爾雅》「周曰繹」，引注文作：「《春秋》『壬午猶饛』是也。」

〔七四〕商曰肜○唐寫本同。原本《玉篇》「饛」下引「肜」字作「融」。

〔七五〕夏曰復胙○「胙」，《釋文》作「昨」，云：「本又作『祚』，亦作『胙』。」阮元《爾雅校勘記》云：「復昨者，復昨日之祭也。」郝氏《義疏》云：「《絲衣》箋及《公羊》注引《爾雅》並無此句，徐彦疏云：『諸家《爾雅》悉無此言，故不引之。』然則此句獨郭本有之也。」」案：原本《玉篇》「饛」下引亦無此句。

〔七六〕未見義所出○唐寫本「出」下有「也」字。

〔七七〕搜索取不任者○唐寫本作「搜索取不任也」，「任」下脱「者」字。案：「任」通作「妊」。妊，孕也。

〔七八〕爲苗稼除害○唐寫本「害」下有「也」字。《御覽》卷八百三十一引同。

〔七九〕得獸取之無所擇○唐寫本「擇」下有「也」字。

〔八〇〕管子曰獠獵畢弋今江東亦呼獵爲獠音遼或曰即今夜獵載鑪照也○唐寫本「畢弋」作「罼雉」。案：《釋文》所據本「畢」亦作「罼」，云：「本又作『畢』。」又《詩·伐檀》正義引此注作：「獠猶燎也，今之夜獵載鑪照者也，江東亦呼獵爲獠。《管子》曰：『獠獵畢弋。』」文句次第與今本不同。今本「照」下脱「者」字，當據補。

〔八一〕放火燒草獵亦爲狩○唐寫本「放」作「以」，「狩」下有「也」字。

〔八二〕戎醜大衆○唐寫本「衆」下有「也」字。

〔八三〕周官所謂宜乎社○唐寫本「社」下有「也」字。

〔八四〕振旅整衆闐闐羣行聲○唐寫本作「振旅，整衆也；闐闐，羣行聲也」。

〔八五〕幼賤在前貴勇力○唐寫本「力」下有「也」字。案：《詩·小雅·采芑》正義引《爾雅》孫炎注曰：「出則幼賤在前，貴勇力也；入則尊老在前，復常法也。」即郭注所本。文辭上下相對應，是「勇力」下當有「也」字。

〔八六〕復常儀也○「儀」，唐寫本作「宜」。

〔八七〕以白地錦韜旗之竿○唐寫本「竿」下有「也」字。

〔八八〕纁帛縿○《禮記·明堂位》注引「帛」作「白」。

〔八九〕纁帛絳也縿衆旒所著○原本《玉篇》糸部「縿」下引郭注「衆旒所著也」，「著」下有「也」字。

〔九〇〕素陞龍于縿○《禮記·明堂位》鄭注引「陞」作「升」。原本《玉篇》糸部「縿」下亦作「升」。《釋文》則作「陞」。

〔九一〕用綦組飾旒之邊○「綦」，《釋文》云：「音其。本亦作『纂』，祖管反。」唐寫本字亦作「綦」。又「邊」下唐寫本有「也」字。

〔九二〕用朱縷維連持之不欲令曳地○原本《玉篇》糸部「縷」下引注文作「用朱縷連持旍，令不曳地也」。

〔九三〕帛全幅長八尺○《御覽》卷三百四十引郭注作「帛全幅長八尺者也」。

〔九四〕帛續旐末爲燕尾者○唐寫本「帛」作「白」，「者」作「也」。《御覽》卷三百四十引「者」亦作「也」。案：《釋名》云：「雜帛爲旆，以雜色綴其邊爲燕尾也。」

〔九五〕義見詩○唐寫本「詩」下有「也」字。

〔九六〕載旄於竿頭如今之幢亦有旒○唐寫本「載」作「戴」，「旒」下有「也」字。《御覽》卷三百四十引與唐寫本同。又玄應《音義》卷十九引此注作：「戴旄於竿頭也。《周禮》云：『析羽爲旌。』」王樹柟云：「案：下文『因章爲旃』注引《周禮》云『通帛爲旃』，則此所引《周禮》當亦郭注原文。」

〔九七〕縣鈴於竿頭畫交龍於旒○唐寫本「竿」下無「頭」字。「交龍」，唐寫本同，宋刻小字本作「蛟龍」，非。案：《周禮·司常》云：「交龍爲旂。」《釋名》云：「旂，倚也，畫作兩龍相依倚也。」《詩·載見》正義及《御覽》卷三百四十均引作「交龍」，足證作「蛟龍」非是。宋邢昺單疏不誤。又玄應《音義》卷十九引此注作：「懸鈴於竿頭，畫蛟龍於旒上也，《周禮》云『蛟龍爲旂』是也。」與今本不同。

〔九八〕此謂合剥鳥皮毛置之竿頭即禮記云載鴻及鳴鳶○唐寫本此注作：「此謂合剥鳥皮毛置之竿頭也。即《禮記》所云『戴鴻及戴鳴鳶』也。」今本「竿頭」下脱「也」字，「禮記」下脱「所」字。「所云」，《文選·思玄賦》注引作「所謂」。又「合剥鳥皮毛」，《御覽》卷三百四十引作「全剥鳥皮毛」。《御覽》引郭璞注云：「此謂全剥鳥皮毛，置之竿頭也。舊説刻革鳥置竿首也。孫叔然云：『革，急也，言畫急疾之鳥於旒也。』《周官》『鳥隼爲旟』是也。按：《禮記》『載鳴鳶』，鄭玄云『載之以示衆』，即此類也。《書》云『鳥獸希革』，《詩》云『如鳥斯革』，旌首鳥者，自是鳥之皮毛明矣。」文與今本詳略不同，疑《御覽》所引或出於郭璞《爾雅音義》。

〔九九〕以帛練爲旐因其文章不復畫之○「帛練」，唐寫本作「白練」。又「畫之」下《廣韻》仙韻「旃」下引有「也」字。

〔一〇〇〕周禮云通帛爲旃○唐寫本作「《周禮》云『通白爲旃』是」。案：今《周禮·司常》作「通帛爲旜」。「旜」「旃」字通。

〔一〇一〕旌旂○「旂」，唐寫本作「旗」。《釋文》作「旂」，云：「本又作『旗』。」

釋地第九 唐寫本無「第」字。

〔一〕自南河至漢○《釋文》引「漢」下有「也」字。唐寫本「南河」作「河南」，蓋因正文而誤。邵晉涵《爾雅正義》云：「河自積石龍門南流爲西河，至華陰，東經底柱、孟津，過洛汭爲南河。」《公羊傳·莊公十年》疏謂孫炎、郭璞皆云「自東河至西河之南曰豫州」，與今本不同。

〔二〕河西曰雝州○「雝」，唐寫本作「灉」，誤。灉，水名。

〔三〕自西河至黑水○《釋文》同。唐寫本「西河」作「河西」。《御覽》卷一百五十七引與唐寫本同。案：《尚書·禹貢》云：「黑水西河惟雍州。」《公羊傳·莊公十年》疏引鄭注云：「雍州界自黑水，而東至于西河也。」是當作「西河」。唐寫本作「河西」者，蓋因正文而誤。

〔四〕自江南至海○《釋文》引同。唐寫本作「自江至南海」。《公羊傳·莊公十年》疏及《御覽》卷一百五十七引與唐寫本同。案：《尚書·禹貢》云：「淮海惟揚州。」《公羊》疏引鄭注云：「揚州界自淮而南，至海以東也。」《爾雅》郭注言江，不言淮，是以江爲界，「由江而南至海」爲揚州也。文例與下言徐州「自濟東至海」相同。唐寫本及《公羊》疏引作「至南海」，蓋傳寫之誤。

〔五〕自濟東至海○唐寫本「海」下有「也」字。

〔六〕燕曰幽州○「燕」，唐寫本作「酀」。下文「燕有昭余祁」，「燕」亦作「酀」。案：《説文》：「酀，地名。」

〔七〕秦有楊陓○「陓」，《釋文》同，云：「本或作『紆』字，非也。」阮元《校勘記》云：「《淮南·墬形》『秦之楊紆』，《風俗通·山澤》引《爾雅》『秦有陽紆』，劉昭注《續漢書·郡國志》引《爾雅》『秦有楊紆』，則《釋地》舊本皆是『紆』字。」案：《御覽》卷七十二引亦作「紆，音謳」。「音謳」蓋亦郭注原文。唐寫本「陓」字旁注「烏侯」，即郭璞《音義》之音，「烏侯反」與「音謳」正合。《釋文》云「郭烏花反」，與唐本所注音不同。

〔八〕今在扶風汧縣西○唐寫本「西」下有「也」字。

〔九〕今在梁國睢陽縣東北○「睢」，宋刻小字本作「睢」，此從「且」，誤。唐寫本作「濉」，與《釋文》同。《釋文》云：「濉，蘇維反，水名也。本今作『睢』。」案：《淮南子·墬形篇》高誘注云：「孟諸在梁國睢陽東北澤。」《晉書·地理志》云：「梁國睢陽，春秋時宋都。」字並作「睢」。

〔一〇〕海濱廣斥○「斥」，唐寫本作「庍」。案：《説文》字作「㡿」，「庍」即「㡿」字。

〔一一〕今太原鄔陵縣北九澤是也○「鄔」，唐寫本作「鄡」，誤。《釋文》作「鄔」。案：《漢書·地理志》云：「太原郡鄔縣九澤在北，是爲昭餘祁，並州藪。」《晉書·地理志》太原國有「鄔縣」。邵氏、郝氏均謂此注「陵」字爲衍文。

〔一二〕周有焦護○唐寫本同。《釋文》字作「穫」，云：「又作『護』，同。」《御覽》卷七十二及《詩·六月》正義引字均作「穫」，從禾。阮元《校勘記》云：「劉昭注《續漢書·郡國志》、李善注《文選·北征賦》皆引《爾雅》『周有焦穫』郭注曰：『音護。』是『護』乃『穫』之音，不得以『護』易『穫』也。」案：阮説是也。今本郭注疑亦脱「音護」二字。

〔一三〕中陵朱滕○「滕」，原本《玉篇》阜部「陵」下引作「縢」。

〔一四〕即鴈門山也○原本《玉篇》阜部「隃」下引同。唐寫本作「即鴈門山是也」。

〔一五〕今所在未聞○唐寫本「聞」下有「也」字。

〔一六〕梁莫大於湨梁○「湨」，唐寫本作「溴」，注文同。案：作「湨」是也。《左傳·襄公十六年》「會于湨梁」杜預注云：「湨水出河内軹縣東南，至温入河。」原本《玉篇》「陵」下引《爾雅》作「昊梁」，與《春秋·襄公十六年》公羊經合。

〔一七〕墳大防○唐寫本「防」下有「也」字。

〔一八〕珣玗琪玉屬○唐寫本「玉屬」下有「也」字。

〔一九〕犀牛皮角象牙骨○唐寫本「骨」下有「也」字。

〔二〇〕西南之美者有華山之金石焉○唐寫本「西南」下有「方」字。案：上言「東南之美者」，下言「西北之美者」，均無「方」字，此蓋爲衍文。「華山」，唐寫本作「崋」。案：「華山」字作「崋」，本《説文》。《字林》亦作「崋」，見《釋山》「河南華」下《釋文》。

〔二一〕黄金礝石之屬○唐寫本作「黄金碝石之屬也」。《釋文》字作「礝」，云：「本或作『碝』，同。如兖反。」案：

《説文》云：「碝，石次玉者。」「礝」即「碝」字別體。邵氏《正義》據《説文》改「礝」爲「碝」，與唐寫本合。

〔二二〕珠如今雜珠而精好○唐寫本「好」下有「也」字。

〔二三〕崐崘虛○「崐崘」，唐寫本作「崑崙」，同。原本《玉篇》山部字作「崐崘」。「崐」下引《爾雅》「虛」作「墟」。

〔二四〕山海經曰崐崘山有琅玕樹○「琅玕」，當作「琅玕」。唐寫本此注作：「《山海經》云：『崐崘山上有琅玕樹焉。』」

〔二五〕謂多野牛筋角○唐寫本脱「多」字，「筋角」下有「也」字。

〔二六〕東北之美者有厈山之文皮焉○「厈」，唐石經同。宋刻小字本作「斥」，唐寫本則作「庍」。案：《釋文》「厈音昌亦反，又昌夜反」，是即《説文》之「㡿」字。「㡿」隸省作「庍」，或「厈」。「厈」見《五經文字》卷中廣部「㡿」下。然則作「厈」、作「庍」，音義並同。嚴元照《爾雅匡名》竟不知「庍」爲何字，失考。

〔二七〕中有岱岳與其五穀魚鹽生焉○郝氏《義疏》云：「《淮南子·墬形篇》中作『中央之美者』五字，『五穀魚鹽』之間有『桑麻』二字，疑據《爾雅》古本，今脱去之。」

〔二八〕言泰山有魚鹽之饒○唐寫本「饒」下有「焉」字。

〔二九〕狀似牛脾鱗細紫黑色一眼兩片相合乃得行今水中所在有之江東又呼爲王餘魚○唐寫本「魚」下有「也」字。《史記·封禪書》索隱引此注作：「如牛脾，身薄細鱗，紫黑色，一眼，兩片合乃得行。今江東呼爲王餘，亦曰版魚。」今本脱「身薄」「亦曰版」五字。郝氏《義疏》云：「『今水中所在有之』七字當據索隱删去之。比目魚今出日照，故《封禪書》謂出東海，非水中所在皆有也。」案：《史記·封禪書》云：「東海致比目之魚。」

〔三〇〕似鳧青赤色一目一翼相得乃飛○唐寫本「飛」下有「《山海經》云」四字，當據補。案：《山海經·西山經》

云：「崇吾之山有鳥焉，其狀如鳬，而一翼一目，相得乃飛，名曰『蠻蠻』。」郭璞注云：「比翼鳥也。色青赤，不比不能飛。《爾雅》作『鶼鶼』是也。」

〔三一〕邛邛岠虛○「岠虛」，唐寫本同。《釋文》作「駏驉」，謂本或作「岠虛」。

〔三二〕吕氏春秋曰○「曰」，唐寫本作「云」。

〔三三〕鼠前而兔後○「兔」，唐寫本作「菟」，下同。

〔三四〕故須蟨食之○「食」，《釋文》音飼。唐寫本字作「飤」。

〔三五〕相負共行○唐寫本作「相負而共行」。

〔三六〕音厥○唐寫本「厥」下有「也」字。

〔三七〕此即半體之人各有一目一鼻一孔一臂一脚亦猶魚鳥之相合○「各有一鼻一孔」，唐寫本作「各有一目、一鼻孔」。《文選·王元長〈曲水詩序〉》注引作「人各有一目、一鼻孔」。案：《山海經·海外西經》云：「一臂國，一臂、一目、一鼻孔。」即此注所本。今本「鼻」下衍「一」字，當據唐寫本改正。「亦猶魚鳥之相合」，唐寫本作「亦猶魚鼠之相合耳」。《文選》注引郭注同，惟「耳」作「爾」。案：「魚鳥」即指上文比目魚、比翼鳥而言，《文選》注及今所見唐寫本作「魚鼠」，誤。

〔三八〕亦名弩弦○唐寫本作「亦名弩弦者是」。「弦」，宋刻小字本作「絃」，「弦」「絃」字通。

〔三九〕假令百里之國五十里之界界各十里也○「假令」，唐寫本及宋刻小字本均作「假令」，當據正。「五十里之界」，唐寫本作「五百里之界」，誤。郝氏《義疏》云：「《詩·駉》正義引孫炎曰：『邑，國都也。設百里之國，五者之界，界各十里。』孫意蓋以郊、牧、野、林、坰五者之界各十里而異名也。郭本孫炎，『五者』二字誤衍作

『五十里』三字。」

〔四〇〕陂者曰阪（注）陂陀不平○注宋刻小字本作「阪陀不平」，唐寫本作「阪地不平」。《御覽》卷五十三引郭注作「陂陀不平也」。

〔四一〕下者曰溼○「溼」，唐石經同，唐寫本及邢昺《爾雅》疏均作「隰」，是也，當據正。原本《玉篇》阜部「隰」下引亦作「隰」。《詩·車鄰》正義引李巡曰：「下者謂下溼之地。隰，溼也。」

〔四二〕南至於濮鈆○「鈆」，《釋文》及唐寫本同。《釋文》音悦全反。唐釋湛然《輔行記》一之三引作「盆」。劉師培《左盦集》卷三《爾雅誤字考》謂作「盆」爲是。未詳。

〔四三〕皆四方極遠之國○唐寫本「國」下有「也」字。

〔四四〕九夷八狄七戎六蠻謂之四海○《詩·蓼蕭》鄭箋同。孔氏正義曰：「《職方氏》及《布憲》注亦引《爾雅》云『九夷、八蠻、六戎、五狄，謂之四海』，數既不同，而俱云《爾雅》，則《爾雅》本有兩文。今李巡所注『謂之四海』之下更三句云：『八蠻在南方，六戎在西方，五狄在北方。』此三句唯李巡有之，孫炎、郭璞諸本皆無也。」據《正義》所説，是《爾雅》在東漢時傳本文字已有不同。

〔四五〕岠齊州以南○「岠」，唐寫本作「岠」，注「岠，去也」亦同，當據正。「岠」見《説文》，今通作「距」。

〔四六〕戴值○唐寫本作「戴，頂也」。案：「頂」蓋「值」字之誤。值者，當也。《淮南子·氾論篇》高誘注云：「丹穴，南方當日下之地；空洞，戴斗極下之地。」郭璞訓「戴」爲「值」，是也。

〔四七〕西至日所入爲太蒙（注）即蒙氾也○「蒙」，唐寫本同。原本《玉篇》水部「濛」下引《爾雅》「太蒙」作「太濛」，注「蒙氾」作「濛氾」。《釋文》字亦作「濛」。

釋丘第十

〔一〕今江東呼地高堆者爲敦○唐寫本作「今江東呼地高堆者爲敦丘也」。

〔二〕今濟陰定陶城中有陶丘○「今」，原本《玉篇》「陶」下引作「在」。

〔三〕三成爲崐崘丘○唐寫本同。《水經注·河水篇》引《爾雅》「三成爲崐丘」，「崐」下無「崘」字。案：依郭注當有「崘」字。原本《玉篇》山部「崐」下引《爾雅》作「三成爲崐崘丘」。

〔四〕崐崘山三重故以名云○「故以名云」，原本《玉篇》「崐」下引作「故以爲名也」。

〔五〕形似車棄也○「似」，《釋文》引作「如」。

〔六〕或云棄謂稻田塍埒○唐寫本「埒」下有「也」字。

〔七〕水中小洲爲陼○唐寫本「陼」下有「也」字。

〔八〕水潦所止泥丘（注）頂上汚下者○「泥」，唐寫本作「坭」。《玉篇》丘部及《廣韻》齊韻「坭」下引並作「坭」。「坭」字見《説文》。《説文》云：「坭，反頂受水丘。」郭注云「頂上汚下者」與《説文》義同。又唐寫本注文無「者」字。

〔九〕形四方○唐寫本「方」下有「也」字。

〔一〇〕人力所作○唐寫本「作」下有「也」字。

〔一一〕地自然生○唐寫本「生」下有「也」字。

〔一二〕水潦所還埒丘○唐寫本「埒」下脱「丘」字。下「章丘」「都丘」亦脱「丘」字。

〔一三〕水繞環之○「環」，唐寫本作「還」。

〔一四〕上正章丘（注）頂平○「章丘」，原本《玉篇》阜部「障」下引作「障」。又注唐寫本作「頂平也」。原本《玉篇》引作「平頂者也」。

〔一五〕在池澤中○唐寫本「中」下有「也」字。

〔一六〕途道○唐寫本「道」下有「也」字。

〔一七〕道出丘南○唐寫本「南」下有「也」字。下注文「道出丘北」末亦有「也」字。

〔一八〕水出其前渻丘水出其後沮丘水出其右正丘水出其左營丘○「水出其前，渻丘」，《説文》同。《釋名·釋丘》云：「水出其前曰阯丘。」與《説文》《爾雅》不同。下「沮丘」《釋名》作「阻丘」，「正丘」作「沚丘」，字亦有異。「水出其左曰營丘」，《釋名》同。《禮記·檀弓》正義引《爾雅》此文作「水出其前而左曰營丘」，《水經注·淄水注》引作「水出其前左爲營丘」，亦有「前」字。蓋傳寫有異。依文例前後左右對舉，疑原文本無「前」字。

〔一九〕邐迆沙丘（注）旁行連延○「邐迆」，《史記·殷本紀》集解引作「迆邐」。注「連延」下唐寫本有「者」字，當據補。

〔二〇〕前高旄丘○《釋文》「旄」下云：「《字林》作『嵍』，又作『堥』，俱亡付反。」案：原本《玉篇》山部「嵍」音亡刀反，引《爾雅》云：「前高淩下曰嵍丘。」字即作「嵍」。

〔二一〕詩云旄丘之葛兮○「《詩》云」，唐寫本作「《詩》曰」，下注「《詩》云『陟彼阿丘』」，亦作「詩曰」。

〔二二〕宛謂中央隆高○唐寫本「高」下有「也」字。

〔二三〕丘背有丘爲負丘○唐寫本作「丘背負丘」。

〔二四〕狀如負一丘於背上○唐寫本「上」下有「也」字。

〔二五〕宋有太丘社亡見史記○「亡」，唐寫本、宋刻小字本作「云」。邢昺疏作「曰」。案：《史記·六國年表》周顯王三十三年、秦惠文王二年「宋大丘社亡」。是作「亡」爲是。

〔二六〕嫌人不了○「了」，唐寫本作「憭」，義同。

〔二七〕今在壽春縣○「縣」下唐寫本有「也」字。

〔二八〕其二在河北○「其」字唐寫本無，與《風俗通義》引合。

〔二九〕説者多以州黎宛營爲河南潛敦爲河北者○《御覽》卷五十三引「河南」下有「者」字。

〔三〇〕恐此諸丘碌碌未足用當之○「之」下唐寫本有「也」字。

〔三一〕殆自别更有魁梧桀大者五○《御覽》卷五十三引「别」下無「更」字。案：《釋文》爲「更」字作音，陸所據本有無「别」字不可知。又唐寫本「桀」作「傑」，與《釋文》合。

〔三二〕望厓洒而高岸○「厓」，原本《玉篇》屵部「岸」下及水部「洒」下均引作「涯」。

〔三三〕視厓峻而水深者曰岸○唐寫本「岸」下有「也」字。原本《玉篇》「岸」下引「厓」作「涯」，「曰」作「爲」。

〔三四〕不發聲○唐寫本「發聲」下有「也」字。邢昺疏同。《詩·葛藟》正義引亦有「也」字。當據補。

〔三五〕淮南子曰漁者不争隈○唐寫本「隈」下有「也」字。原本《玉篇》阜部「隩」下引作「是也」。

〔三六〕外爲隈○「隈」，唐石經同。唐寫本作「坭」。字旁音「弓入」，即「弓」之入聲。《釋文》字作「鞫」，云：「《字林》作『坭』，云：『厓外也。九六反。』」是《爾雅》舊本不作「隈」。

〔三七〕别厓表裏之名○原本《玉篇》「隩」下引「名」下有「也」字。

〔三八〕畢堂牆○「畢」，唐寫本作「嶧」，注同。案：原本《玉篇》山部「嶧」下引《爾雅》及郭注亦作「嶧」。《釋文》字作「畢」，云：「本又作『嶧』。」是《玉篇》與《釋文》所據本不同。

〔三九〕其邊若堂之牆○原本《玉篇》「嶧」下引「牆」下有「也」字。

〔四〇〕兩厓累者爲岸○唐寫本「岸」下有「也」字。

〔四一〕岸上地○唐寫本作「山上地也」。「山」字誤。

〔四二〕謂隄○唐寫本作「謂隄也」。

〔四三〕謂水邊○唐寫本「邊」下有「也」字。原本《玉篇》厂部「厓」下引同。

〔四四〕水無所通者○唐寫本無「者」字。《文選·閒居賦》注引「者」作「也」。

〔四五〕通於谷○唐寫本「谷」下有「也」字。《廣韻》支韻「澌」下引同①。案：原本《玉篇》水部「澌」下引注文作「水通於谷者也」，與上文注「水無所通者」相應，《玉篇》所引蓋爲郭本之舊。

釋山第十一

〔一〕河南華（注）華陰山○「華」，唐寫本作「崋」，從《説文》也。注「山」下唐寫本有「也」字。

〔二〕河西嶽（注）吴嶽○「嶽」，唐寫本均作「岳」，下注文「嶽」字並同。《説文》：「嶽，古文作『岳』」。注唐寫本作「吴岳也」。

① 編者按：今本《廣韻》支韻下不見「澌」字。脂韻「澌」字下注：「郭璞云：『通於谷也。』」

〔三〕河北恒（注）北嶽恒山○「恒」即「恒」字，宋人避諱缺末筆。又注文末唐寫本有「也」字。

〔四〕衡山南嶽○唐寫本句末有「也」字。

〔五〕襲亦重○唐寫本「重」下有「也」字。原本《玉篇》阜部「陟」下引此注作「襲，重也」。

〔六〕書曰至于大伾○「伾」，唐寫本作「坯」，字從「土」，與《釋文》同。《釋文》云：「或作『伾』。」「大」，宋刻小字本作「太」，非。

〔七〕今中嶽嵩高山蓋依此名○「嵩」，唐寫本作「崧」。原本《玉篇》山部「崧」下引亦作「崧」。案：《爾雅》下文云「嵩高爲中嶽」，字作「嵩」。此作「崧」者因正文而誤改。又「名」下原本《玉篇》引有「也」字。

〔八〕山小而高岑○唐寫本「小」上無「山」字。案：此處及下文「鋭而高嶠」「卑而大扈」「小而衆巋」等皆與上文「山大而高崧」相連，此處不煩重出「山」字也。邵氏《正義》及郝氏《義疏》不以此與上文「山大而高崧」相屬，非是。

〔九〕言岑崟○唐寫本「崟」下有「也」字。原本《玉篇》山部「岑」下引此注作「言岑岑然也」。「岑岑然」蓋爲「岑崟然」之誤。《方言》「岑，高也」，郭注云：「岑崟，峻皃也。」

〔一〇〕言鐵峻○唐寫本「峻」下有「也」字。原本《玉篇》「⿱山喬」下引同。

〔一一〕卑而大扈（注）扈廣貌○「扈」，唐寫本作「⿰山扈」，《釋文》同。《釋文》云：「或作『扈』。」案：原本《玉篇》「⿰山扈」字下引《爾雅》亦作「⿰山扈」。「⿰山扈」蓋爲後起字。又注「廣貌」下唐寫本有「也」字，原本《玉篇》引同。

〔一二〕小山叢羅○「羅」下唐寫本有「也」字。原本《玉篇》山部「巋」下引「羅」下有「者也」二字。

〔一三〕岌謂高過○唐寫本此注作「岌謂高過之也」。原本《玉篇》山部「岌」下引作「謂過高也」，「高」「過」二字互倒。

〔一四〕言駱驛相連屬〇唐寫本作「言驛駱相連也」。原本《玉篇》「嶧」下引此注作「言若駱驛相屬也」。《初學記》卷五及《御覽》卷三十八又有「今魯國有嶧山，純石相積構，連屬成山，蓋謂此也」數語。劉昭《後漢書·郡國志》注節引此文，題稱「郭璞云」，王樹柟以爲此當爲郭注原有，今本概從删削。案：原本《玉篇》引郭注不及此數語，而引《音義》曰：「今魯國郡縣有嶧山、東海、下邳，《夏書》曰『嶧陽孤桐』是也。」《音義》即郭璞《爾雅音義》。《初學記》《御覽》所記或出於《音義》。

〔一五〕蜀亦孤獨〇唐寫本「獨」下有「也」字。

〔一六〕上正章（注）山上平〇「章」，原本《玉篇》引作「障」，見「障」字下。又注文「平」下唐寫本有「也」字。《玉篇》引同。

〔一七〕山中央高〇原本《玉篇》「隆」下引作「中央高也」。

〔一八〕謂山長脊〇唐寫本作「謂長山脊也」，慧琳《音義》卷四十四引同。原本《玉篇》山部「岡」下引作「謂長山背也」。「背」當爲「脊」字之誤。今本「長山」二字誤倒。《詩·大雅·公劉》正義引孫炎云：「長山之脊也。」郭注即本於孫炎。惟玄應書卷五引作「謂山長脊也」。

〔一九〕近上旁陂〇「陂」，《釋文》同。唐寫本作「近上旁坡者也」。

〔二〇〕山頂冢（注）山巔〇原本《玉篇》厂部「厧」字下引「頂」作「厧」，注作「謂山顛也」。「厧」音都田反，顧野王謂此亦「顛」字也。唐寫本注文作「山之巔也」。

〔二一〕謂山峯頭巉巖〇唐寫本作「謂山峯頭巉嵒也」。原本《玉篇》厂部「厜」下引此注作「謂山峯頭巉嵒者也」。

案：巉巖爲高貌。「巉巖」「巉喦」音義同。《釋文》「巖」亦作「喦」，云：「又作『巖』。」

〔二二〕形似堂室者尸子曰松柏之鼠不知堂密之有美樅○「形似堂室者」，唐寫本「者」下有「也」字。原本《玉篇》山部「密」下引作「形似堂也」。句尾均有「也」字，今本脱。又「美樅」下唐寫本有「是」字。《玉篇》引有「者是也」三字。

〔二三〕防隄○唐寫本「隄」下有「也」字。

〔二四〕巒山墮（注）謂山形長狹者荆州謂之巒○原本《玉篇》山部「巒」下引「巒山」上有「如」字。注「謂山形長狹者」，引作「山隋長者」，《文選·七命》注引郭注與《玉篇》同，「隋」作「墮」。《詩·般》釋文引郭云「山狹而長也」。唐寫本與今本同。

〔二五〕詩曰墮山喬嶽○唐寫本「嶽」作「岳」，「岳」下有「也」字。

〔二六〕重甗隒○唐寫本同。原本《玉篇》山部「巘」下引「甗」作「巘」，《文選·長笛賦》注引同。《釋文》字不從「山」，是傳本有異。依郭注義，郭所據《爾雅》舊本蓋無「山」字邊。

〔二七〕謂山形如累兩甗甗甑山狀似之因以名云○「甗甑」下唐寫本有「也」字。當據補。《詩·葛藟》釋文引注作「形似累重甑，上大下小」。《詩·公劉》正義引「山狀似之」下亦有「上大下小」四字。原本《玉篇》引但作「山形如累兩甑也」。

〔二八〕左右有岸厒（注）夾山有岸○「厒」，《釋文》同，「口閤反」。原本《玉篇》厂部亦作「厒，音口荅反」。《廣韻》合韻字作「峇」，即「厒」字之譌。阮元《校勘記》謂段玉裁云：「『厒』當作『㕉』。《文選·江賦》『鼓㕉窟以漰渤』李善注『㕉，苦合切』是也。」又注「夾山有岸」下原本《玉篇》「厒」下引有「也」字。

〔二九〕宮謂圍繞之禮記曰君爲廬宮之是也○唐寫本「圍繞之」下有「也」字。「是也」只作「是」。

〔三〇〕不相連○唐寫本「連」下有「也」字。

〔三一〕連山中斷絶○唐寫本「絶」下有「也」字。原本《玉篇》阜部「陘」下引此注作「連山中斷者」。《御覽》卷五十三引作「連山中斷者也」。《文選・長笛賦》注引作「連山中斷也」。並無「絶」字。

〔三二〕多小石磝○「磝」，原本《玉篇》引作「嶅」，見山部「嶅」下，云：「或爲磝字。」

〔三三〕多礓礫○原本《玉篇》「嶅」下引「礓」下有「也」字。唐寫本作：「多礓礫者也。」

〔三四〕多大石礐○原本《玉篇》引「礐」作「嶨」，見山部「嶨」下，云：「或爲礐字。」

〔三五〕多盤石○唐寫本作「多磐石也」。原本《玉篇》「嶨」下引作「山多磐石也」。「盤」並作「磐」。

〔三六〕有停泉○唐寫本作「有渟泉也」。案：《釋文》「停」亦作「渟」。

〔三七〕有停潦○唐寫本作「有渟潦也」。

〔三八〕所謂窮瀆者○「者」，唐寫本作「也」。

〔三九〕與水注川同名○唐寫本「名」下有「也」字。

〔四〇〕石山上有土者○唐寫本「者」下有「也」字。

〔四一〕土山上有石者○原本《玉篇》「岨」下引「者」下有「也」字。

〔四二〕別山陵間有水者之名○「有」字宋刻小字本脱。「名」下唐寫本有「也」字。

〔四三〕謂巖穴○「穴」下唐寫本有「也」字。

〔四四〕華山爲西嶽○「華」，唐寫本作「崋」。

〔四五〕即天柱山○「山」下唐寫本有「也」字。

〔四六〕常山○唐寫本「山」下有「也」字。

〔四七〕大室山也○「大」，唐寫本作「太」。

〔四八〕晉國所望祭者○「者」下唐寫本有「也」字。

〔四九〕今在馮翊夏陽縣西北臨河上○「臨河上」，唐寫本作「臨沂上也詩」，「詩」乃衍文。「臨河」二字《釋文》同，云：「河或作魚依反。」「魚依反」正爲「沂」字之音，《釋文》「或作」下蓋脱「沂」字。案：《公羊傳·成公五年》云：「梁山者何？河上之山也。」此即郭注所本。

釋水第十二

〔一〕泉一見一否爲瀸○《説文》水部「瀸」下引「否」作「不」。「不」「否」古今字也。

〔二〕瀸纔有貌○唐寫本作「瀸瀸，纔有貌」，是也。瀸瀸爲疊音詞。唐本寫爲「瀸〻」，傳寫日久，脱去「〻」字，乃不易覺察矣。

〔三〕公羊傳曰○「曰」，唐寫本作「云」。

〔四〕沃泉縣出縣出下出也○唐寫本同。唐石經「縣」並作「懸」。「縣」「懸」古今字。《釋文》字作「縣」，是舊本不從「心」。

〔五〕從上溜下○唐寫本作「從上霤下也」。《釋文》「溜」亦作「霤」，云：「本又作『溜』。」

〔六〕通流○唐寫本「流」下有「也」字。

〔七〕旋流○唐寫本「流」下有「也」字。

〔八〕即河水決出復還入者河之有灉猶江之有沱○唐寫本「者」下有「也」字。又「猶江之有沱」，唐寫本作「猶江之有汜也」。阮元《校勘記》云：「閩本、監本、毛本『沱』作『汜』。《釋文》：『沱，徒河反，或作汜，音似。』按：下經『決復入爲汜』，《詩·江有汜》毛傳曰：『決復入爲汜。』『江有沱』，毛傳曰：『沱，江之別者。』是『汜』與『沱』不同。此經云『反入』，即復入，注當言『江之有汜』矣。作『沱』非。」案：阮説是也，唐寫本正作「汜」。

〔九〕今江東呼水中沙堆爲潬音但○唐寫本同。玄應《音義》卷十引：「《爾雅》：『潬，沙出。』郭璞曰：『今江東呼水内沙堆爲潬。』洛陽北河中有中潬池是也。」「洛陽」以下當爲玄應文。王樹枏以此爲郭注原文，非是。

〔一〇〕毛詩傳曰所出同所歸異爲肥○唐寫本「肥」下有「也」字。

〔一一〕馮翊郃陽縣○「郃」，唐寫本作「陷」。

〔一二〕人壅其流以爲陂○唐寫本「壅」作「廱」，誤。原本《玉篇》水部「瀵」下引與今本同。《釋文》亦作「壅」。

〔一三〕尾狿底也○「也」，唐寫本作「耳」。

〔一四〕水醮曰厬○《説文》水部「氿」下引作「氿」。案：原本《玉篇》厂部「厬」下引《爾雅》字與今本同。「醮」，《釋文》云：「字或作『潐』，同。」原本《玉篇》引作「淮」，「淮」即「潐」字之誤。

〔一五〕謂水醮盡○唐寫本「盡」下有「也」字。原本《玉篇》「厬」下引同。

〔一六〕書曰灉沮會同○「同」下唐寫本有「也」字。

〔一七〕汶爲灛○「灛」，唐寫本同。宋刻小字本誤作「瀾」。原本《玉篇》阜部「𨼐」下引作「𨼐」。

〔一八〕洛爲波○原本《玉篇》阜部「陂」下引《爾雅》「水自洛出爲陂」。今本作「波」蓋誤。

〔一九〕汝爲濆○《説文》引《爾雅》「濆」作「涓」，見「涓」字下。《釋文》云：「濆，符云反，《字林》作『涓』，工玄反。衆《爾雅》本亦作『涓』。」據此可知《爾雅》傳本不同，各家《爾雅》均作「涓」，惟郭注本作「濆」也。

〔二〇〕亦名爲汧○「汧」下唐寫本有「也」字。

〔二一〕水出去復還○「還」下唐寫本有「也」字。

〔二二〕河水清且灡漪大波爲瀾○《釋文》云：「灡，郭力但反，又力安反。下及注同。」是《釋文》所據本「瀾」均作「灡」。唐寫本「大波爲瀾」字亦作「灡」。《説文》則作「瀾」。

〔二三〕言渙瀾○「瀾」下唐寫本有「也」字。

〔二四〕言藴淪○「淪」下唐寫本有「也」字。

〔二五〕直波爲徑（注）言徑涏○「徑」，《釋文》作「俓」。云：「古定反。字或作『徑』，注同。」唐寫本「徑」從水作「涇」。案：《釋名》云：「水直波曰涇，俓也，言如道俓也。」是字當作「涇」。注「言徑涏」，唐寫本作「有涇涏也」。案：《釋文》「涏」作「侹」，云：「字又作『挺』，他定反，又徒頂反。俓侹，直也。」此注當作「言俓侹也」。「言俓侹也」正釋直波爲涇之義。「言」字作「有」，誤。宋刻小字本「言」亦誤作「有」。

〔二六〕水邊地○「地」下唐寫本有「也」字。

〔二七〕謂濟渡之處○「處」下唐寫本有「也」字。

〔二八〕深則厲○「厲」，唐寫本作「濿」。下「厲」字同。案：《説文》：「砅，履石渡水也。或作『濿』。」唐寫本作「濿」者，從《説文》也。今《詩·匏有苦葉》字作「厲」。

〔二九〕衣謂禈○「禈」下唐寫本有「也」字。原本《玉篇》水部「砅」下引同。

〔三〇〕繇帶以上爲厲○「厲」，原本《玉篇》水部「砅」下引作「砅」。

〔三一〕繇自也○唐寫本作「繇猶自也」。

〔三二〕春秋曰潛行逆流百步順流七里○「曰」，唐寫本作「云」；「里」下唐寫本有「也」字。

〔三三〕紼繂也（注）繂索○「繂」，《釋文》同。唐寫本及原本《玉篇》素部「𦃃」下、糸部「紼」下引並作「𦃃」。案：《詩・采菽》毛傳作「繂」。「繂」「繂」「𦃃」字通。《説文》從素作「𦃃」。注原本《玉篇》引作「謂索也」。唐寫本此注作「𦃃，索也」，在下文「縭，緌也」注文「緌，繫也」之上。《釋文》所據本與今本同。

〔三四〕緌繫○唐寫本「繫」下有「也」字。原本《玉篇》「緌」下引同。「縭」下引此注作「謂繫之也」。

〔三五〕比船爲橋○「橋」下唐寫本有「也」字。

〔三六〕併兩船○《文選・曹子建〈雜詩〉》及《王仲宣〈七哀詩〉》注引「船」下有「也」字。

〔三七〕單船○「船」下唐寫本有「也」字。

〔三八〕庶人乘泭（注）併水以渡○正文及注唐寫本並脱。

〔三九〕所入之處名○唐寫本「名」下有「也」字。邢昺疏同。

〔四〇〕逆流而上曰泝○「泝」，唐寫本作「洂」，下同。「洂」「泝」皆爲篆文「𣵀」字之省。今通作「泝」。

〔四一〕發源注海者也○「源」，唐寫本同。宋刻小字本誤作「原」。

〔四二〕人力所作○「作」下唐寫本有「也」字。

〔四三〕河出崐崘虚色白○「崐崘虚」，唐寫本作「崑崙墟」。《釋文》云：「虚，本亦作『墟』。」

〔四四〕山海經曰河出崐崘西北隅虛山下基也○「西北」，今《山海經・北山經》作「東北」。《後漢書・張衡傳》注引此文作「西北」。「隅」字唐寫本作「嵎」，「虛」字作「墟」。「虛，山下基也」，《釋文》引作：「墟者，山下基也。發源處高激峻湊，故水色白也。」唐寫本及今本無「發源」以下十二字。

〔四五〕公羊傳曰河曲流河千里一曲一直○「河曲流」爲《公羊傳・文公十二年》何休注語。「一直」下唐寫本有「也」字。《釋文》引同。

〔四六〕義所未聞○「聞」，唐寫本作「詳」。

〔四七〕河勢上廣下狹狀如馬頰○「頰」下唐寫本有「也」字。《釋文》引同。

〔四八〕水中可居往往而有狀如覆釜○唐寫本「釜」下有「也」字。《釋文》「鬴」下注云：「郭云：『古釜字。』李、孫、郭並云：『水中多渚，往往而有可居之處，狀如覆釜之形。』」據《釋文》所引，今本郭注脱字甚多。當據《釋文》補正。

〔四九〕東莞縣今有胡蘇亭其義未詳○《漢書・地理志》渤海郡東光縣有胡蘇亭，此作東莞，「莞」當作「光」。《詩・般》正義引郭注不誤。「其義未詳」，唐寫本作「義所未詳」。

〔五〇〕水道簡易○《釋文》引同。唐寫本作「水道簡易者也」。

〔五一〕水多約絜○《釋文》引同。唐寫本「絜」下有「也」字。

〔五二〕鉤盤（注）水曲如鉤流盤桓也○「盤」，唐寫本作「般」，注文同。《釋文》字亦作「般」，注云：「本又作『盤』。李本作『股』，云：『水曲如鉤，折如人股，故曰鉤股。』孫、郭同云：『水曲如鉤，流盤桓不直前也。』」據是，可知李巡本與孫炎、郭璞本不同。今本郭注無「不直前」三字，《漢書・地理志》平原縣有般縣①，顔師古注引郭璞此注亦無「不直前」三字。

〔五三〕水多阨狹可隔以爲津而横渡○《釋文》引同。唐寫本「狹」作「陜」，「渡」下有「也」字。

〔五四〕九河○《釋文》「九河」下引郭云：「徒駭，今在成平縣，胡蘇在東莞縣，鬲盤今皆爲縣（「盤」，原誤作「津」，《詩・般》正義引作「盤」），屬平原郡。周時齊桓公塞九河，並爲一。自鬲津以北至徒駭二百餘里，渤海、東莞、成平、平原、河間、弓高以東，往往有其處焉。」邵氏《正義》以《釋文》所引爲郭璞《音義》語。王樹枏以爲《釋文》引此注於「九河」之下，蓋原本有之，妄人乃移於各條之下而删節之。案：唐寫本「徒駭」等，「九河」下已有注，此處「九河」標目下無注，與今本相同。《爾雅》各篇小題下郭璞一律不注，此「九河」下當亦如此。王説不可信。

〔五五〕從釋地已下至九河○「已」，唐寫本作「以」。

① 編者按：平原縣，《漢書》作「平原郡」。

爾雅校箋卷下

釋草第十三

〔一〕廣雅曰山蘄當歸○宋唐慎微《經史證類大觀本草》卷八「當歸」下掌禹錫引注作：「《廣雅》曰：『山蘄，當歸也。』」蘇頌《本草圖經》引亦有「也」字。

〔二〕椵木槿○「椵」，當作「椵」，《釋文》音徒亂反。宋刻十行本作「椵」，誤。

〔三〕或呼曰及亦曰王蒸○「曰及」，當從《釋文》作「日及」。又《御覽》卷九百九十九及《文選·歎逝賦》注引此注「或呼日及」均作「或呼爲日及」，《釋文》出「爲日」二字，是「日」上舊本有「爲」字。「王蒸」之「蒸」，《釋文》作「烝」。

〔四〕莌王蔧（注）王帚也似藜其樹可以爲埽蔧江東呼之曰落帚○希麟《續音義》卷八引《爾雅》：「莌，王篲也。郭注云：『似藜，其樹可爲掃篲也。江東呼爲落帚。』」「篲」字從「竹」。王樹枏云：「案：序文『輒復擁篲清道』，《釋文》云：『篲字又作彗。』此『篲』字亦當如之。《說文》：『篲，埽竹也。』『篲』爲正字，其從艸者傳寫誤也。下文『荓，馬帚』注亦然。」

〔五〕菉蓐也今呼鴟脚莎○依郭注例，「呼」下當有「爲」字。

〔六〕蘩皤蒿（注）白蒿○《大觀本草》卷六「白蒿」下引《唐本草》注云：「《爾雅》：『蘩，皤蒿，即白蒿也。』」「即白蒿也」爲郭注，今注文蓋有脱略。

〔七〕 蓾鼠莞〇「蓾」，玄應《音義》卷四引作「莗」。

〔八〕 葝鼠尾（注）可以染皁〇《大觀本草》卷十一「鼠尾」下掌禹錫引《爾雅》：「葝，鼠尾。釋曰：『可以染皂草也。』」疑郭注「可以染皁」下有脱字。

〔九〕 似紅草〇《大觀本草》卷十三「虎杖」下掌禹錫引此注「紅」作「葒」。

〔一〇〕 粢稷（注）今江東人呼粟爲粢〇《齊民要術》卷一「種穀」條下引郭注《爾雅》曰：「今江東呼稷爲粢。孫炎曰：『稷，粟也。』」案：《釋文》及故宮藏項跋本《刊謬補缺切韻》脂韻「粢」注引並與今本相同。

〔一一〕 衆秫（注）謂黏粟也〇「衆」，《釋文》音終。《齊民要術》卷二「粱秫」條引《爾雅》：「粟，秫也。孫炎曰：『秫，黏粟也。』」「衆」作「粟」。

〔一二〕 戎叔謂之荏菽（注）即胡豆也〇《齊民要術》卷二「大豆」條引孫炎注：「戎叔，大菽也。」《御覽》卷八百四十一引郭璞云：「孫叔然以爲大豆。按：春秋齊侯獻戎捷，《穀梁傳》：『戎菽也。』《管子》亦云：『北伐山戎，出冬葱及戎菽，布之天下。』今之胡豆是也。」《詩·生民》正義亦引郭璞云「春秋齊侯來獻戎捷，《穀梁傳》曰『戎菽也』」云云。此蓋出郭璞《爾雅音義》。

〔一三〕 卉草（注）百草揔名〇慧琳《音義》卷十八引注作「百草之揔名」。

〔一四〕 今江東呼豨首可以熓蠶蛹〇《大觀本草》卷七「天名精」下掌禹錫引此注「蛹」下有「者」字。

〔一五〕 可以爲埽蔧〇「蔧」，當從竹作「篲」。

〔一六〕 ⿱艹⿸疒毛〇《釋文》同。《玉篇》艸部作「⿱艹⿸广毛」。

〔一七〕蘆菔蕪菁屬紫華大根俗呼雹葖○慧琳《音義》卷六十三引「屬」下有「也」字。

〔一八〕今荍蒚也○慧琳《音義》卷九十九引「今」下有「之」字。

〔一九〕薺苨○《大觀本草》卷九「薺苨」下掌禹錫引此注「苨」下有「也」字。

〔二〇〕江東食之亦呼爲菩音杏○「江東食之」，《齊民要術》卷九引作「江東菹食之」。《御覽》卷九百八十引「江東」下有「人」字。今本脱「人」字、「菹」字，當據補。注「亦呼爲菩」，慧琳《音義》卷九十九「菩」字作「苻」，云：「或作『菩』。」與今本不同。

〔二一〕正白可啖○《詩·谷風》釋文引作「色白可食」。《廣韻》宥韻「蕾」下引亦作「可食」。

〔二二〕熒委萎○《釋文》「萎」作「荾」，云：「郭女委反。」

〔二三〕竹萹蓄○《齊民要術》卷十「茿」條引「竹」作「茿」。

〔二四〕江東呼曰苦蔵○《大觀本草》卷八「酸漿」下掌禹錫引「江東」下有「人」字。蘇頌《本草圖經》引同。

〔二五〕但小如瓝○《御覽》卷九百七十八引「瓝」下有「也」字。

〔二六〕芍鳧茈（注）生下田苗似龍須而細根如指頭黑色可食○《後漢書·劉玄傳》注引「田」下有「中」字，誤。《玉燭寶典》卷十一引與今本同。下文「購，蔏蔞」注亦云「生下田」。

〔二七〕布地生穢草○慧琳《音義》卷六十四引作「布地而生穢草也」。

〔二八〕莖頭有臺似蕍○「蕍」字誤，宋刻十行本作「薊」，當據正。

〔二九〕故名桂荏○《齊民要術》卷三「荏蓼」條引「荏」下有「也」字。

〔三〇〕虞蓼澤蓼○《齊民要術》卷三引「澤蓼」下有「也」字。

〔三一〕今之白粱粟皆好穀○《齊民要術》卷二及《詩·生民》正義引「穀」下有「也」字。

〔三二〕此亦黑黍○「此」，《齊民要術》卷三「黍穄」條及《詩·生民》正義引並作「秠」。

〔三三〕稌稻（注）今沛國呼稌○《齊民要術》卷二「水稻」條引注作「沛國今呼稻爲稌」。《詩·周頌·豐年》正義引作「今沛國呼稻爲稌」。今本「呼」下脱「稻爲」二字，當據補。

〔三四〕亦猶淩苕華黄白異名○「淩」，宋刻十行本作「菱」。案：《齊民要術》卷十引此注作「亦如陵苕，華黄白異名」，「淩」字作「陵」，與下文「苕，陵苕」正合。當據正。

〔三五〕根如小貝員而白○「員而白」，《大觀本草》卷八「貝母」下掌禹錫注引作「圓而白」（「圓而白」句絶，下文「華葉似韭」爲一句。蘇頌《圖經》以「白華」連讀，誤）。案：郭注「員」即今方圓之「圓」。

〔三六〕荍蚍衃（注）今荆葵也似葵紫色謝氏云小草多華少葉葉又翹起○《齊民要術》卷十「荆葵」條引《爾雅》曰：「荍，蚍衃。郭璞曰：『似葵，紫色。』」無「謝氏」以下數語。《詩·陳風·東門之枌》正義引郭注並引「謝氏」云云。邵晉涵《爾雅正義》云：「注引謝氏，疑爲謝嶠之説，殆因《詩》疏連引，後人溷入郭注與？」案：《釋文·序録》稱陳國子祭酒謝嶠撰《爾雅音》，謝在郭後，故邵氏《正義》删去。

〔三七〕葉員而毛子如耳璫也赤色叢生○《大觀本草》卷六「白英」下注引此注作「葉有毛，子赤，如耳璫珠」。今本「也」字蓋爲「珠」字之誤。

〔三八〕離南活莌（注）草生江南高丈許大葉莖中有瓤正白零陵人祖曰貫之爲樹○「離」，《釋文》作「蘺」。注文「零陵人祖曰貫之爲樹」，《御覽》卷一千引作「零陵人植日灌之爲樹」。案：《山海經·中山經》云：「升山其草多寇脱。」郭注云：「寇脱草生南方，高丈許，似荷葉，莖中有瓤正白，零桂人植而日灌之以爲樹。」與《御覽》

所引《爾雅》此條注文正相應。《山海經》所説之「寇脱」即「活莌」。今本《爾雅》注文「植」誤作「祖」，「日」誤作「曰」，「灌」誤作「貫」，當據《御覽》及《山海經》注改正。

〔三九〕蘢天蘥須葑蓯（注）未詳○《齊民要術》卷三「蔓菁」條云：「《爾雅》：『蘋，葑蓯。』江東呼爲蕪菁，或爲菘，菘蘋音相近，蘋則蔓菁。」「江東呼爲蕪菁」云云當出自郭璞注。《御覽》卷九百七十九引《爾雅》：「須，葑蓯也。蘋，未聞。江東呼蕪菁爲菘，菘須音相近故也。須即蕪菁也。」與《齊民要術》所引略同。今本「須，葑蓯」下無此注，而別有「未詳」二字，恐傳寫有誤。王樹枏謂「未詳」二字乃「蘢，天蘥」下注文，自「蘋，葑蓯」之注脱，後人遂以「未詳」二字統二句而言之。其説是也。

〔四〇〕江東呼莤音猶○《大觀本草》卷十一「蕕草」下引此注作「江東人呼爲莤」。今本脱「人」「爲」二字，當據補。

〔四一〕籧蔬似土菌生菰草中今江東啖之甜滑音氊氍毹○《齊民要術》卷十「蘧蔬」條引無「氊」字。《大觀本草》卷十一「菰根」條引「氊」作「同」，並謂張揖云：「氍毹，毛席，取其音同。」但《釋文》出「氊」字，是陸氏所據本與今本同。

〔四二〕蘪蕪○《釋文》作「麋蕪」，《大觀本草》卷七「蘼蕪」下引作「蘼蕪」。

〔四三〕茨蒺蔾（注）……子有三角刺人見詩○玄應《音義》卷十「茨」作「薋」，注作「子有三角也」。

〔四四〕廣雅云女朮也○「朮」，《廣雅·釋草》作「木」，宋刻十行本不誤。

〔四五〕雚芄蘭（注）雚芄蔓生斷之有白汁可啖○邢昺疏云：「雚一名芄蘭。案：如此注，則似雚芄一名蘭，或傳寫誤衍『芄』字。」今案：《詩·衛風·芄蘭》鄭箋云：「芄蘭柔弱，恒蔓延於地，有所依緣則起。」郭注云「蔓生」，與鄭箋合。「雚一名芄蘭」，郭氏不致誤讀爲「雚芄」，疑注本作「芄蘭蔓生」，今作「雚芄」者，蓋傳寫因正文而誤。

〔四六〕一曰提母○《釋文》「藩」下引郭云：「一名蝭母。」《大觀本草》卷八「知母」下云：「一名蝭母。」蝭音匙提二音。宋刻十行本「提」作「提」，誤。

〔四七〕蔤謂其頭臺首也○阮元《校勘記》云：「頭即首也，首字當衍。王宗炎云：『《廣韻》二十一麥：蔤，蒲臺頭名。』」王樹枏云：「《説文繫傳》艸部引《爾雅》注『蔤，莞上之臺首也』。據此則原本無『頭』字。」

〔四八〕其葉蕸○《釋文》云：「衆家並無此句，唯郭有。然就郭本中或復脱此一句，亦並闕讀。」日本源順《倭名類聚抄》卷十「蕸」下引《爾雅》云：「其葉蕸。郭璞曰：『蕸亦荷字也。』」今本無此注。

〔四九〕的中薏（注）中心苦○《御覽》卷九百七十五及九百九十九俱引《爾雅》：「的，中心薏，中心苦者也。」是注文「苦」字下當有「者也」二字。以上自「荷芙渠」起至此皆分别蓮、莖、葉、華、實之名。《詩·澤陂》正義引《爾雅》本文，又引郭璞曰：「蔤，莖下白蒻在泥中者。今江東人呼荷華爲芙蓉，北方人便以藕爲荷，亦以蓮爲荷，蜀人以藕爲茄。或用其母爲華名，或用根子爲母葉號，此皆名相錯，習俗傳誤，失其正體者也。」自「今江東人」以下今本無。《初學記》卷二十七亦引《爾雅注》云：「江東呼荷華爲芙蓉。」清人均以爲此係郭注原文，恐非，《詩》正義所引蓋出自郭璞《音義》。

〔五〇〕蕡赤莧（注）今之莧赤莖者○《齊民要術》卷十「人莧」條引此注作「今人莧赤莖者」。阮元《校勘記》引臧琳《經義雜記》謂《周易·夬卦》「莧陸夬夬」正義引董遇云：「莧，人莧也。」此注「之」字可能是「人」字之誤。

〔五一〕蘠蘼虋冬（注）門冬一名滿冬本草云○《御覽》卷九百八十九引注「門冬」作「今門冬也」。

〔五二〕布地冬不死○《御覽》卷九百九十引「地」下有「生」字，今本脱，當據補。

〔五三〕苹蓱（注）水中浮蓱○「蓱」，《釋文》作「萍」，云：「本或作『蓱』。」《齊民要術》卷十「萍」條引《爾雅》：「蓱，苹也。」與今本「苹」「蓱」二字互倒。宋刻十行本上字「苹」作「萍」，誤。注「水中浮蓱」，《詩・采蘋》正義引作「今水上浮蓱也」。

〔五四〕頍似葵而小葉狀如藜○《齊民要術》卷十引此注作「頍似葵而葉小，狀如藜」。「小葉」作「葉小」，《御覽》卷九百九十四引同。當據正。

〔五五〕如藚斷○《詩・汾沮洳》正義引作「如續斷」，邢昺引同。

〔五六〕今蘋蒿也初生亦可食○「初生」，《文選・宋玉〈高唐賦〉》注引作「聚生」。案：《齊民要術》卷十「苹」條引與今本同。《詩・鹿鳴》正義謂蘋蕭始生可食，又可蒸，可證作「初生」不誤。

〔五七〕蔆蕨攗○「蔆」，《釋文》作「䔖」，云：「字又作『菱』。」「攗」，《釋文》云：「亡悲反。孫居郡反，又居群反。」據孫炎音，孫本字當從「麇」，不從「麋」，玄應《音義》卷十五引《爾雅》「菱，蕨麇」，字從禾，正與孫音合。錢大昕《潛研堂答問》云：「《説文》有『攈』，無『攗』，當從孫叔然音作『攈』字。凡草木蟲鳥之名多取雙聲疊韻，蕨攈亦雙聲。攗字誤。」

〔五八〕薚石衣（注）水苔也○注「苔」，《釋文》作「菭」，《齊民要術》音大之切。

〔五九〕今之秋華菊○《廣韻》屋韻「蘜」下引此注末有「也」字。

〔六〇〕即烏頭也江東呼爲堇音靳○《大觀本草》卷十「天雄」下唐本注引郭注云「烏頭苗也」，卷十一「蒴藋」下唐本注引同，是今本「烏頭」下脱「苗」字。又《詩・緜》正義引郭注「江東」下有「人」字。

〔六一〕旋葍似菊○《釋文》引「葍」下有「也」字。

〔六二〕藒車芞輿（注）藒車香草見離騷○《釋文》云：「車音居，本多無此字。」臧琳《經義雜記》云：「《説文》：『藒，芞輿也；芞，芞輿也。』知古本《爾雅》作『藒，芞輿』，不名藒車也。」又《大觀本草》卷十「陳藏器」引此注「香草」下有「也」字。

〔六三〕承露也大莖小葉華紫黃色○《齊民要術》卷十「承露」條引此文末有「實可食」三字。

〔六四〕子如彤胡米○「彤」，《齊民要術》卷十「守氣」條引作「雕」。

〔六五〕鉤藈姑（注）鉤甊也○「姑」，《釋文》作「菇」，《廣雅・釋草》同。注文「鉤」字《釋文》作「𤬪」，音鉤。又引《字林》云：「𤬪甊，王瓜也。」案：《廣雅・釋草》亦云：「藈菇、𤬪甊，王瓜也。」是字多作「𤬪」。

〔六六〕困衱袶○「袶」，《釋文》作「袶」，《廣韻》東韻「袶」下引同。

〔六七〕攫烏階（注）即烏杷也子連相著狀如杷齒○「攫」，《釋文》字從木，音居縛反。郝懿行《爾雅義疏》云：「《釋名》云：『齊魯間謂四齒杷爲欋。』以證郭注所説子連著如杷齒，則《爾雅》『欔』當作『欋』。今作『欔』，居縛反，恐字形之誤耳。」

〔六八〕苕陵苕（注）一名陵時本草云○《大觀本草》卷十三「紫葳」條下唐本注引《爾雅》：「苕，陵苕。郭云：『一名陵時，又名凌霄。』」又引陶隱居云：「郭云凌霄，亦恐非也。」陶隱居即陶弘景。據此是郭注原有「又名凌霄」一語。

〔六九〕竹類也其中實○慧琳《音義》卷四十七引玄應《般若燈論》音引郭注：「粼，竹名，其中堅可以爲席也。」

〔七〇〕江東呼芐○邢昺疏引「江東」下有「人」字。

〔七一〕藗○《釋文》作「蔌」，云：「本或作『藗』，音速。」

〔七二〕廣雅云枲耳也亦云胡枲江東呼爲常枲○《齊民要術》卷十「胡菱」條引《廣雅》文，又引《爾雅》郭璞注：「胡菱也，江東呼爲常枲。」今本注文無「胡菱也」一語。

〔七三〕蘮○《齊民要術》卷九「蕨」條引作「蘢」。

〔七四〕蘩○《釋文》作「蘩」。

〔七五〕藨即莓也○《齊民要術》卷十「藨」條引此注作「藨即莓也」。慧琳《音義》卷六十六及《説文繫傳》「藨」下引同，當據正。

〔七六〕菟○字當作「菟」。

〔七七〕今遠芿也○「芿」，《釋文》作「志」。《大觀本草》卷六「遠志」下掌禹錫引此注作「志」。

〔七八〕燕北朝鮮之閒曰茦見方言○「燕北」，《方言》作「北燕」，當據正。

〔七九〕莖赤有節節有枝相當○《説文繫傳》艸部「蘠」下引此文作「莖赤有節，枝枝相值，葉葉相當」，與今本略異。

〔八〇〕馬舄○「舄」，《釋文》作「蔦」。

〔八一〕綸今有秩嗇夫所帶糾青絲綸○「糾」，《御覽》卷一千引作「純」，王樹枏以爲當作「純」，非。案：原本《玉篇》「綸」下引《説文》云：「糾青絲綬也。」郭璞《江賦》云：「青綸競糾，縟組争映。」即用《爾雅》。足證「糾」字不誤。

〔八二〕因以名云○原本《玉篇》糸部「組」下、「綸」下引並作「因以爲名也」。

〔八三〕麋舌○「麋」，《釋文》作「麋」，音俱倫反，云：「本或作『麋』，音眉。」

〔八四〕即其實○邢昺疏引「實」下有「也」字。

〔八五〕葭華（注）即今蘆也○阮元《校勘記》云：「『華』當作『葦』，字之誤也。《説文》『葦，大葭也；葭，葦之未秀者』可證。《文選・東京賦》『外豐葭菼』，李善引《爾雅》曰：『葭，葦也；菼，亂也。』是唐初本不誤。」按：慧琳《音義》卷八十六引郭注云：「葭，蘆葦也。」阮説是也。

〔八六〕蒹薕（注）似萑而細高數尺江東呼爲薕藡音廉○「萑」，《釋文》作「藡」，音徒的反。《説文繫傳》艸部「蒹」下引作「藋」。

〔八七〕蕍猶敷蕍亦華之貌所未聞○《説文繫傳》艸部「芛」下引作「蕍猶敷蕍，亦草木華之貌，所未詳」。

〔八八〕荺茭（注）今江東呼藕紹緒如指空中可啖者爲茇茭即此類○《説文》：「荺，茇也。」《繫傳》「荺」下引此注作「今江東呼藕紹緒，如指空中可啖者爲茇茭」。阮元《校勘記》云：「作爲『茇茭』是也。《説文》曰：『茇，草根也。』」案：《玉篇》艸部「蔽」下云：「江東呼藕根爲蔽。」「蔽」「茭」字通。《玉篇》所言與郭注相合。《釋文》不爲「茇」字作音，則《繫傳》所引恐亦有誤。王樹枏讀「茭即此類」爲句，亦非。上文「瓝，九葉」下注云：「今江東有草五葉，共叢生，一莖，俗因名爲五葉，即此類也。」與本條注文句法相同，是當以「即此類」爲句。臧琳《經義雜記》謂疑衍一「茭」字，蓋不誤。

釋木第十四

〔一〕梅柟（注）似杏實酢○《齊民要術》卷四引注文「似杏」上有「梅」字。《文選・南都賦》注引同。又慧琳《音義》卷五十二引此注作「似杏實而酸，葉似桑也」。《大觀本草》卷十三「陳藏器」引郭注《爾雅》云：「柟，大木，葉如桑也。」與今本不同。

〔二〕中似枳食之少味○《齊民要術》卷十引「中似枳」作「中似枳椇」，今本脱「椇」字，當據補。

〔三〕實如小瓜酢可食○《詩·木瓜》正義引「酢」作「酸」。案：酸、酢義同。

〔四〕今江東亦呼爲栭栗○《詩·皇矣》正義引無「亦」字。《廣韻》薛韻「栵」下云：「《爾雅》云：『栵，栭。』今江東呼爲栭栗，楚呼爲茅栗也。」

〔五〕檴落（注）可以爲杯器素○《詩·大東》正義引注作「檴音穫，可爲杯器素也」。今本無音。

〔六〕時英梅（注）雀梅○《齊民要術》卷四引《爾雅》：「時，英梅。郭璞云：『英梅，未聞。』」與今本不同。郝懿行謂英梅蓋非果類，今注「雀梅」非郭語。

〔七〕或曰桏當爲柳柜桏似柳皮可煮作飲○阮元《校勘記》云：「盧文弨曰：『上言桏當爲柳，則下自當云柜柳矣，此仍作桏，誤。』」案：《玉篇》《廣韻》並云：「桏，柜柳。」

〔八〕柞樹○《玉燭寶典》卷十一及《詩·鴇羽》正義引「樹」下俱有「也」字。

〔九〕今之刺榆○《御覽》卷九百五十六引注文：「《詩》曰：『山有蓲，今之刺榆。』」「詩曰」云云今本無。

〔一〇〕似小㮏可食○《齊民要術》卷十「杋」條引「㮏」作「奈」。

〔一一〕閒無雜木○《香要抄》引此下有「《本草》謂之牡桂是也」八字。

〔一二〕今河旁赤莖小楊○《文選·七發》注引「楊」下有「也」字。

〔一三〕諸慮○「慮」，《釋文》云：「字又作『攄』。」「攄」當爲「櫖」字之誤。《五經文字》：「櫖，丑餘反，見《爾雅》。」字從木。《玉篇》：「櫖，山櫐也，似葛而麤大。」是舊本字亦作「櫖」。

〔一四〕今虎豆纏蔓林樹而生莢有毛刺今江東呼爲欇欇音涉○《齊民要術》卷十「虎豆」條引注文「今虎豆」下有「也」字;欇從木,不從手。宋刻十行本字亦從木,當據正。「音涉」二字《齊民要術》作小字,注文「今江東呼爲欇欇」爲句。邢昺疏引無「欇」字,誤。王樹枏云:「案:謝靈運《山居賦》云『獵涉蘡薁』,自注云:『獵涉字出《爾雅》。』是獵涉即欇欇,音同假字,欇欇連文。」

〔一五〕杬魚毒(注)杬大木子似栗生南方皮厚汁赤中藏卵果○注文《齊民要術》卷六「作杬子法」引同。「中藏卵果」,《急就篇》顔師古注引作「堪藏卵果」。案:「中」當讀去聲,與「堪」義相似。

〔一六〕今之楓香是○《香要抄》引「是」下有「也」字。

〔一七〕寄生樹一名蔦○《御覽》卷九百六十引「樹」下有「也」字。

〔一八〕無姑其實夷(注)無姑姑榆也生山中葉員而厚剥取皮合漬之其味辛香所謂無夷○《大觀本草》卷十三「蕪荑,一名無姑」,陶隱居云:「狀如榆莢。」《急就篇》顔師古注云:「蕪荑,無姑之實,無夷一名楱榆,生於山中,其莢圓厚,剥取樹皮,合漬而乾之,成其辛味。」此即據郭注而申説之。郭注「葉圓而厚」,顔師古云「其莢圓厚」。段玉裁《説文解字注》「荑」下謂作「莢」爲長,是也。又注「所謂無夷」,《大觀本草》掌禹錫引作「蕪荑」。《御覽》卷九百五十六引同。

〔一九〕有梂彙自裹○《玉燭寶典》卷十一引《爾雅》:「櫟,其實梂。李巡、孫炎云:『山有苞櫟,櫟實橡也(原脱「櫟」字),有梂彙自裹也。』」郭注本孫炎,「裹」下郭注當亦有「也」字。

〔二〇〕今櫻桃○《初學記》卷二十八引作「今櫻桃也,楔音戛」。今本脱「也」字及音。

〔二一〕榹桃山桃(注)實如桃而小不解核○「榹」,《玉燭寶典》卷一引作「⿰木奄」。又引郭璞曰:「實如桃而小,不解核，梔音斯，一音雌也。」案：《釋文》云：「梔，郭音斯，又音雌。」是杜書所引音亦郭注文。又《文選・閒居賦》注引此注「如」作「似」，與杜書所引不同。案：如、似義近，郭注凡既言其形貌又言其大小者多用似。上文云「實似梨而小」，此言「實似桃而小」，文例相同。

〔二二〕痤椄慮李○「痤」，《釋文》同，《玉篇》作「𤸫」，亦作「桽」。

〔二三〕子白熟○《御覽》卷九百六十五引作「子白乃熟」。《大觀本草》卷二十三「棗」下《圖經》引同。

〔二四〕樹小實酢○《本草圖經》引作「木小實酢者」。

〔二五〕洗大棗○阮元《校勘記》云：「《釋文》：『洗，屑典反。』段玉裁云：『《集韻》二十七銑引《爾雅》：梚，大棗，出河東猗氏縣。《廣韻》亦云：梚，棗木。然則《爾雅》固有從木作梚者。』白氏《六帖》棗類云：『遵羊、洗犬，並棗名，出《爾雅》，以羊犬相儷，蓋唐人本作犬棗。』注『今河東猗氏縣出大棗』，疑注亦本作『犬』。」郝氏《義疏》云：「《魏書・杜畿傳》：『畿爲河東太守，劉勳嘗從畿求大棗。』即郭所謂大如雞卵者矣。」

〔二六〕子味苦○《御覽》卷九百六十五引「苦」下有「也」字。

〔二七〕還味棯棗（注）還味短味○阮元《校勘記》云：「按：《説文》《玉篇》皆於櫏下云：『櫏味，稔棗。』《初學記》引《爾雅》亦作『稔』。稔，熟也。棗過熟者味短也，故名還味。《説文》木部無『棯』字，《玉篇》《廣韻》於棯下引《爾雅》，非。」又《御覽》引注作「還味，短味也。棯音荏，還音旋」。

〔二八〕實如梨酢甜核堅出交趾○《齊民要術》卷十「劉」條下引「酢甜」作「甜酢」。「交趾」之「趾」，《齊民要術》引同，《釋文》作「阯」。

〔二九〕守宮槐葉晝聶宵炕（注）槐葉晝日聶合而夜炕布者名爲守宮槐○《初學記》卷二十八引郭注曰：「守宮槐，晝日聶合，而夜舒布也。江東有樹，與此相反，俗因名爲『合昬』。既晝夜異一，其理等耳。」郝懿行謂「江東」以下蓋本注文，今本脱去。案：《御覽》卷九百五十四引郭璞曰：「守宮槐，晝日聶合而夜炕布者。儒林祭酒杜行齊説：『在朗陵縣南有一樹，似槐，晝聚合相著，夜則舒布，即守宮。江東有樹，與此相反，俗因名合昬。曉晝夜異，其理等。』聶，合也；炕，張也，晝合夜開。」此較《初學記》所引爲詳，疑皆出自郭璞《音義》。《齊民要術》卷五引郭注與今本同。

〔三〇〕即楸○《釋文》引「楸」下有「也」字。

〔三一〕梀赤梀白者梀○「梀」，《釋文》：「山厄反，郭霜狄反。」據此是字當從「朿」。

〔三二〕葉員而岐爲大木○《詩·四月》正義引「木」下有「也」字。

〔三三〕無枝條○《詩·小弁》正義引作「無枝條者」，今本脱「者」字。

〔三四〕𩲡○當從《釋文》作「魁」。

〔三五〕桵小木叢生有刺實如耳璫紫赤可啖○「桵，小木」，《詩·緜》正義引作「桵，小木也」。「紫赤可啖」，《齊民要術》卷十「棫」條引作「紫赤可食」，義同。

〔三六〕棃山樆（注）即今棃樹○張參《五經文字》木部：「樆，山棃也，見《爾雅》。」是唐本與今本不同。阮元《校勘記》云：「《史記·司馬相如列傳》『檗離朱楊』，《集解》引《漢書音義》曰：『離，山梨。』《文選·子虛賦》注：『張揖曰：離，山棃也。』顔師古注《漢書》同。則《爾雅》古本作『離，山棃』。《玉篇》《廣韻》皆云『樆，山棃』。」據是可知今本作「棃，山樆」誤。

〔三七〕桑辨有葚梔（注）辨半也○《大觀本草》卷十三「桑根白皮」下《圖經》引郭注：「辨，半也。一半有葚，半無，名曰『梔』。」案：《釋文》云：「舍人云：『桑樹一半有葚，半無葚，名梔也。』樊本同。」是「一半有葚」云云，舍人、樊光注有之。《齊民要術》卷五引與今本同。

〔三八〕今俗呼桑樹小而條長者爲女桑樹○《齊民要術》卷五引「女桑樹」下有「也」字。

〔三九〕唐棣栘（注）似白楊江東呼夫栘○《玉燭寶典》卷六引《爾雅》：「唐棣，栘。嘗來反，又嘗梨反。郭璞曰：『今白栘也，似白楊樹，江東呼爲夫栘。』」《詩・何彼襛矣》釋文及正義引郭注亦皆有「今白栘也」四字。今本脱，當據補。又「呼」下亦當有「爲」字。

〔四〇〕常棣棣（注）今山中有棣樹子如櫻桃可食○《玉燭寶典》卷六引此注作：「今關西有棣樹，子似櫻桃，可啖。」《詩・常棣》正義引作：「今關西有棣樹，子如櫻桃，可食。」《春秋・僖公二十四年》正義引「關西」下有「山中」二字，餘與《玉燭寶典》引同。據是今本「山中」二字上當有「關西」二字。

〔四一〕樕樸心○郝氏《義疏》云：「《詩》『林有樸樕』，正義引孫炎曰：『樸樕一名心。某氏曰：樸樕，槲樕也，有心，能溼，江河間以作柱。』是《爾雅》古本依《詩》作『樸樕』。惟《釋文》誤倒作『樕樸』，今本仍之，宜據《詩》以訂正。」

〔四二〕即梧桐○《齊氏要術》卷五引「桐」下有「也」字。

〔四三〕棧木干木（注）橿木也○「干」，《釋文》云：「樊本作『杆』，同。」注「橿」，《釋文》作「殭」，引《字書》云：「死而不朽。」又云：「本或作『僵』，又作『橿』。」案：《玉篇》：「杆，殭木也。」字與《釋文》同。

〔四四〕檿桑山桑（注）似桑材中作弓及車轅○《書・禹貢》正義引郭注：「柘屬也。」《詩・皇矣》正義引郭注：「檿桑，柘屬，材中爲弓。」郝懿行疑今本脱「柘屬也」三字。案：《齊民要術》卷五引與今本同，惟「作」字作「爲」。

〔四五〕木自獘神（注）獘踣○「獘」當作「獘」，「神」當作「柛」。《釋文》「柛音申」。《廣韻》真韻「柛」下引《爾雅》：「木自弊曰神，謂弊踣也。」王樹枏云：「今本當脱『謂也』二字。」

〔四六〕蔽者翳（注）樹蔭翳覆地者○《釋文》云：「蔽，必世反，注同。」是注文當有「蔽」字。《詩·皇矣》釋文引《爾雅》：「蔽者翳，郭云：『相覆蔽。』」原注蓋作「樹蔭翳相覆蔽者也」。《詩》正義引郭注作「翳，樹蔭翳覆地者也」，與今本同。

〔四七〕樹枝相切磨○《説文繫傳》木部「槸」下引作「謂樹枝相切磨也」。此脱「謂」「也」二字。

〔四八〕梢梢櫂○《釋文》「櫂」作「擢」，引《方言》云「拔也」，《蒼頡篇》云「抽也」。則字當從「手」。注「梢櫂」，字亦當作「擢」。

〔四九〕枝葉婆娑○慧苑《華嚴經音義》卷上引作「謂枝葉婆娑也」。今本脱「謂」「也」二字。

〔五〇〕阿那○「那」即「那」字。

〔五一〕椒椴○「椒」，《釋文》作「茮」。「茮」見《説文》，今通作「椒」。

〔五二〕檄櫂直上○「櫂」，《釋文》作「擢」，云：「直角反，字從手。」此從木誤。

〔五三〕族叢○「叢」，當作「叢」，刻版有誤。《詩·葛覃》正義引孫炎曰：「族，叢也。」郭本孫炎，此注「叢」下蓋亦有「也」字。

釋蟲第十五

〔一〕蜰即負盤臭蟲○「蜰」，《左傳・隱公元年》正義引作「蜚」，慧琳《音義》卷三十三引同，當據正。又慧琳引「臭蟲」下有「也」字。

〔二〕蚰蜒○《周禮・考工記・梓人》釋文引「蜒」下有「也」字。

〔三〕黑甲蟲噉糞土○希麟《續音義》卷一引此注作「黑甲蟲也，噉糞土者」。

〔四〕蚑蟥蛢○《玉燭寶典》卷六引作「發，皇蛢」，蓋誤。

〔五〕今米穀中蠹小黑蟲是也○邢昺引《方言》注：「今米穀中小黑蠹蟲也。」阮元謂此作「蠹小黑蟲」誤倒。

〔六〕蟷蠰螗蜋別名○「螗」，《釋文》作「螳」，《御覽》卷九百四十六引同。當據正。《大觀本草》卷二十「桑螵蛸」下《圖經》引作「螳蜋別名也」，「名」下有「也」字。

〔七〕能食虵腦○《字鏡》卷七艸部「蒺藜」條注「腦」下有「也」字。

〔八〕蟋蟀蛬（注）今促織也亦名青蛩○《玉燭寶典》卷六引作「蛬，蟋蟀」，注「促織」作「趣織」。又注文「青蛩」二字《釋文》作「蜻蛚」，與《方言》合。

〔九〕蜠馬蠲（注）馬蠲蚐俗呼馬蝬○「蚐」，《釋文》作「蚐」，音均，此作「蚐」，誤。《玉燭寶典》卷六引注文作：「馬蠲也，俗呼馬蝬。」無「蚐」字。

〔一〇〕蜙蝑也俗呼蝽蝝○「蜙」，《釋文》作「蚣」，云：「本亦作『蚣』，同。烏公反。」案：《方言》卷十一云：「舂黍謂之螢蝑。」郭注云：「又名蚣螢。」字亦作「蚣」。此注「蝽蝝」，「蝽」當從舂作「螉」。《釋文》作「舂黍」，與《方言》同。《詩・螽斯》正義引舍人亦作「春黍」。

〔一一〕似蜙蠑而細長○「蜙蠑」，當作「蚣蠑」。

〔一二〕蚕○《釋文》音他典反，是此字當從「天」，不從「夭」。

〔一三〕螗蜋有斧蟲○《大觀本草》卷二十「桑螵蛸」下《圖經》引「螗蜋」作「螳蜋」。

〔一四〕瓫器底蟲○《御覽》卷九百四十九引此注作「此瓫器底蟲也」。

〔一五〕蠶蚃○《御覽》卷九百五十一及《文選・南都賦》注引「蚃」下皆有「也」字。

〔一六〕蠶蛹○「蛹」，宋刻十行本作「蝚」，誤。又《御覽》卷九百五十一引「蛹」下有「也」字。

〔一七〕齊人呼蟻蟻蛘○《釋文》云：「蛘，以文反。郭云：『齊人呼蟻也。』《字林》云：『北燕人謂蚍蜉曰蟻蛘。』」邵氏《正義》及郝氏《義疏》注文下一「蟻」字作「爲」，蓋誤。案：《方言》卷十一云：「蚍蜉，燕謂之蛾蛘。」郭云：「蟻養二音。」是此注「蟻蛘」本《方言》。

〔一八〕即馬蠭○《御覽》卷九百五十引「蠭」下有「也」字。

〔一九〕在糞土中○《御覽》卷九百四十八引「中」下有「者」字。

〔二〇〕在木中今雖通名爲蝎所在異○《御覽》卷九百四十八引《爾雅》曰：「蝤蠀，蝎。在木中有也，今雖通名之爲蝎，所在異也。」王樹枏謂《御覽》所引「有」字當是「者」字之誤。案：據《御覽》所引，今本「在木中」下當有「者」字，「所在異」下當有「也」字。

〔二一〕舊説鼠蝂別名○《詩・東山》正義引此注作「舊説伊威鼠婦之别名」。

〔二二〕今蝍蛆○《文選・洞簫賦》注及《御覽》卷九百四十八引「蛆」下皆有「也」字。

〔二三〕即蛣蜫○《御覽》卷九百四十九引「蜫」下有「也」字。

〔二四〕即今蠶○《御覽》卷八百二十五引「蠶」下有「也」字。

〔二五〕雔由○《釋文》「雔」作「讎」。

〔二六〕翥○《釋文》同，《廣韻》御韻「翥」下引作「翥」。

釋魚第十六

〔一〕今赤鯉魚○《詩·碩人》正義引「魚」下有「也」字。

〔二〕鱣大魚○慧琳《音義》卷六十八引「魚」下有「也」字。

〔三〕鰋（注）今鰋額白魚○《詩·魚麗》釋文引郭注作「今偃額白魚」。今本作「鰋額」，因正文而誤。

〔四〕鯊鮀（注）今吹沙小魚體員而有點文○《詩·魚麗》釋文云：「鯊，今吹沙小魚也，體圓而有黑點文。」陸蓋本郭此注。阮元《校勘記》云：「按：『點文』當作『文點』，下注云『白爲文點』『黃爲文點』『黑爲文點』，此作『點文』，非。」

〔五〕即白鯈○《御覽》卷九百三十七引「鯈」下有「也」字。原本《玉篇》魚部「魩」下引作「魩，白鯈也」。

〔六〕今泥鰌○《釋文》引郭云：「泥鰌也。」《文選·四子講德論》注引此注作「今泥鰌也」，是「鰌」下本有「也」字。

〔七〕鮤大鮦小者鮵（注）今青州呼小鱺爲鮵○原本《玉篇》魚部「鮵」下引郭璞曰：「兖州亦名小鮦爲鮵也。」與今本不同。

〔八〕鱯似鮎而大白色〇玄應《音義》卷十一引《爾雅》孫炎注云：「鱯似鮎而大，色白。」郭注即本孫炎。今注文「白色」二字疑誤倒。《山海經・北山經》云：「洧水東流注於河，其中有鱯黽。」郭注亦云：「鱯似鮎而大，色白。」

〔九〕鮥鮛鮪（注）鮪鱣屬也大者名王鮪小者名鮛鮪今宜都郡自京門以上江中通出鱏鱣之魚有一魚狀似鱣而小建平人呼鮥子即此魚也音洛〇「鮛鮪」，《玉燭寶典》卷二引《爾雅》：「鮥，叔鮪。郭璞云：『今宜都郡自荊門以上，江中通多鱣鱏之魚，有一魚，狀似鱣而小，建平人謂之鮥子，即此魚也。音洛。』一本云：『王鮪也，似鱣，口在腹下。』」杜所引有兩本，均與今本不盡相同。《禮記・月令》正義亦引此，與杜所引相近。杜引「鮛鮪」作「叔鮪」，與《釋文》相合。注文「京門」作「荊門」，《御覽》卷九百三十六引同，今本作「京門」，誤。

〔一〇〕亦呼爲魛魚〇「魛」當作「刀」。《釋文》「鮆」下引《字林》云：「刀魚也。」郭注《山海經・南山經》亦云：「鮆魚，一名刀魚。」

〔一一〕魵鰕〇《釋文》云：「魵，郭云：『小鰕別名。』」今本注文無此四字。

〔一二〕魴魾（注）江東呼魴魚爲鯿一名魾音毗〇原本《玉篇》魚部「魴」下引此注作：「江東呼魴魚爲鯿，鯿別名魾也。」與今本略有不同。

〔一三〕井中小蛣蟩赤蟲一名孑孓〇《莊子・秋水篇》釋文引「赤蟲」下有「也」字。

〔一四〕今江東呼水中蛭蟲入人肉者爲蟣〇阮元《校勘記》云：「按：疏云：『此水中蛭蟲，憙入人肉者，江東呼爲蟣。』本注爲説，『入人肉者』上當脱『憙』字。」

〔一五〕即今之蚹也〇「蚹」，《釋文》作「蚶」，音火甘反，引《字書》云：「蚶也，出會稽，可食。」宋刻十行本亦作「蚶」。

當據正。

〔一六〕似蝦蟆居陸地淮南謂之去蚥○玄應《音義》卷十引此注云：「似蝦蟇，居陸地，淮南謂之去父，山東謂之去蚥。蚥音方可反，江南俗呼蟾蠩，蠩音食餘反。」

〔一七〕蚌即蜃也○「蜃」，當從宋刻十行本作「蜃」。下「蜃小者，珧」，「蜃」亦缺筆。

〔一八〕大若山○「若」，宋刻十行本同。邢昺疏字作「苦」。《初學記》「龜」下引《山海經》亦作「苦」。當據正。

〔一九〕出三足鼈又有六眼龜○慧琳《音義》卷七十四引此注作「出三脚龜，亦有六眼龜，出《地理志》」。

〔二〇〕蜎蠌小者螃（注）螺屬見埤蒼或曰即彭蜎也似蟹而小音滑○《御覽》卷九百四十三引此注「音滑」作「滑澤」二音。今本「滑」下蓋脱「澤」字。《釋文》「蜎音滑，蠌音澤」，與郭音同。

〔二一〕前弇諸果○《釋文》云：「果，衆家作『裹』，唯郭作此字。」

〔二二〕左倪不類○《釋文》『倪』五計反，云：「亦有本作『睨』，下同。」

〔二三〕行頭左庳○「庳」，《釋文》作「俾」，音普計反。《文選·思玄賦》注引字作「睥」。

〔二四〕玄貝貽貝○《釋文》云：「貽，顧餘之反。《字林》作『蛤』，云：『黑貝也，大才反。』」

〔二五〕餘貾○「貾」，《釋文》作「蚳」，音直其反，云：「字或作『貾』，同。」

〔二六〕今之紫貝以紫爲質黑爲文點○《大觀本草》卷二十一「紫貝」下《圖經》引此注作：「今紫貝則以紫爲質，黑爲文點也。」

〔二七〕蚆博而頯○「頯」當作「頯」。

〔二八〕螣螣蛇○上「螣」字唐石經從「朕」作「螣」。《釋文》「螣」音直錦反，云：「字又作『朕』。」下「螣蛇」，《文選·

思玄賦》注及《藝文類聚》卷九十六引均作「騰蛇」。《釋文》亦云：「螣，字又作『騰』，徒登反。」

〔二九〕淮南云蟒蛇○邢昺疏云：「『蟒』當爲『奔』。案：《淮南子·覽冥篇》説女媧云：『前白螭，後奔蛇。』許慎云：『奔蛇，馳蛇是也。』」阮元《校勘記》云：「注引《淮南子》『奔蛇』以證經之『騰蛇』，奔騰一義也，故許注又轉爲『馳蛇』，馳亦奔騰之意也。因字形相涉，『奔』誤爲『莽』，又因下有『蟒，王蛇』，遂改『莽』作『蟒』。」

〔三〇〕蟒蛇最大者○慧琳《音義》卷二十七引此注作「蛇之最大者」，「蛇」下有「之」字。

〔三一〕此自一種蛇○《釋文》引作「别自一種蛇」。

〔三二〕大者長八九尺○慧琳《音義》卷三十九引此注「八九尺」下有「今江東呼爲伇，荆州呼爲鰯」二語。考《釋文》「伇」「鰯」二字均無注音，慧琳所引蓋出郭璞《音義》。

〔三三〕龜之最神明○《周禮·春官·龜人》疏引作「即今大觜蠵龜也」，「大」字疑爲衍文。

〔三四〕常在蓍叢下潛伏○《禮記·禮器》疏引「伏」下有「者」字。

〔三五〕此皆説龜生之處所○《周禮·春官·龜人》疏引作：「山、澤、水、火，此皆説龜生出之處所也。」

釋鳥第十七

〔一〕今鵶鳩○《左傳·昭公十七年》正義引「鳩」下有「也」字。

〔二〕江東名爲烏鳴○「鳴」，《釋文》作「臼」，云：「本或作『鴭』。」此「鳴」字當作「鴭」，宋刻十行本不誤。

〔三〕鶌類今江東呼之爲鶚好在江渚山邊食魚○《詩·關雎》正義引此注作：「鶌類也，今江東呼之爲鶚，好在江邊沚中，亦食魚。」今本「鵰類」下脱「也」字。「江渚山邊」，王樹枬謂宜作「江邊渚中」。

〔四〕鵅鵋鶀○「鵋」，《釋文》云：「本亦作『忌』。」「鶀」，《釋文》作「䳢」，云：「本亦作『欺』。」玄應《音義》卷十、卷十七、卷二十四引皆作「忌欺」。

〔五〕亦謂之鴝鵅○「鴝」，《釋文》作「鉤」。玄應《音義》卷十七引同。

〔六〕小鳥也青似翠食魚江東呼爲水狗○《説文解字繫傳》鳥部「鴗」下引「也」作「色」，王樹枬謂「也」蓋「色」字之譌。又「水狗」，《大觀本草》卷十九「魚狗」下引作「魚狗」。

〔七〕腹翅紫白背上緑色江東呼烏鸔○《御覽》卷九百二十五引「白」下有「色」字，「呼」下有「爲」字。今本脱。

〔八〕輿鵛鶨○「輿」，《釋文》作「與」。

〔九〕觜脚赤○《御覽》卷九百二十一引「赤」上有「皆」字。

〔一〇〕鴒鶨也○「鴒」，《釋文》作「鳹」，音巨炎反，字從今，此從令，誤。

〔一一〕鳸鴳○「鳸」，《玉燭寶典》卷一引作「雇」，與《説文》字同。

〔一二〕青班長尾○明注疏本「班」改作「斑」。

〔一三〕其雌䳺○「䳺」爲「鴱」字之誤。《釋文》云：「『鴱』，本又作『鳼』。」

〔一四〕瑞應鳥○「鳥」下《釋文》引有「也」字。

〔一五〕小而多羣腹下白江東亦呼爲鵯烏○慧琳《音義》卷七十四引「白」下有「者」字，「江東」下無「亦」字。

〔一六〕青州呼鴝母○《禮記·内則》正義引「呼」下有「爲」字。

〔一七〕釋蟲以有此名○「以」，明注疏本作「已」。

〔一八〕燕燕鳦○「鳦」，《玉燭寶典》卷二引作「乙」，注同。

〔一九〕土梟○希麟《續音義》卷八引作「即土梟也」。

〔二〇〕鳥子須母食之○慧苑《華嚴經音義》卷上引作「鷇謂鳥子須母飤者」。《文選·海賦》注引作「鳥子須母食也」。

〔二一〕能自食○慧苑《華嚴經音義》卷上引作「雛謂能自食者也」，慧琳《音義》卷二十九引作「雛謂鳥生而能自食者也」。疑今本有脱字。

〔二二〕諸鳸皆因其毛色音聲以爲名○《御覽》卷九百二十三引作「諸鳸者，皆因其毛色音聲以爲名也」。

〔二三〕鵟即頭上勝今亦呼爲戴勝鵖鴔猶鶝鶔語聲轉耳○《御覽》卷九百二十三引「頭上勝」下有「也」字，「鵖鴔」下有「者」字。

〔二四〕今婟澤鳥○《御覽》卷九百二十五引作「今婟澤也」。

〔二五〕鴢○依《釋文》，字當作「鴢」，從「幼」。宋刻十行本不誤。

〔二六〕亦名摶黍○「摶」，《釋文》同，音徒端反。邢昺疏引郭注同。明注疏本作「搏」。阮元《校勘記》云：「段玉裁云：『摶』非也，『搏』是也。搏黍者謂其搏取黍而食之。」案：段説是也。《玉燭寶典》卷二引字作「博」，「博」亦「搏」字之誤。

〔二七〕鷐屬詩曰鴥彼晨風○《左傳·文公十八年》正義引「鷐屬」下有「也」字。又「鴥」當作「鴪」。筆畫不清。

〔二八〕蟁母○「蟁」當從《釋文》從「民」作「蟁」。「蟁」即「蚊」字。宋刻十行本不誤。

〔二九〕即鶬黃也○《玉燭寶典》卷二引「鶬」作「黧」，與下文「倉庚，黧黃也」字同。

〔三〇〕鷹鶆鳩（注）鶆當爲鶇字之誤耳左傳作鶇鳩是也○《釋文》「鶆」作「來」，云：「本或作『鶆』。郭讀作爽。」注「鶇鳩」之「鶇」，《釋文》作「爽」，云：「本或作『鶇』。」是陸氏所據郭本「來」「爽」二字俱不加「鳥」旁。

〔三一〕鵹黄楚雀○《玉燭寶典》卷二引「鵹」作「黧」。

〔三二〕鸕諸雉○《修文殿御覽》「雉」條引此文及注在下文「西方曰鷷」下。

〔三三〕白鷢也○慧琳《音義》卷四引「白」上有「即」字。

〔三四〕鷂雉（注）青質五彩○《修文殿御覽》「雉」條引「鷂」作「搖」。又引注作「青質五彩文者也」，下文「鷩雉」注引作「今山雞是也」，「海雉」注引作「今倭國海中出黑雉」，並與今本郭注不同。

〔三五〕鳪雉（注）黄色鳴自呼○「鳪」，《釋文》作「鳪」，音卜，云：「郭方木反，又方角反。」此從「十」，誤。又《説文解字繫傳》「雉」下引此注「鳴自呼」作「鳴自呼者」。

〔三六〕鸐山雉（注）長尾者○「鸐」，《釋文》作「翟」，《修文殿御覽》「雉」條引同。又引注「者」下有「也」字。邢昺疏引郭云：「尾長者，今俗呼山雞是也。」與今本不同，疑非郭注原文。

〔三七〕鶾雉○「鶾」，《修文殿御覽》雉條引作「翰」。

〔三八〕翬亦雉屬言其毛色光鮮○邢昺疏引此注「光鮮」下有「王后之服以爲飾」一句，各本無。

〔三九〕鵲鶪醜其飛也㚇（注）竦翅上下○《御覽》卷九百二十一引注作「醜類也，但竦翅上下而已」。

〔四〇〕鼓翅翬翬然疾○慧琳《音義》卷三十二引此注作「謂鼓翅翬翬然疾貌也」。

〔四一〕其粻嗉（注）嗉者受食之處別名嗉今江東呼粻○《史記・天官書》索隱引注作「嗉，鳥受食之處也」。慧琳《音義》卷六十六引作「嗉，鳥受食處也」。「受」上皆有「鳥」字，「處」下皆有「也」字。王樹枏謂據下言「別名嗉」，則「嗉者」之「嗉」當爲「粻」字。

〔四二〕晚生者今呼少鷄爲鷚[①]○《御覽》卷九百一十七引「晚生者」下有「也」字。又《修文殿御覽》「雉」條引注「少鷄」下有「亦」字。

〔四三〕似鶺鶹而大○「鶹」，邢昺疏作「鷚」。

釋獸第十八

〔一〕脚所踐處○慧琳《音義》卷九十八引此注作「謂脚所踐處也」。

〔二〕江東呼貆○《初學記》卷二十九引「呼」下有「爲」字。

〔三〕四豴皆白豥○「豴」，《釋文》作「蹢」。按：注云：「蹢，蹄也。」是字當作「蹢」。

〔四〕詩云一發五豝○「詩云」，依例當作「詩曰」。

〔五〕竊淺也詩曰有貓有虎○《御覽》卷九百十二引「竊，淺也」下有「或曰竊毛，麁毛也」七字。

〔六〕能舐食銅鐵及竹骨骨節强直中實少髓○宋刻十行本「竹」下不重「骨」字。希麟《續音義》卷四引作「能舐銅鐵竹骨等」，《説文解字繫傳》豸部「貘」下引作「能嗜食鐵銅及竹」。疑「竹」下不當重「骨」字。

〔七〕其子狗○「狗」，《玉篇》作「豿」。

〔八〕今江東呼貉爲貊貅○《詩·伐檀》正義引「呼」上有「通」字。

① 編者按：晚，原書作此，刻本作「脕」。

〔九〕腳似麢有香○《御覽》卷九百八十一引「有」上有「臍」字。

〔一〇〕腳似狗○《文選·西都賦》注引「狗」下有「也」字。

〔一一〕似熊而長頭高腳○「頭」，《詩·斯干》正義及玄應《音義》卷二十四引作「頸」。又玄應《音義》卷二、卷二十四引「高腳」上有「似馬有髦」四字。

〔一二〕䨼○當作「䨼」，注同。

〔一三〕健上樹○慧琳《音義》卷四十六引「樹」下有「也」字。

〔一四〕毫毛長○《說文解字繫傳》豸部「貄」下引「長」下有「也」字。

〔一五〕好食棘○「棘」當作「棘」，宋刻十行本不誤。

〔一六〕彙毛刺○「刺」當作「刺」。

〔一七〕能玃持人好顧盼○「玃」，《說文》引作「攫」，當據正。「盼」，宋刻十行本作「盼」。邢昺疏作「盻」。案：《釋文》作「眄」，音亡見反。

〔一八〕出西海大秦國有養者似狗多力獷惡○《御覽》卷九百十三引作：「出西海，大秦國有養之，似山狗，多力獷惡也。」今本「養」下當有「之」字。

〔一九〕似獺尾末有岐鼻露向上雨即自縣於樹以尾塞鼻或以兩指江東人亦取養之爲物捷健○「末有岐」，《後漢書·馬融傳》注及慧琳《音義》卷三十八引作「末有兩岐」。「雨即自縣於樹」，慧琳書引作「天雨則倒懸於樹」。又「江東人亦取養之」下慧琳書卷四十九引有「捕鼠」二字。

〔二〇〕以頰裏藏食○《釋文》引作「以頰內藏食也」。

〔二一〕關西呼爲鼩鼠見廣雅音瞿〇《釋文》引作：「關西呼爲鼩鼠，見《廣雅》。」《釋文》又云：「䶂，郭音雀，將畧反。《字林》音灼，云：『䶂鼠，出胡地。』郭注本雀字或誤爲瞿字，沈旋因云『郭以爲鼩鼠，音求于反，非也』。」據《釋文》，此注「鼩」當作「䶂」，「瞿」當作「雀」。

〔二二〕今江東山中有鼳鼠狀如鼠而大蒼色在樹木上〇「蒼色」，《御覽》卷九百十一引作「蒼黑色」。又《初學記》卷二十九引《爾雅》「鼳」音孤覓反，「似鼠而蒼黑色，在樹木上」。又引郭注云：「江東呼鼳鼠者，似鼠大而食鳥，在樹木上也。」今本無「食鳥」二字。阮元《校勘記》引段玉裁説，謂《初學記》以「食鳥」「毁牛」爲事對，今本「蒼色」二字蓋爲「食鳥」二字形近之訛。案：《初學記》前後所引不同，疑後者出自《音義》，段説恐未爲得。

〔二三〕食之已久復出嚼之〇阮元《校勘記》云：「按：《詩・無羊》釋文引郭注《爾雅》云：『食已，復出嚼之也。』又《一切經音義》卷九引此云：『食之已，復出嚼之也。』今本衍『之久』，脱『也』。」

〔二四〕羊曰齥〇「齥」，《釋文》作「齛」。阮元《校勘記》云：「按：當作『齛』。注『洩』當作『泄』。皆唐人避諱改也。《説文》：『齛，羊粻也。』」

〔二五〕獸曰釁（注）自奮釁〇玄應《音義》卷十二引「釁」作「舋」，注作「言自奮迅也」。王樹枏云：「案：郭注以迅釋釁，作『迅』者是也。」

釋畜第十九

〔一〕甗山形似甑上大下小騉蹄蹄如趼而健上山○《釋文》引此注「甑」下有「也」字。又「趼」字作「研」。今本作「趼」，誤。《釋文》引舍人云：「研，平也，謂蹄平正。」又引李巡云：「騉者，其蹄正堅而平似研也。」是字當作「研」。

〔二〕騉駼亦似馬而牛蹄○《釋文》引「蹄」下有「也」字。

〔三〕盜驪綠耳○《五經文字》馬部「騄」下云：「音綠。騄耳見《爾雅》。」是張參所據郭本「綠」作「騄」。

〔四〕即馬高八尺○阮元《校勘記》云：「按：八尺下當有者字。疏曰『郭云：即馬高八尺者』，即下文『馬八尺爲駥』者也。是邢本原有者字。《釋獸》『絕有力，豜』，注云『即豕高五尺者』可證。」

〔五〕四蹢皆白首○「首」，唐石經同。《玉篇》馬部有「騚」字，云：「馬四蹄白。」《廣韻》先韻「騚」下云：「馬四蹄皆白也。」邵晉涵《爾雅正義》謂《爾雅》舊本作「前」，後人增馬作「騚」，「首」因與「前」字形相涉而訛。

〔六〕騂赤色黑鬣○《詩·大明》正義引「鬣」下有「也」字。此類「也」字多爲後人删去。

〔七〕馰顙○「馰」，《釋文》作「的」，云：「《字林》作『馰』。」邢昺疏與《釋文》同。

〔八〕馬毛逆刺○「刺」當作「刺」。

〔九〕今江東呼駮馬爲騭○「駮」字誤。《釋文》作「父」，云：「本或作『駮』，俗字。」此「駮」字即「駮」字之訛。宋刻十行本不誤。

〔一〇〕青驪驎驒（注）色有深淺班駮隱粼今之連錢驄○「驎」，《釋文》作「粼」，云：「本或作『驎』。」《詩·駉》釋文引此注「色」上有「毛」字,「騩」下有「也」字。

〔一二〕今之烏騘○《詩·大叔于田》正義引此注作「今呼之爲烏騘」。

〔一三〕即今之赭白馬彤赤○《詩·駉》正義引此注作:「彤,赤也。即今赭白馬是也。」阮元《校勘記》謂今本此注誤倒。

〔一三〕今之淺黄色者爲騧馬○「之」,《釋文》引作「以」。當據正。

〔一四〕領上肉犦肤起○「犦」,《釋文》作「臊」,引鄭注《考工記》云:「臊謂墳起。」此作「犦」因正文而誤。

〔一五〕今交州合浦徐聞縣出此牛○「徐聞」,當依宋刻十行本作「徐聞」,徐聞縣晉屬交州郡,見《晉書·地理志》。

〔一六〕犩○宋刻十行本作「魏」。

〔一七〕今青州呼犢爲㸬○希麟《續音義》卷五引此注作:「今青州人呼犢爲㸬。音火口反。」今本「青州」下脱「人」字。

〔一八〕絶有力欣犌○邵晉涵《正義》云:「《玉篇》云:『犌,牛有力。』《廣韻》云:『犌,牛絶有力。』『欣』字疑衍文。」

〔一九〕牡羭……牝羖○《急就篇》顔師古注云:「羭,夏羊之牝也;羖,夏羊之牡也。」《爾雅》此文「牡」「牝」二字有誤。詳段玉裁《説文解字注》。

〔二〇〕今人便以牂羖爲黑白羊名○「黑白」,宋刻十行本邢昺單疏本及蜀本均作「白黑」。此疑影寫有誤。

〔二一〕俗呼五月羔爲羜○《詩·伐木》正義引「俗」上有「今」字。

〔二二〕今蜀雞○《初學記》卷三十引「雞」下有「也」字。

〔二三〕周禮云馬八尺以上爲駥○「駥」,《釋文》作「戎」,云:「本亦作『駥』。」邢昺疏字作「龍」,與《周禮·夏官·廋人》職合。

〔二四〕公羊傳曰靈公有害狗謂之獒也尚書孔氏傳曰犬高四尺曰獒即此義〇「害狗」，今《公羊傳·宣公六年》作「周狗」。又「也」字以下十六字蜀本無。邢疏標注起止云「注公羊至之獒」，是邢氏所據郭注本亦無此十六字。

〔二五〕陽溝巨鶤古之名雞〇「名雞」，宋刻十行本同，蜀本作「雞名」。希麟《續音義》卷六引此注作：「陽溝、巨鶤皆古之雞名也。」亦作「雞名」。

〔二六〕爾雅卷下〇蜀本此行後有「經凡一萬八百九言，注凡一萬七千六百二十八言」兩行。宋刻十行本經注字數依上中下三卷分計，注於每卷之末。

附録

一 《爾雅》之作者及其成書之年代

《漢書·藝文志》：《爾雅》二十篇，不著撰人名氏。魏太和中博士張揖始稱創自周公。其《進廣雅表》云：

昔在周公，纘述唐虞，宗翼文武，克定四海，勤相成王，踐阼理政，日昃不食……六年制禮，以導天下，著《爾雅》一篇，以釋其意義……《禮·三朝記》：「哀公曰：寡人欲學小辯以觀於政可乎？孔子曰：《爾雅》以觀於古，足以辯言矣。」《春秋元命包》言：「子夏問夫子作《春秋》，不以初、哉、首、基爲始何？」是以知周公所造也。率斯以降，超絶六國，越踰秦楚，爰暨帝劉，魯人叔孫通撰置《禮記》，文不違古。今俗所傳三篇《爾雅》，或言仲尼所增，或言子夏所益，或言叔孫通所補，或言沛郡梁文所考，皆解家所説，先師口傳，既無正譣聖人所言，是故疑不能明也。

自有此説，後世多宗之。故郭璞序《爾雅》云：

《爾雅》者，蓋興於中古，隆於漢氏。

陸德明《經典釋文·敘録》云：

《釋詁》一篇，蓋周公所作，《釋言》以下，或言仲尼所增，子夏所足，叔孫通所益，梁文所補，張揖論之詳矣。

是且以周公所作者爲《釋詁》一篇。今考哀公問孔子語見《大戴禮·小辨》篇。文云：「循絃以觀於樂，爾雅以觀於古。」北周盧辯注云：

爾，近也，謂依於《雅》《頌》。孔子曰：詩可以言、可以怨，邇之事父、遠之事君，多識鳥獸草木之名也。

案：「循絃」者，循乎絃；「爾雅」者，爾乎雅（本王念孫《廣雅疏證》説）。雅者，雅言也。張稚讓以爾雅爲書名殆非。至於《春秋元命包》之言，王念孫謂當是釋春秋元年之義。其言曰：

《公羊傳》云：「元年者何？君之始年也。」《爾雅》云：「初、哉、首、基、元，始也。」《春秋》不以初、哉、首、基等字爲始，而獨以元爲始，故釋之。

今案：其書昔讖諱家言，後漢張衡已稱爲漢世虚僞之徒所作，以要世取資者（見《後漢書·張衡傳》）。其所記子夏之言，又未盡實也。稚讓據此以證《爾雅》遠在孔子之前，而定爲周公所造，實不可信。若夫陸元朗謂周公所著者即《釋詁》一篇，則又誤以張揖所謂之一篇即班固《漢志》二十篇之篇矣。清邵晉涵《爾雅正義》云：

> 《爾雅》,《漢書·藝文志》作三卷二十篇,張揖謂周公著《爾雅》一篇,今所傳三篇爲後人增補;是張揖所謂篇,即後人所謂卷,猶云周公所作祇一卷,後人增補迺有三卷耳(案:黄以周《儆季文抄》卷三《答陳善餘書》亦同此説)。陸氏以周公所作爲二十篇之一,殆考之不審,以致斯誤。

其言是也。

張氏謂《爾雅》爲周公所作,雖出於臆度,而謂子夏曾有所述,則本於後漢鄭玄之説。鄭氏駁《五經異義》云:

> 某之聞也,爾雅者,孔子門人所作以釋六藝之旨,蓋不誤也(見《詩·黍離》正義引)。

張氏之言本此。然鄭氏所云,亦推測之辭耳。而《西京雜記》卷三云:

> 郭偉,字文偉,茂陵人也。好讀書,以謂《爾雅》周公所制,而《爾雅》有張仲孝友,張仲宣王時人,非周公之制明矣。余嘗以問楊子雲,子雲曰:「孔子門徒,游夏之儔所記,以解釋六藝者也。」

《西京雜記》,舊稱漢劉歆所作,實爲晉葛洪所依托(詳余季豫先生《四庫全書提要辨證》)。文中自稱余者,乃葛洪所以依托爲劉歆之言也。其説亦即由鄭張兩家出。或以爲子雲、子政曾有是説則誤矣(《四庫全書·爾雅注疏提要》稱《爾雅》非專爲《詩》作,楊雄《方言》以爲孔子門徒解釋六藝,案:子雲《方言》中無其語,實出於《西京雜記》。修《提要》者凡經部之書多以朱彝尊《經義考》爲根據,《經義考》但題楊雄曰云云,不著出處,《提要》作者未遑考案,故誤題爲《方言》耳)。然《爾雅》之訓詁取自《詩》毛氏傳者至多，是又非孔門之徒所記也。此自宋人已發其蔀，如歐陽修《詩本義》即稱《爾雅》非聖人之書，乃秦漢之間學者所爲。殊有卓識。惟清儒猶有固守舊説者，如邵氏謂其書始於周公，成於孔子門人，且援引《逸周書·謚法解》之訓釋字義與《爾雅》相符者爲周公嘗作是書之證，終不免牽强附會之病。蓋古訓可以更相傳述，二者雖有相同之處，而無同出一手之確證也。

然則舊以爲《爾雅》爲周公所作之説，自葛稚川而發其誤；舊以爲孔氏門徒所述之説，至歐陽修而正其妄。其書蓋爲漢人所纂集。

至其成書之年代，亦有可説。《四庫全書總目·爾雅注疏提要》云：

據張揖《進廣雅表》……於作書之人亦無確指，其餘諸家所説，小異大同。今參互而考之，郭璞《爾雅注》序稱「豹鼠既辨，其業亦顯」，邢昺疏以爲漢武帝時終軍事，《七録》載犍爲文學《爾雅注》三卷（原注：按：《七録》久佚，此據《隋志》所稱梁有某書亡，知爲《七録》所載）。陸德明《經典釋文》以爲漢武帝時人，則其書在武帝以前。

此以《爾雅》之成書，當在武帝之前，恐未爲得。案：豹鼠之辨，邢疏以爲漢武帝時終軍事，亦本於郭璞（《提要》舉邢疏而不舉郭注，失之）。《釋獸》云「豹文，鼮鼠」，郭云：「鼠文采如豹者。漢武帝時得此鼠，孝廉郎終軍知之，賜絹百匹。」然郭氏以此爲終軍事亦誤，王應麟《困學紀聞》卷八云：

《爾雅注》漢武帝時得豹文鼮鼠，孝廉郎終軍知之，賜絹百匹。《文選注》引竇氏家傳以爲竇攸，世祖詔諸侯子弟從攸受《爾雅》。二説不同。

案：二説雖有不同，必有一誤。考《漢書·終軍傳》云：

> 終軍字子雲，濟南人也。少好學，以辯博能屬文聞於郡中。年十八，選爲博士弟子……至長安上書言事，武帝異其文，拜爲謁者給事中。從上幸雍祠五時，獲白麟，一角而五蹄；時又得奇木，其枝旁出，輒復合於木上。上異此二物，博謀羣臣，軍上對……宜因昭時令日改元……上甚異之，由是改元爲元狩。後擢爲諫大夫，及南越與漢和親，迺遣軍使南越，説其王，欲令入朝……越王聽許，請舉國内屬，而越相吕嘉不欲内屬，發兵攻殺其王及漢使，軍死時年二十餘。

據是則終軍未嘗爲孝廉郎也。且其辨豹鼠事，亦毫無記載，此皆事理之可疑者。然考《太平御覽》卷九百十一引《竇氏家傳》云：

> 竇攸治《爾雅》，舉孝廉，爲郎。世祖與百寮遊於靈臺，得鼠，身如豹文，熒有光輝，問羣臣，莫有知者，唯攸對曰：「此名鼮鼠。」詔：「何以知之？」攸曰：「見《爾雅》。」詔案視書，果如攸言，賜帛百匹。詔羣臣子弟從攸受爾雅。

又《文選·任昉〈薦士表〉》「豈直鼷鼠有必對之辯，竹書無落簡之謬」，李善注引摯虞《三輔決録》及《水經·穀水》注引虞書亦稱爲後漢光武帝時竇攸事，則其非終軍又無疑矣。二説傳聞異詞，宋王楙《野客叢書》及清臧琳《經義雜記》均已證明郭注之説有誤。

又犍爲文學《爾雅注》者，《釋文·敘録》稱「犍爲郡文學卒史臣舍人，漢武帝時待詔」。此以舍人爲武帝時待詔，不知所本。以意推之，蓋附會舍人即與東方朔同時之郭舍人矣。夫東方朔既待詔公車（見《漢書》本傳），故亦稱舍人爲武帝時待詔。其因附之迹，昭然可察。清儒以《文選·羽獵賦》注嘗引《爾雅》犍爲舍人注，又引郭舍人注，遂亦定爲一人，且謂即與東方曼卿同時之郭舍人。如孫志祖《讀書脞録續編》、周春《十三經音略》、邵晉涵《爾雅正義》、宋翔鳳《過庭録》、郝懿行《爾雅義疏》，皆主此説。今案：舍人者自是其名，漢人稱臣例不自記其姓，故往往名存而姓不可考（如《漢書》有臣瓚注，即其例。詳見胡元玉《雅學考》及劉師培《左盦集》卷三《注〈爾雅〉舍人考》）。其雖爲犍爲郡文學，而其時代則當在漢武以後。何以言之？蓋《爾雅》一書之傳習，孝平以前猶未盛行，至平帝元始四年王莽始令天下通《爾雅》者詣公車（見《漢書·莽傳上》）；及乎東漢，光武遊於靈台，竇攸獨能有鼮鼠之辨，乃詔羣臣子弟從之受《爾雅》；足證東漢之初習此者尚鮮。若舍人果爲武帝時人，而有《爾雅注》，則劉歆《七略》又必著目，今《漢·志》不載其書，是非武帝時人也。

其次，陸氏《釋文》及唐人《五經正義》與宋邢昺《爾雅疏》所引舍人之注已雜有類似《白虎通》之訓釋，如「宵，陽氣消也」「宧，東北陽氣始起，萬物所養，故謂之宧」「突，東南萬物生，蟄蟲必出（必與畢通），無不由户突」之類，皆哀平之際，讖諱之説既起以後，所用説經解字之法也。此與《白虎通》何異？是又舍人必在武帝以後之説也。然則元朗之言，實不可信。且爲經傳作注之事，昔起於後漢，注《爾雅》者，如樊光、李巡等皆後漢人；舍人，蓋亦後漢人矣。

今提要據豹鼠之辨及犍爲舍人注《爾雅》，以謂《爾雅》在武帝以前成書，其證據皆欠確鑿，已分辨至清。今之《爾雅·釋山》有「霍山爲嶽」之文，以霍山爲南嶽，始自漢武，若《爾雅》在漢武以前，則又何說？要之，《爾雅》爲漢人所纂集，其成書蓋當在漢武以後，哀平以前。

一九四六年十月

原名《〈爾雅〉之作者及其成書年代之推斷》，載天津《大公報》文史周刊第五期，一九四六年十月；後收録於《問學集》

二 《爾雅》郭璞注古本跋

敦煌所出古籍中有古寫本《爾雅》郭璞注，存卷中《釋天》《釋地》《釋丘》《釋山》《釋水》五篇。《釋天》篇首闕，所存自「秋爲收成」起。「月陽」以前一段只存一行之上半，每行十二字，下半則斷闕無存。

此書爲伯希和所劫去，裂爲三段，和其他古籍混在一起，分散三處，因而分編爲「二六六一」「三七三五」「五五二二」三號。二六六一與三七三五在《釋地》末「岠齊州以南戴日爲丹穴」句斷裂爲二，前後可以相接，而二六六一《釋天》一篇内「月名」「風雨」「星名」三節每行只存上一半，下一半恰爲五五二二一段，上下正好相補。不見原物照片，則無從摸索。

此本書法極精，挺茂俊秀，有唐初風格。卷中有烏絲欄，每行約二十二字。卷末有「大曆九年二月廿七日書主尹朝宗書記」題識一行，「天寶八載八月廿九日寫」一行，又有草書「張真乾元二年十月十四日略尋，乃知時所重，亦不妄也」一行。尹朝宗與張真爲前後書主。肅宗乾元二年爲公元七五九，代宗大曆九年爲公元七七四，張真在前，尹朝宗在後。中間一行題天寶八載寫，當爲寫書者所記。玄宗天寶八載爲公元七四九。此書或先爲張真所有，後轉歸尹朝宗。張真題記之後，空紙無多，所以尹朝宗題記反次於寫書者所題年月之前。此卷既題云天寶八載寫，而書中淵字、治字、旦字並不缺筆，與一般唐寫本不同。又此本字旁多有注音，當爲閲者所加，但不知出自何家《爾雅音》。

今日所見《爾雅》全本最早者爲唐開成石經。開成石經刻於文宗開成二年（公元八三七），其中《爾雅》文字即采用郭璞本，不過，僅有正文，而無注文。今日所見《爾雅》郭注最早刻本爲南宋監本和南宋刻小字本。監本每版十六行，小字本每版二十行。兩種宋刻本都從五代蜀李鶚本出，都是大家所推重的善本。

但是，敦煌所出唐本《爾雅》郭注，遠勝於石經及宋刻。尤其是注文可以刊正宋刻脱誤之處極多。這真是希有的珍本。

此本《爾雅》正文形體，有很多都是根據篆文而寫的。例如「雍」作「廱」，「明」作「朙」，「復」作「復」，「旅」作「㫃」，「禱」作「𥜽」。這是書寫上的一個特點。另外，又有些字是古字或别體異文，與唐石經及宋刻本不同。例如：

《釋天》：南風謂之颽風。　颽，《釋文》同。云：「又作『凱』。」唐石經及宋刻本作「凱」。

北風謂之𩗗風。　𩗗，《釋文》作「涼」。云：「本或作古『𩗗』字，同。」唐石經及宋刻本字作「涼」。

棼輪謂之穨。　棼，《釋文》同。云：「本或作『焚』。」唐石經及宋刻本作「焚」。

雨霓爲消雪。　消，《釋文》作「霄」，音消。云：「本亦作『消』。」唐石經及宋刻本作「霄」。

襗，又祭也。　襗，《釋文》、唐石經及宋刻本作「繹」。《釋文》云：「五經及《爾雅》皆作此字。本或作『襗』字。」

《釋丘》：水潦所止，屔丘。　屔，《釋文》、唐石經及宋刻本作「泥」。《玉篇》《廣韻》「屔」下引《爾雅》均作「屔」。

《釋山》：河南，崋。　崋，《釋文》、唐石經及宋刻本作「華」。《釋文》云：「字林作『崋』，同。」案：華山字《説文》從山。此本與《説文》《字林》合。

《釋水》：河出崑崙墟色白。墟，《釋文》、唐石經及宋刻本作「虚」。《釋文》云：「本亦作『墟』。」

這些都與唐石經和宋刻本不同，與《釋文》或同或否。可以説是中唐以前相傳的郭璞注的一種古本，所以與唐石經以後的一些本子不同。

在正文中有些是可以刊正後日傳本之誤的。例如：

《釋天》：何鼓謂之牽牛。何鼓，《釋文》同。唐石經原刻作「何」，後改作「河」。宋監本及《古逸叢書》覆宋本亦作「河」。依郭注當作「何」。宋本中惟小字本（《四部叢刊》本）不誤。宋刻邢昺疏亦作「何」。

奔星爲彴約。彴，《釋文》及宋刻本皆作「彴」。《玉篇·人部》彴音扶握切，引《爾雅》曰：「奔星爲彴約。」是字當作「彴」。《説文》：「彴，約也。」朱駿聲《説文通訓定聲》云：「彴約疊韻連語，急疾皃。」

《釋地》：下者曰隰。隰，唐石經及宋刻本皆誤作「溼」。原本《玉篇·阜部》隰下引及《詩·車鄰》正義引皆作「隰」。隰者溼也。郭注云：「《公羊傳》曰：『下平曰隰。』」是郭本正文原作「隰」，不作「溼」。惟宋刻邢昺疏不誤。

《釋丘》：厓内爲隩、外爲坭。坭，《釋文》作「鞫」，云：「《字林》作『坭』，云：『厓外也。九六反。』」《詩·公劉》正義引本文，字亦作『鞫』。又引李巡曰：「厓内近水爲隩，其外爲鞫。」此本『坭』旁注有「弓入」二字，即讀作「弓」之入聲，與鞫音相同。唐石經及宋刻本皆誤作「外爲隈」。

《釋水》：直波爲涇。涇，《釋文》作「徑」。唐石經及宋刻本皆作「徑」。「徑」與「俓」同。案：《釋名·釋水》云：「水直波曰涇。涇，俓也，言如道俓也。」據此可知字當從水旁作「涇」。

至於郭璞注文，此本更遠遠勝於宋刻本。兩者注文内容無異，但語句辭例和文字多有不同。郭注解釋詞義，每每引證古書。或稱某書曰，或稱某書云。從今本來看，同爲一書，有時用「曰」，有時用「云」，體例頗不一致。例如今本《釋天》「南風謂之凱風」下郭注作「《詩》曰：凱風自南」，「東風謂之谷風」下郭注則作「《詩》云：習習谷風」，一作「《詩》曰」，一作「《詩》云」，前後不同。但此本則一律作「《詩》曰」。其他如《書》《左傳》《公羊傳》《周禮》《禮記》等經書例稱「曰」，不稱「云」，絶不似今本之紊亂。其中偶有一二例外，或爲傳鈔之誤。至於其他載籍，如諸子、《山海經》《離騷》之類，大都稱「云」，不稱「曰」。雖稍有不一致處，但大例不差。

又郭璞注文多爲解釋判斷之辭，此本在這一類語句之末大半都有「也」字，這正是古代經傳注釋文字的通例。但是今本郭注中此類「也」字十之七八都被刊落，使人每每感到原句語氣不備。例如：

《釋天》：焚輪謂之穨。　注：暴風從上下也。

扶摇謂之猋。　注：暴風從下上也。

春祭曰祠。　注：祠之言食也。

夏祭曰礿。　注：新菜可汋也。

振旅闐闐。　注：振旅，整衆也。闐闐，羣行聲也。

《釋地》：墳莫大於河墳。　注：墳，大防也。

《釋丘》：當途，梧丘。　注：途，道也。

墳，大防。　注：謂隄也。

涘爲厓。　注：謂水邊也。

《釋山》：小而高，岑。　注：言岑崟也。

鋭而高，嶠。　注：言鑯峻也。

山如堂者，密。　注：形似堂室者也。《尸子》曰「松柏之鼠，不知堂密之有美樅」是。

重甗，隒。　注：謂山形如累兩甗。甗，甑也。山狀似之，因以名云。

大山宫。　注：宫謂圍繞之也。《禮記》曰「君爲廬宫之」是。

霍山爲南嶽。　注：即天柱山也。潛水所出。

以上所舉句尾「也」字今本並無。依一般訓詁例，這些「也」字是不應當少的。特别是在「某，某也」「言某也」「某之言某也」「謂某也」一類解釋當中都不可闕。今本郭璞《方言注》在這些地方都非常完備整齊，就是很明顯的證據。同爲一個人所著的書，性質相同，體例不會相差極遠。如果没有這樣的古本出現，就不易了解何以《爾雅注》和《方言注》有此不同。今日所見宋本《爾雅注》，大致都與五代蜀本有關。五代蜀本所據的底本必然不是一個精校的善本，所以出現不少的問題。

今本郭注既承襲蜀本而來，其中錯字脱文在所不免。而此本鈔寫頗精，偶有脱誤，亦經校訂，足以刊正今本之謬誤。例如：

《釋天》：地氣發，天不應，曰霧。霧謂之晦。　注：言昏冥也。　今本注作「言晦冥」。《文選·顔延年〈北使洛詩〉》注引《爾雅》郭注作「昏冥」。今本注作「晦冥」，或因正文而誤。

疾雷爲霆霓（霓字衍）。　注：雷之急激者謂之霹靂也。　今本無「之」字、「也」字。

玄枵，虛也。　注：虛在正北，北方色黑。枵之言耗也，耗亦虛意也。　今本二「也」字並脱。

娵觜之口，營室、東壁也。　注：營室東壁星，四方似口，因以名云。　今本脱「以」字。

是瀕是禡，師祭也。　注：師出征伐，瀕於上帝，禡於所征之地也。　今本注文「瀕」作「類」。又無「也」字。

出爲治兵，尚威武也。　注：幼賤在前，貴勇力也。　今本勇力下脱「也」字。此與下文「入爲振旅，反尊卑也」注「尊老在前，復常儀也」相應。上下皆應有也字。又「儀」此本作「宜」。

錯革鳥曰旟。　注：此謂合剥鳥皮毛置之竿頭也。即《禮記》所云載鴻及載鳴鳶也。　今本竿頭下缺「也」字。下句作「即《禮記》云載鴻及鳴鳶」。脱「所」字。《禮記·曲禮》云：「前有塵埃，則載鳴鳶，前有車騎，則載飛鴻。」「載」「戴」唐以前寫本多混。今本「鳴鳶」上脱「載」字，句尾應有「也」字。

《釋地》：南方有比翼鳥焉，不比不飛，其名謂之鶼鶼。　注：似鳧，青赤色，一目一翼，相得乃飛。《山海經》云。　今本無「《山海經》云」四字。

北方有比肩民焉，迭食而迭望。　注：此即半體之人，各有一目、一鼻孔、一臂、一脚，亦猶魚鼠之相合耳。更望備驚急。　今本「鼻」字下衍「一」字。「相合」下無「耳」字（「魚鼠」作「魚鳥」，不誤）。

《釋丘》：邐迆，沙丘。　注：旁行連延者。　今本脱「者」字。

《釋山》：山脊，岡。　注：謂長山脊也。　今本作「謂山長脊也」。《詩·大雅·公劉》正義引孫炎云：「長山之脊也。」郭注即本於孫炎。原本《玉篇・山部》「岌」下引郭注作「謂長山背也」。「背」爲「脊」字之誤。

山瀆無所通，谿。　注：所謂窮瀆也。雖無所通，與水注川同名也。　今本「窮瀆也」作「窮瀆者」。末句「也」字亦缺。案：窮瀆已見《釋丘》，此注言所謂窮瀆也，正與《釋丘》文字相應。

《釋水》：泉一見一否爲瀸。　注：瀸瀸，纔有貌。　今本作「瀸，纔有貌」，脱一「瀸」字。「瀸瀸」爲疊音詞。

灉，反入。　注：即河水決出復還入者也。河之有灉，猶江之有汜也。　「江之有汜」今本作「江之有沱」。又無兩「也」字。阮元《爾雅校勘記》云：「閩本、監本、毛本『沱』作『汜』。《釋文》：『沱，徒河反，或作汜，音似。』按：下經『決復入爲汜』，《詩・江有汜》毛傳曰：『決復入爲汜。』『江有沱』，毛傳曰：『沱，江之別者。』是『汜』與『沱』不同。此經云『反入』，即復入，注當『言江之有汜矣』。作『沱』非。」

從這些例子更可以看出此本可供校勘的地方很多。別有校記，兹不多贅。

原收録於《問學集》

三　郭璞《爾雅注》與《爾雅音義》

晉郭璞既作《爾雅注》，又别有《爾雅音》一卷，見陸德明《經典釋文·敘録》。《釋文·爾雅音義》内引及郭書，又稱爲「音義」。例如：

《釋詁》：鮮，善也。《釋文》：鮮，息淺反，本或作「尠」。沈云：古「斯」字。郭音義云：本或作「尠」，非古「斯」字。

《釋言》：馹，傳也。《釋文》：馹，而實反。郭音義云：本或作「遷」。《聲類》云：亦「馹」字，同。

《釋天》：蜺爲挈貳。《釋文》「蜺」字作「霓」。「霓」下云：五兮反，如淳五結反，郭五擊反。音義云：雄曰虹，雌曰霓。

據此，可知《爾雅音》也就是《爾雅音義》。梁顧野王《玉篇》和隋杜臺卿《玉燭寶典》内引及《爾雅》郭注，有時也引及他的音義。見於原本《玉篇》的，有三條：

《山部》「嶧」，餘石反。《爾雅》山屬者曰「嶧」。郭璞曰：言若駱驛相屬也。音義曰：今魯國郡縣有嶧山、東海、下邳。《夏書》曰「嶧陽孤桐」是也。

《糸部》「縭」，力支反。《毛詩》「紼縭維之」，傳曰：縭，緌也。《爾雅》亦云……《毛詩》又曰「親結其縭」，傳曰：婦人之褘謂之縭。縭，緌也。郭璞曰：即今之香纓也。褘邪交結帶繫之於體，因名爲褘。緌，繫也。音義曰：此女子既許嫁之所著，亦繫屬於人。義見《禮記》。《詩》曰「親結其縭」，謂母送女，重結其可繫者以申戒之也。

《魚部》「鮂」，徐鳩反。《爾雅》「鮂，黑兹」，郭璞曰：鮂，白鯈也。江東呼鮂。音義曰：荆楚人又名白鮂。

《玉燭寶典》注中引及《爾雅》，同時引及郭璞注和《爾雅音義》的，有十餘處。例如：

卷一「《爾雅》春爲發生」。　郭璞曰：此亦四時之别號。音義曰：美稱之别名。

又「鼸鼠」。　郭璞曰：以頰裹藏食。音義曰：或作「嗛」，兩通。胡蕈反也。

卷二「鮥，叔鮪」。　郭璞云：今宜都郡自荆門以上，江中通多鱣鱏之魚。有一魚，狀似鱣而小，建平人謂之鮥子，即此魚也。音洛。一本云：王鮪也。似鱣，口在腹下。音義云：《周禮》「春獻王鮪」。鱣屬。其大者爲王鮪，小者爲鮪。或曰鮪即鱏也。以鮪魚亦長鼻，體無連甲。鱏音淫，鮥音格。

又「蝾螈，蜥蜴；蝘蜓，守宫」。　音義云：螈音原，或作「蚖」，兩通。蝘音焉典反，蜓音殄。

又「鴷，斲木」。　郭注云：舌如雞，長數寸，好斲樹食蟲，因名云。音義曰：今斲木亦有兩三種，在山中者大，而有赤毛冠。

卷七「秋爲旻天」。郭曰：旻猶愍，萬物彫落。音義曰：《詩》傳云「旻，閔也」，即其義者耳。

卷十「冬爲玄英」。孫炎曰：冬氣玄，而物歸中也。郭璞曰：物黑而清英也。音義曰：四時和祥之美稱也。説者云中央，失之。

卷十一「芍，鳧茈」。郭注云：生下田，苗似龍須而細，根如指頭，黑色，可食。音義曰：今江東呼爲鳧茈之者。

另外日本《羣書類從》（第四輯）卷七十八所收《令抄》一書《賦役令第十》「鮨」下引郭注《爾雅》曰：「鮨，鮓屬也。」（此見《釋器》「魚謂之鮨」）《音義》曰：「蜀人取魚，不去鱗破腹，以鹽飯酒合粥之，重碑（？）其上，熟食之，名曰鮨也。」這可能是從原本《玉篇》轉引來的。

從這些條來看，郭璞的《爾雅音義》不僅釋音，而且釋義，並評論舊注得失，間或也指出《爾雅》傳本的異文和或體。各家所引都稱爲「音義」，這可能就是原來的名稱。《新唐書·藝文志》也題爲《爾雅音義》。郭璞《爾雅注》一直傳流到現在，而《爾雅音義》，自宋代以後就亡佚無存了。唐孔穎達《毛詩正義》和唐宋類書中引及郭璞《爾雅注》，文字有時與今本小異，然同者多，異者少。但也有在今本文字之外又多出幾句的，前人因此懷疑郭注或有佚落。王樹枏作《爾雅郭注佚存補訂》甚至於説今本郭璞注已經後人删削，非郭氏原書。這種説法是否可信，一直懸而未決。

現在根據敦煌所出唐寫本《爾雅注》殘卷來看，今本與唐本很接近，除句尾多缺語氣詞「也」字以外，僅文字小有不同，並無删削。那麽，何以前代載記所引有多出今本以外的文句呢？這自然會使人想到引書者在引注文之外又連及音義，因此與今本不同。從下面的例子可以看得很清楚。

《釋器》云：「婦人之褘謂之縭。縭，緌也。」郭注云：「即今之香纓也。褘邪交落帶繫於體，因名爲褘。緌，繫也。」阮元《爾雅校勘記》說：

> 《詩》正義引郭注此下有「此女子既嫁之所著，示繫屬於人，義見《禮記》。《詩》云『親結其縭』，謂母送女，重結其所繫著以申戒之。説者以褘爲帨巾，失之也」，共四十七字，審爲郭注，正義有申難之辭，未知何時逸去，釋文於「著」字、「重」字皆無音，未詳也。

《詩》正義所引「此女子既(許)嫁之所著」(今正義脱「許」字)至「以申戒之」一段在原本《玉篇》「縭」字下恰恰引於郭注之後，題作「音義曰」，與注文不混，足見這一段話本出於《爾雅音義》，正義未加區別，所以引人懷疑今本郭注有佚落，實際並不如此。王樹枏作《爾雅郭注佚存補訂》曾援用原本《玉篇》，但在這一條下仍然用阮元説，恐怕不是由於疏忽，而是由於誤認爲今本郭注已有删節，所以避去不談。又如《釋山》「屬者嶧」下郭注云：「言駱驛相連屬。」《太平御覽》卷三十八引此注又有「今魯國有嶧山，純石相積構，連屬成山，蓋謂此也」數語。王樹枏以爲這幾句是郭注原有，今本已經後人删削。但原本《玉篇》「嶧」字下引郭注只有「言若駱驛相屬也」一句，下又有「《音義》曰：今魯國郡縣有嶧山、東海、下邳。《夏書》曰『嶧陽孤桐』是也」，雖文字與《御覽》所引有出入，但《御覽》所引「今魯國有嶧山」云云也同樣不見於唐寫本，足見前代書籍所引《爾雅》注文凡有溢出今本以外的，很可能都是采自《音義》。王樹枏之説不可信。

原收録於《問學集》

四　書鄭樵《爾雅注》後

此書凡三卷，世之所傳，爲毛氏汲古閣刻本。案：樵博涉羣書，淹貫古今，雖生於南宋理學方盛之際，而不操窮理盡性之説，獨以考證實學爲務，故著述甚富，自成一家。其注《爾雅》，不以孫炎、郭璞之舊説爲然，而直以六藝經文爲證，即漢唐諸經之箋疏亦在所不取，故能推陳出新，卓然有以自立。且《釋艸》《釋木》以下所注，多得諸目驗，觀察既久，自然深達物情；其中並刺取陶隱居《本草》之説，於古今名稱之異同，疏解甚詳。《四庫提要》稱是書絶無穿鑿附會之失，誠然是矣。

至其駁正舊文，掊擊郭注者，則不盡精確。汪師韓集書後，固已摘發至詳。今觀其後序所云：「一字本一言，一言本一義，饘自饘，餬自餬，不得謂餬爲饘；訊自訊，言自言，不得謂訊爲言；襺自襺，袍自袍，不得謂袍爲襺；衮自衮，黻自黻，不得謂衮爲黻。」斯可謂沾滯一端，而不達通變者矣。蓋《釋言》之文，多以義類相近之字爲訓。凡語義相近者，往往互稱不别。如言爲對語之稱，直言曰言，相問亦曰言，故精言曰訊言也。饘，《説文》「糜也」，周謂之饘，宋謂之餬。是饘餬乃方俗之語有異耳。襺，經典通作「繭」，《禮記·玉藻》云「纊爲繭，緼爲袍」，鄭注曰：「繭、袍，衣有著之異名也。」是襺袍之分，在絮有新舊之殊，其皆爲「有所著者」，則一也。至於衮黻之製，文章固自有别，然同爲畫衣，故即舉此以釋彼，不以爲嫌。鄭氏不明語有通轉，義有相關，必謂一字本一言，一言本一義，則失之固矣。

且夫《爾雅》一書非一人所作，其文往往不甚周備。或則牽連而及，因與全書體製不合。如《釋詁》「暀暀、皇皇、藐藐、穆穆、休、嘉、珍、禕、懿、鑠，美也」；「諧、輯、協，和也」；「關關、噰噰，音聲和也」，此以重言爲一義者當入《釋訓》，然因釋美、釋和而連類及之，故列於《釋詁》。又《釋天》釋十二辰所次，止言其九，其未及者，爲「實沈、鶉首、鶉尾」三事，此乃文有不備，非有缺奪也。鄭氏以前者爲誤，後者爲簡編之失，並非。且《釋天》「謂之景風」上，本無脱文，而夾漈亦謂容有缺佚，則尤欠詳審。凡此，《提要》並以爲是，恐非至當之論。

夫《爾雅》一書自清代邵郝兩家注疏之書出，學者於宋儒之作，多已屏置不觀，以爲疏略無足取。然余以謂此書能不依傍舊注，别裁新解，其治學之術，誠有足多者。方聞之士，當不以吾言爲河漢也。

原收録於《問學集》

五　重印《雅學考》跋

《爾雅》一書，蓋漢時經生所纂，所以疏通故訓，系類繁稱，辨别名物，取資多識者也。古今言異，方國語殊，釋以雅言，義歸乎正，故名《爾雅》。言近正也。

其書始顯於孝平之世。光武時竇攸以能辨鼮鼠而受賞（見《文選》三十八任昉《爲蕭揚州薦士表》李注引摯虞《三輔決録》及《太平御覽》九百十一引《竇氏家傳》。或以爲終軍事，非也）。厥後治者寖衆。經師據之以明古訓，辭人資之以獵文華，於是樊光以下，注家興焉。是爲雅學之始。至晉郭璞乃始錯綜舊注，徵引羣書，以圖輔説，成《爾雅注》三卷，自是言《爾雅注》者宗之。又自魏孫炎著《爾雅音義》，其後郭璞、施乾、謝嶠、顧野王、江漼相繼有作。至唐初陸德明會萃諸家音爲《爾雅音義》二卷，言《爾雅音義》者宗之。雅學於是始備。

自韻書興起，甫乃以音繫字，即字綴義，名物訓詁靡不兼羅。學者利其豐盈，漸疏雅故。中唐以降韻書大行，雅學退爲從屬。迨宋真宗時邢昺等奉敕校定《爾雅》，别作《爾雅疏》十卷，與諸經疏並列，一以景純爲主，於是諸家舊注漸湮。慶曆以還，漢學日荒，異説間作；或廢書不觀，别創字説（如王安石、陸佃）；或尋繹陳編，自標新解（如程頤、朱熹）。隨文附義，不覈名實；望形生解，騁其玄想。雅學至此，幾於廢墜。其能不溺於俗，不違於古，而别有發明者，惟鄭樵《爾雅注》一書而已。

元明兩代經訓榛蕪，雅學之傳不絶如縷。清世漢學復盛，通經者必資詁訓，於是《爾雅》一書見重學人。顧其書傳本不一，文字踳駁，古義秘奧，舊注凋殘，郭注雖傳刊不絶，亦多脱落。於是有盧文弨、彭元瑞、阮元、張宗泰、劉光蕡等之校勘經文、注疏釋文，余蕭客、臧庸、嚴可均、黄奭、馬國翰、葉蕙心等之輯佚注、舊音，翟灝、戴鎣、潘衍桐等之補正郭注，錢坫、嚴元照等之正文字，邵晉涵、郝懿行等之義疏，程瑶田、宋翔鳳等之考釋。一時作者輩出，六百年之絶學復興於世。言訓詁者能本於聲音，考名物者能證之目驗，故《爾雅》至此大明。

然清儒承雅注殘敝之餘，於漢魏注家多所迷誤。或以臣舍人爲漢武帝時之郭舍人，或謂《詩》疏所引某氏之《爾雅注》即樊光注，或譌江漼之書爲江灌所作。如此之類，乖舛殊甚！光緒間湘潭胡元玉子瑞欲廣輯前人雅注，兼匡傳訛之繆，乃有《雅學考》之作。敘列宋代以前雅學諸書，次爲五種（注十二家，序篇一家，音十五家，圖讚二家，義疏二家）。博稽衆説，訂正紕繆，成書一卷。並作《祛惑》一篇，駁正淆亂。使有書者，不因書亡而名没不稱；無書者，不以誤紀而濫尸作者。其所考按多確切不移，雅學源流始得統紀。

然胡氏《雅學考》之作意在辨稽舊説，不以備目爲主，《天》《水》以下概付闕如。雖云「著雅學所由衰歇」，治雅學史者終憾其未備。謝蘊山《小學考》首列訓詁，又不録當代之書。余謂宜撮録宋元以來諸家所作爲《續雅學考》一書，以著雅學之流變，庶研古訓者得以窮源竟委，考鏡異同。

胡氏《雅學考》曾與所著《駁春秋名字解詁》《漢音鉤沈》《鄭許字義異同評》三書合刻於長沙，名曰《胡氏雜著》。惜印本不多，流傳未廣。今北京大學假羅膺中先生所藏原本，依式重刊，而屬祖謨當校勘之任，因述雅學廢興之跡，綴之簡末；別撰《續雅學考》擬目一通，附之卷尾。當世君子，或有取焉。

《續雅學考》擬目

今仿胡氏之例，就宋以後之雅學書，敘次爲十種，各以類從，每種内又以撰人時代先後爲序。然古人著書兼賅各體，殊難斷制。此不過就其著者而分之，未詳者容後補苴可也。

一、校勘　校讎衆本，正其譌誤者

《爾雅糾譌》二卷（明郎奎金，附郎刻《五雅》後）

《爾雅音義考證》二卷（清餘姚盧文弨，《抱經堂叢書》本）

《爾雅石經考文提要》（清南昌彭元瑞，《石經考文提要》中）

《爾雅注疏本正誤》五卷（清甘泉張宗泰，廣雅書局本、徐乃昌《積學齋叢書》本。正經文、注文、疏文、音釋之誤）

《爾雅注疏校勘記》十卷（清儀徵阮元，文選樓本、《經解》本）

《宋本爾雅考證》（清武進臧鏞堂，見《古書叢刊》重刊吴元恭本《爾雅》中。論南宋雪牕書院《爾雅》與明本之優劣）

《爾雅經注集證》三卷（清臨桂龍啓瑞，光緒七年刻本、《續經解》本）

《爾雅注疏校勘札記》（清咸陽劉光蕡，光緒二十年陝甘味經刊書處刊本。就阮校兼采諸家之説爲札記六百七十五條）

《爾雅郭注佚存補訂》二十卷（清新城王樹枬，光緒十八年作，文莫室刊本。據陸氏《釋文》、唐人各書校補郭注）

二、輯佚　輯唐宋諸書中所引之古注舊音者

《爾雅古經解鉤沈》（清吴郡余蕭客，《古經解鉤沈》中）

《孫氏爾雅正義拾遺》（清海寧吴騫槎客輯，《拜經樓叢書》本。從宋陸佃《爾雅新義》中輯出）

《爾雅集解》三卷（清海寧陳鱣仲魚，見《小學考》卷三。摭拾舊注舊音，各注出處，以存漢魏訓詁）

《爾雅一切注音》十卷（清歸安嚴可均纂輯，光緒十三年德化李氏刻入《木犀軒叢書》）

《郭璞爾雅圖贊》一卷（清歸安嚴可均輯，光緒間觀古堂刻本）

《爾雅漢注》三卷（清武進臧鏞堂輯，嘉慶七年問經堂本、光緒間吴縣朱氏槐廬重刻本。輯李孫諸人之説，以補郭之不逮，兼正郭氏）

《爾雅李氏注》《爾雅音義》《爾雅施氏音》《爾雅孫氏注》《爾雅孫氏音》《爾雅犍爲文學注》《爾雅裴氏注》《爾雅圖讚》《爾雅劉氏注》《爾雅樊氏注》《爾雅謝氏音》《爾雅顧氏音》《集注爾雅》（以上見清馬國翰《玉函山房輯佚書》）

《爾雅古義》十二卷（清甘泉黄奭右原輯，光緒四年番禺李光廷刻本、《漢學堂叢書》本、張宗炎刻《榕園叢書》本。輯古注古音，與馬氏大同小異）

《爾雅古注斠》三卷（清甘泉葉蕙心，光緒二年李氏半畝園刊本）

三、補正　補郭注邢疏之未備，兼正其誤者

《爾雅新義》二十卷（宋陸佃，嘉慶戊辰三間草堂本、《粤雅堂叢書》本）

《爾雅注》三卷（宋鄭樵，《津逮秘書》本、《學津討原》本）

《爾雅釋》（宋潘翼，見《經義考》，佚）

《爾雅廣義》（明譚吉璁，《經義考》五十一卷）

《爾雅補注》六卷（一名《爾雅參議》。清丹陽姜兆錫，雍正十年姜氏《九經補注》本）

《爾雅補注》四卷（清海寧周春，光緒間觀古堂刻本。就郭鄭旁及諸家之説彙爲一編，補郭注之未詳，正邢疏之已誤）

《爾雅注疏箋補》（清任基振，見《戴東原集》）

《爾雅補注殘本》一卷（清寶應劉玉麐，廣雅書局本、《功順堂叢書》本。此書自劉氏《爾雅疏》校本擇其有發明者録出，後劉氏校本爲趙撝叔所得，又鈔出劉批，名曰《爾雅校議》，錢唐汪大鈞刻入《食舊堂叢書》中）

《爾雅補郭》一卷（清仁和翟灝，原刻本、傳世洵《益雅堂叢書》本、姚氏《咫進齋叢書》本、李氏《木犀軒叢書》本、《續經解》本）

《爾雅郭注補正》九卷（清戴鎣，光緒間海陽韓光鼐刻本）

《爾雅正郭》三卷（清南海潘衍桐，光緒十七年浙江局本。引前人之説，正郭之失）

四、文字　以《説文》爲本，正《爾雅》之俗字者

《爾雅文字考》一卷（清休寧戴震）

《爾雅古義》二卷（清嘉定錢坫，《續經解》本）

《爾雅小箋》三卷（清甘泉江藩，徐乃昌《鄦齋叢書》本。以《説文》爲指歸，定《爾雅》之文字）

《爾雅匡名》二十卷（清歸安嚴元照，嘉慶間仁和勞氏刻本、《湖北叢書》本、廣雅書局本、《續經解》本。以《説文》校《爾雅》，辨經字之正俗）

《郭氏爾雅訂經》二十五卷（清新城王樹枏，自刊本。據《釋文》以還郭本之舊，經字以《説文》爲正）

五、音訓　注音者

《無名氏爾雅音訓》二卷（見《通志》，佚）

《爾雅韻語》（元胡炳文，未見）

《爾雅便音》（明薛敬之，見《千頃堂書目》）

六、節略　删節注疏者

《互注爾雅貫類》（失名，《宋志》一卷，佚。取字同者類之，見《玉海》）

《爾雅發題》（失名，《通志》一卷，佚）

《爾雅兼義》（失名，《通志》一卷，佚）

《爾雅略義》（元危素，《明志》十九卷，未見。節略郭邢二家注）

七、疏證　疏證經注者

《爾雅疏》十卷（宋邢昺等，十萬卷樓景刊北宋本、《續古逸叢書》本）

《爾雅正義》二十卷（清餘姚邵晉涵，乾隆間邵氏家塾本、學海堂本。以郭注爲主，兼采諸家）

《爾雅郭注義疏》二十卷（清棲霞郝懿行，孫郝聯薇校刻足本、四川刻足本，學海堂本不足）

《爾雅郝注刊誤》一卷（清高郵王念孫，《殷禮在斯堂叢書》本）

《爾雅疏證》十九卷（清嘉定錢繹，未刊）

《爾雅集解》十九卷（清湘潭王闓運，湘綺樓本）

八、補箋　讀前人書，補其未詳，條記之者

《爾雅釋文補》三卷（清嘉定錢大昭。補正前人，摘字爲注，例仿陸氏，故名）

《爾雅札記》（清上虞朱亦棟，《十三經札記》中）

《爾雅古義》卷上下（清涇胡承珙撰，道光丁酉求是堂刊本、《墨莊遺書》本。引諸書以證雅訓）

《爾雅稗疏》四卷（清江陰繆楷，《南菁書院札記》本。疏正前人之説）

《爾雅日記》（《學古堂日記》中。有吴縣王仁俊、常熟蔣元慶、長洲陸錦燧、吴縣蓋瑞椿四家）

《爾雅詁》二卷（清海門徐孚吉，《南菁書院叢書四集》第三種。取各家之注，訂誤補遺）

九、考釋　專考釋名物者

《釋宫小記》《釋草小記》《釋蟲小記》各一卷（清歙程瑶田，《經解》本）

《爾雅釋地四篇注》一卷（清嘉定錢坫，《續經解》本）

《爾雅釋服》一卷（清長洲宋翔鳳，《浮溪精舍叢書》道光間自刊本）

《爾雅穀名考》八卷（固安高潤生撰，一九一七年刻本）

十、釋例　釋經文之例者

《爾雅釋例》五卷（清鹽城陳玉澍，南京高師排印本）

《爾雅草木蟲魚鳥獸釋例》（海寧王國維，《廣倉學宭叢書》本、《王國維遺書》本）

一九三六年三月

原載天津《益世報》讀書周刊第四十四期，一九三六年三月；後收録於《問學集》

音序索引

一、本索引收録《爾雅》正文中的被釋詞，標明詞條所在的頁碼及行數，以“. ”號隔開。如被釋詞在該行出現兩次或以上，則在行數後以阿拉伯數字標明出現的次數。

二、本索引體現周祖謨先生對被釋詞的校勘成果，校改之字以“（ ）”括注。如“波（陂）”，表示刻本該字作“波”，周先生校勘記中校改爲“陂”。

三、音序索引依照《爾雅音釋》收録的直音和反切進行推導，不對讀音做過多考訂。未被《爾雅音釋》收録的詞條，依照通行讀音或選取《廣韻》《集韻》中收録的讀音。

bēi				9.8		127.1	bò		憯	27.2
䨨	69.7	愍	20.5	薸	124.1	薜	113.8		càn	
	běi	畢	11.4		127.1		116.4	粲	31.1	
北辰	83.5		70.7	蘪	127.2		124.2	粲粲	40.6	
北陸	82.8		79.1	瞡	143.2	薜	68.5		cāng	
北嶽	101.2		83.3		biào		bú	倉庚	150.1	
	bèi		98.2	摽	7.7	鳺(鵓)雉			152.8	
貝	143.2	弻	11.3		bié		150.6	蒼天	75.7	
牬	164.6		17.3	蛂	136.2		bǔ	鶬	146.2	
	bēn	蛶	142.3		bīn	卜	9.8		cǎo	
奔	33.2	辟	3.7	賓	5.5		bù	草螽	136.8	
	64.5		6.2		bǐng	不辰	44.8	草籠龗	138.3	
	bēng		6.3	丙	144.5	不俟	41.7	慅慅	38.2	
拼	21.1(2)		35.7	秉	18.7	不過	136.5		cè	
崩	22.8		44.4	怲怲	39.3	不蜩	136.4	晏晏	39.4	
	bī	蔽	15.6	痫	79.5	不徹	41.8		cén	
逼	35.5		68.1		bìng	不遹	41.7	岑	99.2	
鴄鴂	148.4	蔽雲	81.3	並	34.1	布	84.5		céng	
	bǐ	薜	118.3		bō		126.5	驓	161.2	
比	17.3		121.7	波(陂)	102.7	步	64.4		chā	
比目魚	91.3	鮅	141.6	番番	36.8		74.7	鍤	65.6	
比肩民	92.2	斃	32.1		bó				chá	
比肩獸	91.6	璧	71.8	彴約	83.8		C	察	19.5	
比翼鳥	91.5	鷩雉	150.6	伯	19.8				26.7	
妣	45.3		biān	帛	126.5		cái		chāi	
柀	128.5	蝙蝠	149.4	胊	122.5	裁	34.1	差	12.4	
俾	21.1(2)	邊	17.4	淳	17.5		cǎi		163.5	
	27.8	邊	131.2	駁	131.1	采	8.6		chái	
筆	70.8	籩	65.3		162.5	采薪	131.8	豺	155.4	
薜	114.5		biǎn	駮	160.5	案	8.5		chān	
	bì	褊	24.5	儵儵	38.6		cǎn	襜	67.6	
庇	26.8		biāo	禭	67.2	慘	13.2		chán	
畁	4.8	猋	80.5	爙牛	163.8	慘慘	39.1	單閼	78.2

duō	**ěr**	**fǎng**	賁 142.4	苻 116.3
多 12.3	邇 22.3	舫 28.5	墳 4.1	118.3
duó	侢 25.3	29.4	98.3	茀方 162.2
度 5.7	貳 17.2	訪 5.8	蕡 132.7	服 8.6
劇 70.4	樲 131.3	鴍 148.5	魵 141.6	32.8
鮵 140.6		**fēi**	漬 102.8	泭 104.3
duò	**F**	妃 7.2	103.4	俘 21.4
鷄鳩 148.8		7.3	鼢鼠 158.6	袚 13.7
	fā	7.4(2)	蕡 73.5	浮沈 84.5
E	發生 76.5	扉 63.2	黂 120.3	桴 61.7
	fá	餥 25.5	**fèn**	第 67.8
ē	拔 124.8	**féi**	分 66.7	烰烰 39.7
阿 93.2	**fǎ**	肥 102.3	僨 32.1	緋 104.1
阿丘 96.6	法 6.1	痱 12.7	奮 150.8	菖 116.5
é	**fán**	**fěi**	165.4	117.7
莪 116.2	樊 29.1	菲 116.4	166.3	罦 66.5
峨峨 39.8	燔柴 84.3	120.4	瀵 102.3	蜉蝣 136.1
訛 15.1	繁 125.3	棐 17.3	**fēng**	黻 26.4
19.4	蟠 137.5	蜚 135.3	風雨 82.1	**fǔ**
31.4	𤏸羊 165.3	**fèi**	楓 130.5	甫 4.2
蚮 137.6	蹯 157.4	芾 35.4	蠭 139.7	9.6
鴉 146.4	蘩 114.4	狒狒 157.1	**féng**	輔 17.3
è	115.5	厞 24.6	逢 15.2(2)	130.1
曷 15.8	**fàn**	踶 34.6	15.3	䩵 26.4
咢 74.8	犯 8.8	廢 4.2	**fǒu**	72.4
蚅 139.2	範 6.1	18.8	缶 65.4	**fù**
堊 60.8	6.2	獙鼠 158.8	**fū**	阜 93.2
豟 154.2	嬎 153.6	蟦 138.5	荂 127.1(2)	赴 4.6
貌 166.6	**fāng**	橃 128.6	荂 127.8	負丘 96.7
遏 15.8	方舟 104.3	**fēn**	**fú**	衭 22.1
24.6	**fáng**	饙 25.4	弗 20.3	副 19.5
遻 15.3	防 62.2	**fén**	芣苢 126.2	蚹蠃 142.5
	魴 141.7	粉 165.1	孚 6.5	婦 51.1

guō
過辨　102.1
guó
國貉　138.7
馘　20.7
guǒ
果　8.8
　142.8
果臝　138.8

H

hǎi
海隅　88.7
醢　68.8
hán
甝　154.5
蜬　142.5
　143.2
hàn
菡萏　120.1
感　19.4
蜭　137.4
漢津　82.5
螒　137.6
翰　17.2
雗雉　150.8
鶾　146.5
háng
亢　152.2
行　63.6
苀　126.6
迒　153.6
蚢　139.5
魧　143.3
hāo
蒿　114.4
　126.8
háo
號　30.5
hào
昊天　75.8
晧　10.6
薃侯　119.5
鰝　140.7
hé
合　7.4
和　73.7
郃　7.2
河　105.5
河曲　105.8
河墳　89.5
曷　32.2
盍　7.2
荷　119.7
核　134.6
敆　7.2
涸　18.3
蝎　135.8
　139.1
翮　69.5
hè
和　74.7
赫兮烜兮　42.6
赫赫　38.2
壑　12.1
謞謞　41.3
hén
鞎　67.8
héng
恒　6.1
　98.8
衡　98.8
hōng
烘　28.8
薨　22.8
薨薨　37.3
hóng
弘　3.8
宏　3.8
虹　32.2
洪　4.1
紅　120.2
閎　62.8
　63.3
鴻　18.5
hóu
侯　3.8
　19.6
鍭　71.2
餱　25.5
hòu
后　3.7
hū
忽　11.4
幠　4.1
　4.5
　24.3
hú
胡丘　95.6
胡蘇　106.2
螜　135.3
餬　34.7
鵠　70.4
hǔ
滸　98.3
　102.7
　103.4
hù
芐　124.7
岵　100.3
怙　23.7
祜　13.7
　14.7
瓠棲　114.8
扈　99.3
鳸　146.8
豰　155.3
huā
華　35.8
　127.5
　127.8（2）
　128.1
　134.7
huá
螖蠌　142.6
huà
華　98.7
畫　29.5
畫丘　96.1
話　14.8
huái
槐　132.3
懷　4.6
　13.6
　15.7
　23.6
櫰　132.1
huài
壞　8.2
蘾　115.5
huān
貛　153.5
鸛鷒　151.6
huán
峘　99.3
桓桓　37.1
萑　149.1
貆　155.2
還　23.4
環　72.1
huàn
逭　34.4
鯇　140.4
huāng
荒　23.5
　77.3
huáng
皇　3.7
　32.7
　123.3
　147.3
　149.3
皇皇　10.8

lòu
陋 24.6
鏤 70.5
72.7
lú
臚 24.1
鸕 150.4
lǔ
蓾 118.7
滷 25.6
lù
陸 93.2
菉 114.3
鹿 153.3
禄 13.7
路 4.2
63.5
63.6
盝 18.3
戮 12.7
鵱鷜 146.2
鷺 150.4
luán
巒 99.7
𦌾 66.4
欒 12.7
luàn
亂 20.2
104.6
lún
倫 13.3
淪 31.8
103.3
棆 129.7
luó
羅 66.2
羸 142.5
luò
落 3.5
落時 60.6
貉（絡）22.4
駱 163.3
鮥 141.2
鵅 146.2
lǚ
旅 8.4
12.3
63.5
屢 11.8
25.2
履 13.7
26.8
27.1
履帝武敏
43.1
縷 86.7
lǜ
律 6.1
6.2
23.8
28.4
慮 5.7
13.7
lüè
䂮 20.8

M

má
麻 75.4
摩牛 163.8
mǎ
馬舄 126.2
馬頰 106.1
馬屬 163.7
mái
薶 26.4
霾 80.7
mài
邁 24.7
霢霂 81.6
máng
尨 165.8
厖 4.1
4.5
駹 161.8
mǎng
莽 124.2
蟒 144.1
máo
茅 28.2
罞 66.3
旄 129.8
130.8
旄丘 96.6
髦 27.7
27.8
119.3
134.4
髦士 26.5
蟊 139.8
mào
芼 35.3
茂 9.4
11.6
134.4（2）
貿 24.5
30.8
楙 128.7
懋懋 38.1
méi
梅 128.5
湄 103.5
溦 98.4
měi
每有 42.1
mèi
妹 46.5
痗 12.7
mén
門 62.6
虋 117.5
méng
莔 118.1
萌萌 38.1
夢夢 38.5
蒙 23.5
122.1
124.8
蒙頌 157.4
雺 80.8
儚儚 38.6
měng
黽 142.2
蠓 139.3
mèng
孟 9.4
19.8
114.7
孟諸 88.5
mí
迷 35.4
麋 153.2
彌 36.1
蘪 124.1
麛 153.3
mǐ
弭 71.4
敉 24.8
葞 123.1
蔝 123.6
靡 25.2
mì
密 7.6
16.5
99.6
密肌 139.2
147.5
覭 20.2
蔤 119.8
謐 7.6
蠠没 9.4
mián
蝒 135.6
緜馬 126.6

N

O

P

緜緜　39.6	**mìng**	**N**	**nǐ**	**niú**
曘　34.8	命　7.8		茀　116.2	牛屬　164.8
miǎn	**mó**	**nà**	**nì**	**niǔ**
勔　9.4	磨　70.7	貀　154.6	尼　15.7	狃　35.4
miáo	謨　5.7	**nái**	逆　27.1	杻　128.7
苗　85.4	14.8	能　142.3	匿　15.6	莥　119.5
miǎo	**mò**	**nǎi**	怒　13.7	**nòng**
篎　74.5	莫貈　137.3	乃立冢土	29.8	弄　32.7
藐藐　10.8	嘆　22.5	85.7	暱　22.3	**nuó**
邈邈　38.6	貉　7.6	迺　19.6	25.2	那　7.1
miào	22.4	**nài**	翍　32.3	12.4
廟　64.7	漠　5.7	鼐　69.2	**nián**	**nǔ**
miè	26.7	**nán**	年　78.7	女公　51.7
滅　11.4	瘼　12.8	南嶽　101.1	鮎　140.4	女妹　51.8
19.5	藐　122.6	**nǎn**	**niàn**	女桑　133.1
mín	貘　154.4	戁　12.5	念　13.7	女蘿　122.2
旻天　75.8	蟆　137.5	19.4	**niè**	
緡　35.6	**móu**	**nǎng**	枿　21.7	**O**
mǐn	謀　30.2	曩　18.1	臬　61.2	
泯　11.4	鷶　146.1	33.7	篞　74.5	**ōu**
敏　43.2	**mǔ**	**náo**	闑　63.2	蓲　129.3
73.2	母黨　49.6	猱　157.5	孼孼　37.7	**ǒu**
閔　12.7	畝丘　97.1	**něi**	齧　114.5	偶　7.2
暋　9.5	**mù**	餒　68.5	121.8	藕　120.1
簢　124.4	木盤　138.4	**ní**	齧齒　146.7	
míng	牧　92.7	尼　22.3	钀　68.2	**P**
明　16.2	164.5	泥丘　95.6	**níng**	
28.2	幕　31.6	狔　67.1	冰　68.6	**pán**
明明　36.3	慔慔　38.1	蜺　135.6	疑　24.4	般　5.5
冥　28.5	穆穆　10.8	鯢　144.2	寧　7.6	**páng**
螟　139.7	36.4	齯齒　6.3	16.5	蒡　118.6
螟蛉　139.1		齵　69.1	鸋　152.4	**pāo**
覭髳　16.8				薸　125.4

tè
特 154.1
特舟 104.3
蟘 139.8
téng
滕 12.2
螣 143.8
tī
鷉 149.7
tí
媞 119.6
媞媞 37.7
蕛 117.2
鵜 146.5
tì
弟 16.6
逷 8.1
惕惕 37.5
朁（替） 14.3
15.7
朁 27.6(2)
趯趯 38.2
tiān
天 3.7
天根 82.2
天駟 82.3
tián
鷏 149.6
tiǎn
忝 34.6
殄 11.5
19.5
靦 35.1

tiāo
佻 25.8
tiáo
芀 127.2
苕 123.8
佻佻 40.5
條 134.5
條條 36.3
蓧 117.4
蜩 135.4
tiǎo
宨 28.6
窕 31.7
tiào
頫 15.4
tíng
庭 16.4
蜓蚞 135.7
霆霓 81.4
鼮鼠 159.2
tǐng
頲 16.4
tōng
恫 33.4
通正 76.6
tóng
犝牛 164.3
tū
突 61.5
葖 115.8
鼵 151.4
tú
荼 115.1
徒御不驚
43.8
徒駭 106.1
涂 79.8
屠維 77.6
稌 117.7
蒤 114.7
123.2
瘏 12.6
圖 5.7
駼 151.4
鵌鷵 149.2
tǔ
土 30.1
土螽 137.2
土蠭 138.4
土鼅鼄 138.3
tù
菟奚 123.6
tuán
慱慱 39.3
tuī
蓷 121.2
tuí
（魋） 155.8
穨 80.5
tūn
涒灘 78.4
tún
庉 80.6
tuō
脫 68.6

tuó
佗佗 37.5
沱 102.8
103.4
驒 162.7
tuǒ
妥 15.7
22.3

W

wài
外王父 49.1
外王母 49.1
外姑 49.7
外孫 50.6
外曾王父
49.2
外曾王母
49.2
外舅 49.7
wǎn
宛丘 96.7
97.2(2)
wáng
王 3.7
139.3
王父 45.6
王母 45.6
王姑 47.6
莣 125.4
wǎng
罔 25.2

wàng
望 123.4
暀暀 10.8
wēi
委委 37.4
威 35.3
威夷 89.3
157.6
隈 98.1
98.2
椳 60.5
薇 124.2
wéi
惟 5.7
13.6
違 8.1
維 22.5
維舟 104.2
闈 62.7
𧳜 153.7
犩牛 164.2
wěi
芛 127.5
頠 7.6
亹亹 9.4
wèi
位 62.4
味 129.2
菋 123.2
彙 157.1
蔚 114.4
衛 17.4
18.8

Y

52.4
貏貐　156.1

yān

淹　18.1
湮　7.7
閹茂　78.4
閼逢　77.5
懕懕　37.7

yán

延　8.3
8.7
10.2
15.5
言　9.6
15.6
74.3
炎炎　38.7
䶮　166.6
麙　155.1

yǎn

兗州　87.8
弇　33.3
33.4
剡　20.8
菸　115.4
棪　131.8
隒　99.8
蝘蜓　143.7
檿桑　133.5
鶠　147.2
鰋　140.4
儼　14.1

yàn

彥　43.5
晏晏　36.7
40.8
宴宴　40.6
豣　153.5
燕　147.5
燕燕　147.6
騴　161.6
驠　161.6

yáng

羊　165.1
羊屬　165.5
洋　12.4
痒　12.7
陽　10.1
79.7
揚　22.1
楊　114.2
129.8
楊州　87.8
楊陓　88.5
楊徹　131.4
鸉　149.5

yǎng

洋洋　37.2

yàng

恙　13.1
羕　8.7

yāo

幺　153.7

yáo

姚莖　124.7
珧　71.5
142.7
搖　17.6
愮愮　41.2
繇　13.2
謠　74.8
鷂　151.2
鷂雉　150.5

yǎo

葽繞　125.6
鴢(鴢)　148.8

yào

窔　60.3
篎　62.3

yě

野　92.7
93.6
野馬　160.5

yè

業　4.3
5.3(2)
8.6
66.7
業業　36.7
謁　7.8
23.6
饁　18.6

yī

伊　22.5(2)
猗嗟名兮
43.6
蛜威　138.6
禕　11.1

yí

台　9.6
9.8
夷　16.6
31.2
130.6
怡　5.4
宜　8.6
31.2
85.8
宜乘　162.1
姨　50.2
瓵　65.4
桋　132.4
宧　60.3
貽　30.7
箷　72.6
儀　5.1
7.3
17.2
頤　20.4
簃　62.3
彝　6.1
66.8

yǐ

乙　144.4
已　17.7
倚商　122.7
扆　59.8
螘　138.1
顗　7.6
轙　68.2

yì

乂　20.2
抑抑　41.5
杙(杙)　61.1
弈　4.1
弈弈　39.3
洩洩　41.2
射　16.1
異氣　92.5
釴　69.3
逸　24.3
翌　33.1
椅　132.4
溢　7.6
15.5
20.5
勩　13.3
槸　133.7
瘞　15.6
28.7
瘞薶　84.4
毅　8.8
蘙　120.2
殪　22.8
曀　80.8
嶧　99.4
懌　5.4
5.5
翳　133.7
翼　14.1
翼翼　36.5
繹　8.3
84.8

雩 81.2
棫 132.8
遇 15.2
15.3
33.7
飫 31.6
寓木 130.5
寓屬 158.5
萑 113.7
瘉 12.6
隩 98.1
98.2
緎 44.5
噊 14.4
遹 5.5
5.6
23.8
豫 5.4
16.1
16.5
24.1
豫州 87.6
閾 60.4
燠 34.6
禦 26.3
68.1
驈 161.6
鱊鮬 141.5
鸒斯 147.4
鬱 32.5
鬱陶 20.6

yuān

蜎 141.7

yuán

元 3.5
21.8
杬 130.3
爰 6.8(3)
爰居 148.1
爰爰 38.3
原 24.8
93.1
93.3
楥 129.2
蝯 157.5
蝝 136.6
羱 156.5
騵 161.5

yuǎn

遠 8.2

yuàn

媛 43.5
瑗 71.8
褑 67.4
願 13.7

yuē

箹 74.7

yuè

月名 80.2
月陽 79.4
礿 84.2
悅 5.4
5.5
越 33.5
粵 6.7
6.8
7.1
閱 61.8
嶽 98.7
蘥 115.4
鸙 70.4
禴 14.1

yún

沄 34.5
雲孫 47.5
雲夢 88.6

yǔn

允 6.5
6.6
20.8
苭 127.7
隕 7.7
20.4
磒 7.7

yùn

運 18.6

Z

zāi

災 77.4
哉 3.5
15.5
烖 14.4

zǎi

載 78.6
78.7

zài

在 21.5
21.6
22.7
載 14.8
15.1

zǎn

寁 12.1

zāng

牂 165.1
臧 5.1

zàng

奘 29.3

zǎo

棗 131.2

zào

造 25.5
造舟 104.2

zé

則 6.1
6.2
79.2
澤 121.5
澤龜 145.2
蠈 143.6

zéi

賊 139.8

zēng

曾祖王父 45.7
曾祖王母 45.7
曾祖王姑 47.7
曾孫 47.2
增 27.2
增增 37.3
橧 154.1

zhá

蚻 135.5

zhà

詐 14.8

zhái

宅 32.5

zhài

瘵 12.7

zhān

旃 87.3
旃蒙 77.5
詹 4.6
瞻 15.4
鱣 140.3

zhǎn

展 6.5
6.6
32.5
斬 9.3
棧 74.3

zhàn

棧木 133.5
虥貓 154.3
戰 12.5
戰戰 36.6

zhāng

章 99.4
章丘 95.8
張仲孝友 43.2

zhù
宁 62.5
助 10.4
佇 18.1
祝 134.4
羜 165.4
筑 29.3
羿 161.2
161.5
翥 139.5
麈 153.5
zhuān
顓頊之虚
82.7
zhuàn
縳 69.6
zhuāng
莊 64.1
zhuàng
壯 4.2
79.7
zhuī
隹其 145.5
萑 115.2
騅 163.2
zhuì
惴惴 36.8
墜 7.7
諈諉 26.7
zhǔn
純 67.2
zhùn
訰訰 38.5
zhuō
棁 61.6
zhuó
著雍 77.6
琢 70.6
72.5
斮 68.6
濯 4.2
鐯 65.6
鸀 149.4
zī
咨 5.7
17.7
17.7
玆 17.7
72.5
菑 93.4
粢 115.3
鼒 69.2
鶅 145.8
151.3
zǐ
子子孫孫
40.1
姊 46.5
呰 17.7
秭 20.1
第 72.6
訿訿 41.4
zì
茡 122.5
椔 133.6
zōng
宗族 48.8
52.2
猣 165.6
豵 151.7
豵 153.8
zòng
從父昆弟
47.1
從母 49.4
從母姊妹
49.5
從母昆弟
49.4
從祖王母
48.1
從祖父 46.6
從祖母 48.4
從祖姑 47.8
從祖祖父
46.2
從祖祖母
46.2
從舅 49.4
縱 21.4
zōu
陬 79.5
菆 123.8
諏 5.7
zǒu
走 64.5
zú
卒 11.4
22.6
22.7
22.8
34.2
族父 46.7
族祖王母
48.2
族祖母 48.5
族祖姑 48.1
族昆弟 46.7
族曾王父
48.5
族曾王母
48.6
zǔ
阻 20.7
祖 3.5
48.7
組 86.6
126.3
zuǎn
纂 7.5
zuàn
鑽 134.8
zuī
厜㕒 99.6
zūn
遵 5.6(2)
131.4
鷷 151.3
zuǒ
左 10.3
10.4
10.5
zuò
作 25.5
作噩 78.4
酢 16.7

筆畫索引

六畫

七畫

十一畫

十二畫

十四畫

十七畫

二十畫

二十一畫

二十二畫

二十三畫

二十四畫

二十五畫

二十六畫

二十七畫

二十八畫

二十九畫

三十畫